La Dégringolade, Tome 3
Gaboriau, Émile

Publication: 1873
Catégorie(s): Fiction, Policiers & Mystères

A Propos Gaboriau:
Émile Gaboriau (November 9, 1832 - September 28, 1873), was a French writer, novelist, and journalist, and a pioneer of modern detective fiction. Gaboriau was born in the small town of Saujon, Charente-Maritime. He became a secretary to Paul Féval, and after publishing some novels and miscellaneous writings, found his real gift in L'Affaire Lerouge (1866). The book, which was Gaboriau's first detective novel, introduced an amateur detective. It also introduced a young police officer named Monsieur Lecoq, who was the hero in three of Gaboriau's later detective novels. Monsieur Lecoq was based on a real-life thief turned police officer, Eugène François Vidocq (1775-1857), whose memoirs, Les Vrais Mémoires de Vidocq, mixed fiction and fact. It may also have been influenced by the villainous Monsieur Lecoq, one of the main protagonists of Féval's Les Habits Noirs book series. The book was published in the Pays and at once made his reputation. Gaboriau gained a huge following, but when Arthur Conan Doyle created Sherlock Holmes, Monsieur Lecoq's international fame declined. The story was produced on the stage in 1872. A long series of novels dealing with the annals of the police court followed, and proved very popular. Gaboriau died in Paris of pulmonary apoplexy.

Disponible pour Gaboriau:
- *Monsieur Lecoq* (1869)
- *L'Affaire Lerouge* (1865)
- *Le Dossier 113* (1867)
- *La Corde au cou* (1873)
- *Le Crime d'Orcival* (1867)
- *Le Petit Vieux des Batignolles* (1876)
- *Les Gens de bureau* (1877)
- *Les Esclaves de Paris - Tome I* (1868)
- *Les Esclaves de Paris - Tome II* (1868)
- *La Clique dorée* (1871)

CINQUIÈME PARTIE - LA COURSE AUX MILLIONS

I

C'est le 29 décembre 1869, un mercredi, que Raymond Delorge arriva à Paris...

Ce qu'il y venait faire, quelles étaient ses espérances positives, il eût été bien embarrassé de le dire. Mlle Simone de Maillefert y avait été attirée, Dieu sait par quels moyens, et il accourait, prêt à tout...

Mais le voyage, un voyage de dix heures, seul, dans un coupé, lui avait été comme une douche, et s'il n'avait pas recouvré sa liberté d'esprit, au moins avait-il repris une sorte de sang-froid relatif.

Neuf heures sonnaient, lorsqu'il frappa à la porte de sa mère, rue Blanche.

– Eh ! mille tonnerres ! c'est Raymond ! s'écria le vieux Krauss qui était venu lui ouvrir.

Car le fidèle troupier était toujours au service de Mme Delorge, et les années semblaient n'avoir pas eu de prise sur son maigre corps musclé d'acier.

– Mon frère !... fit presque aussitôt une voix jeune et fraîche.

Et Mlle Pauline Delorge vint se jeter au cou de Raymond.

C'était, à vingt ans qu'elle allait avoir, une grande et belle jeune fille, aux cheveux châtains, aux yeux spirituels, à la bouche toujours souriante.

Après avoir fait sonner une douzaine de bons gros baisers sur les joues pâlies de son frère :

– Ah ! tu tombes joliment bien, lui disait-elle. M. Ducoudray vient justement de nous envoyer des huîtres qu'il a reçues de Marennes...

Elle fut interrompue par Mme Delorge, qui, ayant reconnu la voix de son fils, se hâtait d'accourir.

– Que je suis heureuse de te revoir, mon Raymond ! répétait-elle toute émue...

Et après l'avoir embrassé, elle l'attirait dans le salon pour mieux le considérer au grand jour...

Tel Raymond l'avait quitté, ce petit salon, tel il le revoyait. Le portrait du général Delorge occupait toujours le grand panneau en face de la cheminée. Et en travers de la toile, gardant encore la trace des scellés du commissaire de police de Passy, pendait toujours l'épée que le général portait le jour de sa mort.

– Ainsi, reprit Mme Delorge, lorsqu'elle eût fait asseoir son fils près d'elle, bien près, ainsi tu as eu cette bonne pensée de venir passer les fêtes de l'an avec ta mère et ta sœur...

– Ah ! quel bonheur ! s'écria Mlle Pauline.

Raymond se leva. Cet accueil, cette joie, le gênaient.

– Je viens pour longtemps sans doute, répondit-il. J'ai donné ma démission...

Ce fut au tour de Mme Delorge de se dresser.

– Ta démission, interrompit-elle ; pourquoi ?

Raymond hésita. L'influence de sa réponse sur l'avenir devait être énorme, il le sentait. Pourquoi ne pas tout dire ? Une mère est-elle donc si terrible ! Mais le courage lui manqua. Il recula devant le chagrin qu'il causerait, il eut peur des larmes encore plus que des reproches.

– Je n'ai pas cru, répondit-il, devoir me soumettre à une mesure exceptionnellement injuste de l'administration...

L'œil de Mme Delorge s'enflamma.

– Cela devait arriver, prononça-t-elle d'une voix sourde, je l'attendais. Souvent je m'étais étonnée de voir les assassins de ton père te laisser suivre paisiblement ta route, tandis qu'ils brisaient la carrière de Léon et qu'ils faisaient déporter Jean Cornevin...

Tout bas, Raymond se félicitait de cette facilité de sa mère à admettre, sans explication, sa parole. Facilité bien explicable d'ailleurs. Il était clair que sa démission, donnée dans les conditions qu'il disait, devait flatter cette haine qui était la vie même de Mme Delorge.

– Mais les misérables se sont lassés de nous laisser en repos, poursuivit-elle. Ils ne veulent pas que nous les oubliions !

Et étendant la main vers le portrait de son mari :

– Comme si nous pouvions oublier !... ajouta-t-elle.

Certes, Raymond haïssait d'une haine mortelle les lâches meurtriers de son père, et pour les punir d'un châtiment proportionné au crime, il eût avec bonheur versé tout son sang. Mais en M. de Maumussy et M. de Combelaine, il exécrait plus encore peut-être les infâmes qui s'étaient faits les complices de la duchesse de Maillefert pour lui enlever Mlle Simone.

– Oh ! non, je n'oublie pas, fit-il avec une indicible expression de rage, et il faudra bien que les misérables expient tout ce que j'ai souffert.

Jamais encore Mme Delorge n'avait entendu à son fils cet accent terrible. Elle en tressaillit de joie, et lui prenant la main :

– Bien ! mon fils, prononça-t-elle, très bien !... Parfois, te croyant insoucieux et léger, préoccupé, à ce qu'il me semblait, d'intérêts étrangers, j'avais, je te l'avoue, douté, non de ton énergie, mais de ta ténacité, et j'avais tremblé de te voir détourner ta pensée de ce qui doit être le but unique de ta vie. Je m'étais trompée, et je t'en demande pardon.

Raymond baissait la tête.

La honte le prenait, de voir sa mère si aisément dupe, et de s'entendre prodiguer des éloges dont jamais, certes, il n'avait été moins digne.

– Te voilà libre, poursuivait la noble femme, eh bien ! tant mieux. C'est au bon moment qu'on te rend la liberté de tes actes. Tu verras Me Roberjot aujourd'hui, et par lui mieux que par moi tu apprendras que l'heure va sonner bientôt de la revanche que nous attendons depuis tant d'années...

Elle s'interrompit.

La porte du salon venait de s'ouvrir, et M. Ducoudray apparaissait sur le seuil, venant partager avec Mme Delorge les huîtres qu'il lui avait envoyées la veille.

Le digne bourgeois n'était pas bien éloigné des quatre-vingts ans, mais à le voir droit comme un I, ingambe, l'œil vif et la bouche bien meublée encore, jamais on ne lui eût donné son âge.

Moralement, il restait ce qu'il était en 1852, le bourgeois de Paris par excellence, goguenard et frondeur, sceptique superlativement et crédule encore plus, aventureux et poltron, toujours prêt à dégainer pour une révolution, quitte à se cacher dans sa cave une fois la révolution venue.

– Par ma foi !... voici notre ingénieur, s'écria-t-il gaiement en apercevant Raymond.

Et après lui avoir serré et secoué la main vigoureusement, de toutes ses forces, pour montrer qu'il avait encore du nerf, bien vite il se mit à raconter toutes les courses qu'il avait faites, depuis sept heures qu'il était levé.

Krauss vint annoncer que le déjeuner était servi. On se mit à table. Mais rien n'était capable d'arrêter le bonhomme, lorsqu'il était parti.

Tel qu'on le voyait, il arrivait des Champs-Élysées, et en passant, il était entré chez Mme Cornevin, où il avait admiré un trousseau véritablement royal, qu'elle achevait pour la fille d'un de ces grands seigneurs russes, dont les fabuleuses richesses font pâlir les trésors des *Mille et une nuits.*

Selon le digne bourgeois, Mme Cornevin gagnerait au moins une douzaine de mille francs sur ce seul trousseau.

Et il partait de là pour célébrer cette femme si laborieuse et si méritante, et pour chiffrer sa fortune, qu'il connaissait mieux que personne, déclarait-il, puisqu'il en était comme l'administrateur général.

Ayant prospéré, elle n'en était du reste pas plus fière. Riche, elle restait toujours l'économe ménagère de la rue Marcadet, ne se permettant d'autre distraction qu'une promenade le dimanche, avec Mme Delorge, et le modeste dîner de famille qui suivait cette promenade.

Dans le fait, Mme Cornevin ne s'était jamais consolée de la perte de son mari. Elle en parlait sans cesse.

M. Ducoudray lui avait entendu dire plusieurs fois que, bien que tout lui prouvât que Laurent était mort depuis des années, elle ne pouvait cesser d'espérer ni s'ôter de l'idée qu'elle le reverrait un jour.

Ainsi Raymond reconnaissait que le secret des lettres de Jean avait été bien gardé par Me Roberjot.

Ni Mme Cornevin, ni Mme Delorge, ni M. Ducoudray ne soupçonnaient l'existence de Laurent, ni à plus forte raison sa présence plus que probable à Paris...

Mais le digne bourgeois n'était pas d'un caractère à s'appesantir longtemps sur une idée, et, gazette fidèle comme autrefois, il passait en revue tout ce qui occupait la badauderie parisienne en ces derniers jours de 1869.

C'était d'abord une grande fête que devait donner la duchesse d'Eljonsen dans son bel hôtel des Champs-Élysées, et dont tous les journaux disaient merveille.

On annonçait encore la vente d'une partie des chevaux de courses du duc de Maumussy, non qu'il fût ruiné, mais parce qu'il finissait par en avoir une trop grande quantité, et que d'ailleurs, à son goût pour les chevaux, avait succédé une passion folle pour les tableaux, les bibelots et les curiosités.

Le bruit courait aussi du mariage de M. de Combelaine et de Mme Flora Misri. C'était bien la vingtième fois qu'on le faisait courir, mais cette fois, d'après M. Ducoudray, la nouvelle était positive.

Et à la suite de tous ces cancans, venaient des détails sur Tropmann, l'assassin sinistre, la bête fauve à face humaine, dont le procès avait commencé la veille...

Pour Raymond, tombant comme des nues à Paris après une longue absence, après s'être si complètement désintéressé de tout ce qui n'était pas son amour que depuis deux mois il n'avait pas ouvert un journal, il n'était pas une phrase de M. Ducoudray qui ne présentât un intérêt immédiat et positif.

Ce n'était, il est vrai, qu'un écho des cancans du boulevard, mais ces cancans résumaient la situation, devant l'opinion, de la princesse d'Eljonsen, du duc de Maumussy et du comte de Combelaine, c'est-à-dire des gens auxquels il brûlait de s'attaquer...

Mais son désarroi était bien trop grand pour qu'il fût frappé de ces considérations.

Non seulement il n'écoutait pas, mais il lui fallait un effort de volonté pour paraître prêter attention.

Il était assis entre sa mère et sa sœur, et c'était miracle que Mme Delorge ne remarquât pas qu'il ne mangeait rien et que ce n'était que par contenance qu'il remuait sa fourchette et son couteau.

Tout ce qu'elle observa ce fut que son front était fort pâle.

— Tu es souffrant, Raymond ? demanda-t-elle.

Il protesta que de sa vie il ne s'était si bien porté, et comme enfin le déjeuner était achevé, il se leva en disant qu'il allait s'habiller pour se rendre chez Me Roberjot.

Mais si Mme Delorge ni M. Ducoudray n'avaient rien vu, Raymond avait près de lui des yeux auxquels pas un des mouvements de sa physionomie n'avait échappé.

Il venait à peine de passer dans sa chambre, son ancienne chambre de lycéen, lorsque Mlle Pauline y entra. D'un geste

amical elle posa la main sur l'épaule de son frère, et doucement :
— Qu'as-tu ? lui demanda-t-elle.
Il tressaillit.
— Que veux-tu que j'aie ? répondit-il, en se forçant à sourire, je suis un peu fatigué, voilà tout.
Elle hochait la tête.
— C'est ce que tu as dit à maman, reprit-elle, et maman t'a cru..., mais moi ! Je t'ai bien observé pendant le déjeuner. Ton corps était avec nous, c'est vrai, mais ta pensée était bien loin.
Vivement, à deux ou trois reprises, Raymond embrassa sa sœur.
— Ah ! cher petit espion !... disait-il avec une sorte de gaieté contrainte.
— Ce n'est pas répondre, fit-elle tristement.
— Cependant... que veux-tu que je te dise ?
— Je voudrais savoir quel est l'amer chagrin qui t'a vieilli de dix ans.
— Je n'ai d'autre chagrin que celui d'avoir été forcé de donner ma démission.
Elle attachait sur lui un regard si persistant qu'il se sentit rougir.
— Je voudrais pouvoir te croire, fit-elle... Sans doute, à tes yeux je ne suis encore qu'une petite fille... Plus tard, quand tu auras vécu avec nous, tu reconnaîtras que cette petite fille est de celles qui savent porter un secret...
Et elle sortit.
— Pauvre chère Pauline, pensait Raymond, Simone et elle s'aimeraient comme deux sœurs...

Mais, de bonne foi, pouvait-il se confier à elle ?... Il ne savait même pas encore s'il se confierait à Me Roberjot chez lequel il se rendait, et qui demeurait toujours rue Jacob.

Le petit avocat de 1851 était devenu un personnage, député, orateur influent ; il n'en avait pas moins conservé son modeste logis, gouverné par le même domestique.

Ce domestique, dès que Raymond se présenta, le reconnut et lui ouvrit immédiatement la porte du cabinet de son maître.

Rien n'y était changé : les mêmes tableaux pendaient aux murs, les mêmes presse-papiers retenaient sur le même bureau les notes et les dossiers. Le temps, seulement, avait noirci le bois des meubles et flétri les tentures.

Mais plus encore que son logis, l'homme avait vieilli. Des masses de cheveux blancs argentaient sa chevelure, jadis d'un noir d'ébène. Les soucis de l'ambition et les agitations de la politique avaient creusé sur son front des rides profondes.

Il s'était alourdi, surtout. Son embonpoint tournait à l'obésité. La graisse qui avait triplé son menton avait empâté ses traits si fins et si spirituels autrefois, et déformé sa bouche sensuelle et narquoise.

De l'homme de 1851 il ne restait d'intact que l'œil, toujours pétillant d'esprit, de malice, la voix ironique et mordante, et le geste provocant et effronté parfois comme la nique du gamin de Paris.

– Vous voilà donc ! s'écria-t-il dès que parut Raymond. Parbleu ! je savais bien que les événements me vaudraient votre visite.

– Les événements !

Un ébahissement comique en son intensité se peignit sur les traits de l'avocat.

– D'où donc arrivez-vous ? s'écria-t-il.

– Des Rosiers.

– Eh bien ! mais on y reçoit des journaux, ce me semble.

– J'avoue ne pas en avoir lu un depuis deux mois.

Me Roberjot levait les bras au ciel comme s'il eût entendu un blasphème.

– C'est donc cela ! fit-il. Alors, écoutez...

Et tout de suite il se mit à expliquer lesdits événements.

Ils étaient de la plus haute gravité.

La veille même avait paru au *Journal officiel*, une note ainsi conçue :

« Les ministres ont remis leurs démissions à l'empereur, qui les a acceptées. Ils restent chargés de l'expédition des affaires de leurs départements respectifs jusqu'à la nomination de leurs successeurs. »

À la suite de cette note, venait une lettre de l'empereur qui « s'adressant avec confiance au patriotisme » de M. Émile Ollivier, le chargeait de former un cabinet.

Me Roberjot était radieux, riant d'un rire sonore qui soulevait par saccades sa large bedaine.

– Et voilà, concluait-il, voilà Émile Ollivier chargé de sauver la dynastie menacée. Croit-il réussir ? n'en doutez pas, il le garantirait sur sa tête. Seulement il faudrait d'autres épaules que les siennes pour étayer un édifice qui craque de toutes parts... Il va promettre monts et merveilles, on lui fera crédit d'un mois, de deux, de six, si vous voulez, mais après ?... Rappelez-vous ce que je vous dis aujourd'hui 29 décembre 1869 : le cabinet Ollivier est le dernier cabinet du second empire...

C'est avec une émotion aisée à comprendre, que Raymond écoutait. Sa destinée n'était-elle pas en quelque sorte liée aux événements politiques ?

– Et ensuite ?... interrogea-t-il.

Gaiement, Me Roberjot fit claquer ses doigts.

– Ensuite, dit-il, ce sera l'heure de la justice, pour ceux qui comme vous l'attendent depuis dix-huit ans. Ensuite, ce ne sera plus un niais solennel tel que M. Barban-d'Avranchel, qui interrogera le sieur de Combelaine et le sire de Maumussy, et il faudra bien que le jardin de l'Élysée livre son secret...

C'étaient là de trop brillantes perspectives pour que Raymond ne s'en défiât pas.

– Seul Laurent Cornevin peut dire la vérité, prononça-t-il.

– Et il la dira, soyez tranquille.

– Tranquille !... Alors véritablement vous croyez à sa présence à Paris ?

La plus vive surprise se peignit sur les traits mobiles de l'avocat.

– Vous n'avez donc pas lu la lettre de Jean !... s'écria-t-il.

– Pardonnez-moi.

– Eh bien !... n'est-elle pas formelle !

Frappé de la certitude de Me Roberjot, l'esprit de Raymond devançait déjà les probabilités de l'avenir.

La présence de Laurent admise, il songeait au précieux concours que lui prêterait cet homme qui avait assez souffert pour tout comprendre, dont rien n'avait brisé l'indomptable énergie, et qui disposait de ce pouvoir presque absolu : l'or.

– Ne serait-il pas possible, hasarda-t-il, de le rechercher ? En y mettant beaucoup de circonspection...

L'avocat avait bondi.

– Êtes-vous fou ! interrompit-il. Voulez-vous mettre la police sur sa piste ? Voulez-vous le dénoncer et le faire prendre, s'il se trouve mêlé à quelqu'un de ces mille mouvements qui s'organisent ? Non, non, laissons-le faire et comptons qu'il apparaîtra au moment opportun. Ce qui jadis était une question d'années, n'est plus aujourd'hui qu'une question de mois, de semaines peut-être...

Eh !... que parlait-on à Raymond de mois, de semaines, de jours même lorsque chacune des minutes qui s'écoulaient décidait peut-être du sort de Mlle Simone, c'est-à-dire de son bonheur et de sa vie ?

Il n'insista pas, mais sa physionomie s'assombrit à ce point que Me Roberjot finit par être frappé, et d'un ton d'amicale inquiétude :

– Mais vous avez quelque chose, fit-il... Quoi ?... Je suis votre ami, vous le savez. Que vous arrive-t-il ?...

– Je n'appartiens plus aux ponts et chaussées, j'ai donné ma démission...

Il était dit que seule Mlle Pauline, servie par son instinct de jeune fille, pénètrerait quelque chose de la vérité. Ni plus ni moins que Mme Delorge, Me Roberjot prit le change.

– On vous taquinait ? interrogea-t-il.

– On prétendait me changer de résidence malgré moi...

L'avocat éclata de rire.

– Connu ! interrompit-il, le fils de quelque gros personnage avait envie de votre poste... c'est simple comme bonjour. Mais consolez-vous. C'est un vrai quine à la loterie, que votre mésaventure. Tombe l'Empire, et vous avez des droits imprescriptibles au plus magnifique avancement. C'est d'ailleurs au bon moment qu'on vous fait des loisirs : la partie est engagée, il nous faut des hommes...

Il fut interrompu par son domestique qui entrait discrètement.

– C'est moi, monsieur, dit ce brave garçon, qui crois devoir prévenir ces messieurs que je viens d'introduire quelqu'un dans la salle d'attente.

– Qui ?

– M. Verdale...

Brusquement la physionomie de Me Roberjot changea.

– Quoi ! s'écria-t-il, en haussant la voix, comme s'il eût tenu à être entendu de la pièce voisine, mon excellent ami, le baron de Verdale, est là !

– Ce n'est pas l'ami de monsieur. Celui-ci est un jeune homme.

– Son fils, peut-être ?

– Je ne sais pas.

Si accoutumé que dût être Me Roberjot à garder le secret de ses impressions, sa curiosité était manifeste.

– Eh bien ! dit-il à son domestique, et sans paraître se rappeler la présence de Raymond, priez-le d'entrer.

Ce fut l'affaire d'un instant.

La seconde porte du cabinet, celle qui donnait dans la salle d'attente, s'ouvrit, et un jeune homme de l'âge de Raymond parut sur le seuil.

– Vous êtes le fils du baron Verdale, monsieur ? lui demanda brusquement Me Roberjot.

S'il ne l'eût dit, on ne s'en serait pas douté, tant sa personne et ses façons rappelaient peu l'architecte millionnaire.

Grand, mince, très blond, il était élégamment, mais fort simplement vêtu de vêtements de couleur foncée.

– C'est sans doute de la part du baron que vous venez, monsieur, reprit Me Roberjot.

Le jeune homme secoua la tête.

– Mieux que personne, monsieur, dit-il, vous savez que mon père n'a pas le moindre droit à ce titre de baron, qu'il imprime sur ses cartes de visite... C'est une faiblesse...

Il n'acheva pas, mais son geste signifiait clairement : Donc, épargnez-moi l'ironie de ce titre.

– Ensuite, monsieur, reprit-il, ce n'est pas, je vous l'affirme, mon père qui m'envoie. C'est de mon propre mouvement que je viens...

Il s'arrêta court.

Il venait d'apercevoir Raymond qui, par discrétion, se tenait un peu à l'écart...

– Mais vous n'êtes pas seul, monsieur, dit-il vivement... Veuillez donc m'excuser. Ce que j'ai à vous dire est assez long...

Si préoccupé que fût Raymond, il ne pouvait pas ne pas voir que sa présence embarrassait singulièrement l'avocat.

– J'allais me retirer, dit-il à M. Verdale, je me retire...

Et, s'adressant à Me Roberjot :

– Maintenant que me voici à Paris, mon cher maître, ajouta-t-il, je viendrai vous importuner souvent... Permettez-moi donc, pour aujourd'hui, de vous laisser à vos préoccupations.

II

Dans ce Paris immense, où tant d'intérêts s'agitent, il n'est pas de jour qu'on ne rencontre quelque malheureux que sa passion affole, et qui s'en va le long des trottoirs, d'un pas de somnambule, monologuant à haute voix, égrenant au vent ses plus chers secrets, comme le vase fêlé qui laisse échapper l'eau qu'il contient.

Ainsi, en sortant de chez Me Roberjot, s'en allait Raymond le long de la rue Jacob et de la rue des Saints-Pères.

À l'encontre de la raison, l'instinct victorieux le traînait aux environs de la demeure de la duchesse de Maillefert.

– Dans quel but ? lui criait le bon sens.

– Qui sait !... répondait la voix des espérances obstinées, cette voix dont les plus rudes épreuves ne sauraient étouffer le murmure. Peut-être au moment où tu passeras, verras-tu le coin d'un rideau se soulever et le visage de Mlle Simone apparaître.

C'est rue de Grenelle-Saint-Germain, à deux pas de la rue de la Chaise, qu'est situé l'hôtel de Maillefert.

Le large perron déroule ses six marches sur une cour pavée, plus froide que le préau d'une prison cellulaire.

Autour de la cour sont les communs, les remises et les écuries.

Le pavillon du concierge est sur le devant, et ses dimensions exagérées disent qu'il date de ce bon temps où les plus grands seigneurs autorisaient leur suisse à « vendre vin » et à tenir, à l'enseigne de leur nom, une sorte de cabaret.

Ce qui fait la splendeur de l'hôtel de Maillefert, c'est son jardin qui joint les admirables jardins de l'hôtel de Sairmeuse, qui se prolonge jusqu'à la rue de Varennes, et dont les arbres séculaires dominent le toit des maisons voisines.

Les deux battants de la grande porte étaient ouverts quand arriva Raymond, et jamais certes, à voir le mouvement de cette magnifique demeure, on ne se fût douté que celle qui la possédait, la duchesse de Maillefert, ruinée, compromise, assiégée par ses créanciers, en était réduite aux pires expédients pour soutenir son luxe menteur et recourait aux plus abominables intrigues pour s'emparer de la fortune de sa fille.

Dans la cour, trois ou quatre voitures attelées de bêtes de prix attendaient les visiteurs, pendant que les valets, vêtus de longues pelisses fourrées, se vengeaient de leur longue faction en disant du mal de leurs maîtres.

– Voilà, songeait Raymond, le démenti formel des récits de Me Roberjot. Que me disait-il donc, que tout était fini, que tout ce qui tient à l'Empire était ahuri, consterné ?...

Un coupé tournant au grand trot de ses deux chevaux le coin de la rue de la Chaise interrompit brusquement ses réflexions. Il n'eut que le temps de se jeter de côté.

Mais si rapide qu'ait été le mouvement, il avait reconnu la duchesse de Maumussy et, l'instant d'après, il put la revoir, gravissant paresseusement les marches du perron de l'hôtel de Maillefert.

– Elle va voir Simone, elle, pensait-il.

Et ses poings se crispaient à cette idée désolante qu'à lui seul étaient fermées les portes de cet hôtel où tant de gens entraient le sourire aux lèvres, de cet hôtel où derrière cette façade stupide et inexorable était Mlle Simone.

Que faisait-elle, à cette heure ? À quelles impitoyables obsessions était-elle en butte ? Que voulait-on d'elle, et par quels moyens ?...

– Et ne m'avoir rien dit, murmurait-il, de l'intrigue qui me la ravit !... M'avoir refusé jusqu'à cette joie suprême de mourir avec elle, si je ne puis la sauver !...

Et il se creusait la tête à chercher un moyen d'interroger adroitement quelqu'un de ses valets, qu'il voyait circuler, quand tout à coup, derrière lui :

– Monsieur Raymond Delorge, je crois, dit une voix sardonique.

Il se retourna, et se trouva en face du jeune duc de Maillefert, de M. Philippe, qui, le lorgnon à l'œil, le cigare à la bouche, une badine à la main, d'un air d'impertinence superlative, le toisait...

Un flot de sang empourpra le visage de Raymond. Personne jamais ne s'était permis de le regarder ainsi, et il allait... Une lueur de raison l'arrêta : est-ce que le frère de Mlle Simone ne devait pas lui être sacré !... Se maîtrisant donc :

– Vous avez à me parler ? demanda-t-il.

– Ma foi, oui, répondit M. Philippe, et je suis ravi de vous rencontrer, parole d'honneur. Du reste, ce ne sera pas long. Vous avez autrefois recherché M{}^{lle} de Maillefert...
– Encouragé par M{}^{me} la duchesse, monsieur, et par vous-même...
– Oh ! je ne discute pas, j'ai simplement à vous... signifier d'avoir à renoncer à toute espérance...
– Est-ce de la part de M{}^{lle} Simone, monsieur ?
– Pas du tout. C'est de ma part et de celle de ma mère. Seulement ce que je vous dis là, ma sœur doit vous l'avoir écrit.

Raymond ne répondit pas.

– Ah ! vous le voyez, insista le jeune duc, elle vous l'a écrit. Cela étant, il serait de bon goût de cesser vos poursuites, hein, n'est-ce pas ?... À Maillefert, c'était sans inconvénient, tandis qu'ici, avec les projets d'alliance que nous avons...
– Des projets d'alliance !...
– Mon Dieu, oui, avec votre permission, fit M. Philippe.

Et saluant Raymond d'un air ironique :

– C'est pourquoi, ajouta-t-il, vous m'éviterez, je l'espère, le déplaisir de vous retrouver encore rôdant autour de mon hôtel.

Le premier mouvement d'indignation passé, c'est à peine si Raymond se sentait le courage d'en vouloir à M. Philippe ; et tout en le suivant de l'œil, pendant qu'il s'éloignait :

– Pauvre cerveau fêlé ! pensait-il, pauvre fou ! non, ce n'est pas toi que je dois frapper.

Il est certain que le dernier des Maillefert était de ceux dont l'absolue nullité n'offre même pas de prise à la haine. Vaniteux de cette vanité puérile des imbéciles, affamé de luxe, de plaisir, d'éclat, dévoré de convoitises malsaines, besogneux avec les apparences d'une fortune princière, M. Philippe devait fatalement être le complice et la dupe de quiconque ferait miroiter les millions à ses yeux éblouis.

Il y avait mille à parier qu'en agissant comme il venait de le faire, il n'avait pas obéi à ses propres inspirations.

Ici, à l'angle de la rue de Grenelle, aussi bien que dans les ruines du château de Maillefert, il n'était évidemment que l'outil sacrifié d'une intrigue dont les plus clairs bénéfices, en cas de succès, ne seraient pas pour lui.

De ses propos, cependant, de la leçon qu'il venait de débiter, une lueur se dégageait, indécise et vague assurément, mais enfin une lueur qui éclairait les ténèbres jusqu'alors si épaisses de l'avenir.

— Nous avons pour Simone des projets d'alliance, avait dit M. Philippe.

Était-ce donc le mot de l'énigme, le mot des événements qui se succédaient si rapides et si imprévus depuis trois jours ? Était-ce l'explication de l'inexplicable conduite de Mlle Simone ?

Mais quoi ! il ne pouvait y avoir de projets sérieux sans son consentement. Elle n'était pas de celles qu'on traîne à l'autel contre leur volonté, et à qui on arrache à force de caresses ou de menaces l'irrévocable oui. Ce n'était pas, elle l'avait prouvé, l'énergie qui lui manquait.

Elle consentirait donc, elle, après ses promesses, après ses serments... Était-ce possible ? était-ce même probable !...

D'un autre côté, pourtant, qui disait que la duchesse de Maillefert, conseillée par Combelaine, aidée par Mme de Maumussy, n'avait pas enfin trouvé une combinaison diabolique pour décider sa fille au plus odieux des sacrifices !

Une phrase de M. Philippe dans les ruines était, en ce sens, une indication.

— Nous avons avait-il dit en entraînant sa sœur, du linge sale à laver en famille.

Ne pouvait-on pas en conclure qu'il avait quelque aveu pénible et honteux à faire, qu'il avait à s'adresser encore au dévouement de Mlle Simone !

Or le passé était là pour révéler de quel excès d'abnégation la malheureuse jeune fille était capable, dès qu'on s'adressait à la grande idée qu'elle avait du devoir.

C'était si plausible, cela, que Raymond, en y réfléchissant, tressaillit d'espérance.

Et cependant, à toutes ces conjectures, il y avait une objection terrible.

Comment la duchesse de Maillefert et M. Philippe, vivant uniquement de la fortune personnelle et des revenus de Mlle Simone, pouvaient-ils songer à la marier ? Ils ne le voulaient pas, autrefois, absolument pas, à aucun prix. Leurs idées avaient donc bien changé, du jour au lendemain. Pourquoi ? Quel calcul abject, quelle infamie nouvelle cachait ce brusque revirement ?...

– Ah ! n'importe ! se disait Raymond, je sauverai Mlle Simone en dépit d'elle-même, je la sauverai, je le veux... Mais il me faut arriver jusqu'à elle, la voir, lui parler...

Puis après un moment :

– Peut-être est-il un moyen, ajouta-t-il.

La nuit venait, les boutiques se fermaient... Il remonta la rue de Grenelle jusqu'à la hauteur de l'hôtel de Maillefert.

En face, plusieurs maisons s'élevaient, de celles qu'on appelle des maisons de produit, et à la porte de l'une d'elles pendait un écriteau annonçant aux passants de « jolis appartements fraîchement décorés à louer présentement ».

– Voilà mon affaire, se dit Raymond.

Et traversant la rue, il entra bravement.

– Hein ! de quoi !... vous voulez visiter des appartements à cette heure-ci !... lui répondit la concierge, à laquelle il s'était poliment adressé. Jamais de la vie !... Demain, je ne dis pas, il fera jour...

Mais Raymond avait en poche de ces arguments qui dissipent la mauvaise humeur des concierges comme un rayon de soleil le brouillard.

Celle-ci, à la vue d'une belle pièce de dix francs toute neuve, se leva, souriante, et, allumant une bougie, elle conduisit l'aspirant locataire à un petit appartement du troisième étage qu'elle lui déclara valoir mille francs.

C'était hors de prix, car l'appartement « fraîchement décoré » était d'une malpropreté rare. Les plafonds enfumés s'écaillaient de tous côtés. Le papier graisseux gardait les traces de tous les locataires qui s'y étaient succédé depuis la première révolution.

Oui, mais il suffit à Raymond d'ouvrir une des fenêtres pour s'assurer que de ce troisième étage il planerait en quelque sorte au-dessus de l'hôtel de Maillefert, et que personne n'y entrerait ni n'en sortirait, qu'il n'aperçût et ne reconnût.

– Décidément l'appartement me convient et je l'arrête, déclara-t-il en tirant de son gousset le denier à Dieu, une belle pièce de vingt francs...

Alors, commencèrent les questions de la portière.

Qui était monsieur ? Quel était son nom ? Était-il marié ? Avait-il des enfants ? Où pouvait-on aller aux renseignements

18

afin de s'assurer qu'il possédait assez de meubles pour garantir le paiement du loyer ?

Toutes ces questions, heureusement, qui se suivaient comme les grains d'un chapelet, avaient laissé à Raymond le temps de préparer ses réponses.

Comprenant bien que le nom de Delorge ne devait pas être prononcé dans les environs de l'hôtel de Maillefert, il s'empara du nom de jeune fille de sa mère et déclara qu'il s'appelait Paul de Lespéran.

Il répondit encore qu'il était employé dans un ministère et garçon ; que jusqu'ici il avait habité chez un de ses parents et que par conséquent il ne possédait pas de meubles, mais qu'il allait en acheter qu'on apporterait le lendemain.

Pour plus de sûreté, d'ailleurs, il offrait de payer et il paya, en effet, un terme d'avance...

Restait à se procurer les meubles annoncés.

Sans perdre une minute, Raymond se fit conduire chez un marchand de la rue Jacob, lequel, moyennant une gratification de cent francs qu'il demanda pour ses ouvriers, et qu'il mit généreusement dans sa poche, jura ses grands dieux que le soir même, avant minuit, il aurait mis en place un modeste mobilier de salon et de chambre à coucher qu'il ne s'était fait payer que le double de sa valeur.

– Mais il ne m'aura pas tenu parole, assurément, se disait Raymond, lorsqu'il sortit de chez sa mère, le lendemain matin, pour se rendre rue de Grenelle.

C'était le 30 décembre, vers les huit heures...

Encore bien qu'il ne plût pas, le temps était détestable, il faisait froid, et à chaque pas on glissait sur le pavé boueux.

Pourtant, devant toutes les boutiques de marchands de journaux, des gens stationnaient qui discutaient avec une certaine animation.

Machinalement, Raymond s'arrêta près d'un de ces groupes.

On s'y entretenait de Tropmann, dont le sinistre procès se déroulait devant la cour d'assises de la Seine, mais on s'y préoccupait bien plus de la situation politique.

Il y avait alors quarante-huit heures que l'empereur avait chargé M. Émile Ollivier de constituer un ministère « d'ordre et de liberté », et comme on était sans nouvelles précises de cette mission, dame ! on s'inquiétait.

Les bruits les plus saugrenus – de ces bruits comme il n'en éclôt qu'à Paris, aux environs de la Bourse – circulaient. Selon les uns, M. Émile Ollivier avait échoué, toutes ses avances avaient été repoussées, et il venait de donner sa démission. Selon les autres, il avait fait accepter à l'empereur un cabinet composé de ses anciens amis de la gauche. D'autres encore, qui se prétendaient les mieux informés, affirmaient que M. Rouher allait revenir aux affaires avec un ministère à poigne.

Il était manifeste qu'il régnait dans tous les esprits une certaine inquiétude.

Depuis les dernières élections, l'incertitude de l'avenir avait paralysé toutes les grandes affaires, ralenti le mouvement de la haute industrie et intimidé les capitaux, poltrons de leur nature et toujours prêts à rentrer sous terre à la moindre alerte.

Mais cette incertitude n'entravait en rien le petit commerce, le commerce des étrennes surtout.

Jamais premier de l'an ne s'était mieux annoncé.

Si matin qu'il fût encore, Paris était bien éveillé. Les carreaux des boutiques étincelaient. Tous les étalages étaient terminés, étalages merveilleux où, parmi les « articles » du plus haut prix, s'accumulaient les milles produits de l'industrie parisienne, véritables objets d'art qui tirent toute leur valeur de l'habileté de l'ouvrier.

Constatant de ses yeux cette prospérité de surface, comment Raymond eût-il pu ajouter foi aux sombres prophéties de Me Roberjot ?

– Toujours les mêmes illusions, pensait-il, tout en suivant la rue de Richelieu ; toujours les gens prendront leurs désirs pour la réalité, et fou je serais de compter sur la dégringolade de l'Empire pour écraser mes ennemis...

Mais il eut un tressaillement de plaisir, quand, arrivant rue de Grenelle, il constata que son marchand de meubles lui avait tenu parole. Son appartement était prêt et c'est avec un soupir de satisfaction qu'il s'y enferma, sûr d'être à l'abri des importuns.

Il savait, pour s'en être assuré la veille, que c'était de la fenêtre de la chambre à coucher qu'il avait sur l'hôtel de Maillefert la vue la plus complète. Il y courut, et après avoir fermé les persiennes, il en arracha bravement une lame, se ménageant ainsi un jour d'où il pouvait voir à l'aise, sans être aperçu du dehors.

Attirant alors une vieille chaise dépaillée, abandonnée par le précédent locataire, il s'assit, et tirant de sa poche une jumelle dont il avait eu le soin de se munir, il regarda.

Plus paresseux que Paris, l'hôtel de Maillefert s'éveillait seulement.

Dans la cour, sous la direction de monsieur le cocher de service, les gens des écuries et des remises allaient et venaient, étrillant les chevaux, lavant les voitures et cirant les harnais...

Au premier étage, toutes les fenêtres étaient ouvertes, et presque à chacune d'elles des valets apparaissaient en veste rouge du matin, avec d'immenses tabliers à pièce, qui secouaient des tapis, battaient des coussins, ou époussetaient ces mille bibelots coûteux qui constituaient le luxe du second Empire et qui, par leur fragilité et leur éclat, en étaient comme l'emblème.

— Tout ce luxe est-il payé, seulement ! se disait Raymond, songeant au désordre de la duchesse et de M. Philippe, et à ces dettes dont ils ne cessaient de tourmenter Mlle Simone...

Mais les fers d'un cheval sonnant sur le pavé interrompirent brusquement ses réflexions et ramenèrent ses regards du premier étage à la cour de l'hôtel de Maillefert.

Un cavalier y entrait monté sur une bête de prix qu'il maniait avec une rare aisance.

Il sauta lestement à terre, jeta la bride aux mains des valets et entra dans l'hôtel, pendant que le suisse frappait deux coups sur un énorme timbre.

Ce cavalier était le comte de Combelaine.

Que voulait-il si matin, le misérable ? quel motif pressant l'attirait ? quelle infamie nouvelle tramait-il ?

Et Raymond regardait avidement les fenêtres du second étage de l'hôtel, toutes hermétiquement closes, espérant que les persiennes de l'une d'elles allaient s'ouvrir et lui fournir quelque indication.

Son attente ne fut pas déçue.

Moins d'une minute après l'entrée de M. de Combelaine, les deux dernières croisées à gauche de l'hôtel furent ouvertes par un domestique que Raymond reconnut pour l'avoir vu maintes fois aux Rosiers, et qui n'était pas un moindre personnage que le propre valet de chambre du jeune duc de Maillefert.

Et dans le court espace de temps où les fenêtres demeurèrent ouvertes, Raymond distingua nettement, dans la vaste chambre qu'elles éclairaient, M. Philippe, d'abord, en veste du matin de velours noir, debout devant une glace ; puis M. de Combelaine étendu sur un immense fauteuil.

Mais Raymond n'eut guère de temps à donner à ses réflexions.

Un grand bruit de roues attirait son attention. C'était un coupé marron, attelé d'un cheval de cinq cents louis, qui entrait dans la cour de l'hôtel de Maillefert, et qui, après le plus savant demi-cercle, venait s'arrêter devant le perron.

De même que l'instant d'avant, le suisse avait frappé deux coups.

Et cette visite devait être attendue, car le timbre vibrait encore, qu'une des fenêtres de l'appartement de M. Philippe s'ouvrait, et que M. de Combelaine y apparaissait, se penchant très en avant pour voir qui arrivait.

Justement, un des valets de pied venait d'ouvrir respectueusement la portière du coupé.

Et un gros homme en descendait, qu'il était impossible de ne pas reconnaître quand on l'avait vu une fois, M. Verdale, c'est-à-dire M. le baron de Verdale.

Il adressa quelques mots à son cocher, et, de même que M. de Combelaine, entra dans l'hôtel.

– Eh quoi ! pensait Raymond, M. Verdale aussi !... Allons, M. de Maumussy ne va pas tarder à paraître...

Il se trompait...

Celui qu'il aperçut, dix minutes plus tard, ce fut M. Philippe de Maillefert sortant de l'hôtel.

Contre son ordinaire, le jeune duc était vêtu de noir, des pieds à la tête, et autant qu'en pouvait juger Raymond, de son observatoire, extraordinairement pâle.

Derrière lui, venaient M. de Combelaine et M. Verdale, graves, mais d'une gravité que Raymond jugea plus que suspecte, car il lui sembla les voir échanger un regard d'intelligence, et dissimuler à grand peine une grimace d'ironique satisfaction.

Ils parlaient, du reste, alternativement, et, à les voir ainsi de loin, debout sur le perron, l'un à droite, l'autre à gauche du jeune duc, on les eût pris pour deux chirurgiens réconfortant un malade et l'exhortant à se résigner à quelque terrible, mais indispensable opération.

– Qu'espèrent-ils de lui ? Qu'en veulent-ils obtenir ? pensait Raymond, qui eût donné tout ce qu'il possédait pour entendre aussi bien qu'il voyait.

Non moins que lui, les vingt domestiques témoins de cette scène paraissaient intrigués et intéressés. Ils se tenaient respectueusement à l'écart, et semblaient absorbés par leur besogne ; mais les oreilles étaient tendues et les yeux aux aguets.

– S'agirait-il d'un duel ? se disait Raymond. Non, il n'hésiterait pas, car ce mérite, du moins, lui reste, de tenir aussi peu à la vie qu'à l'argent...

Du reste, M. Philippe n'hésitait plus.

À une dernière observation de M. de Combelaine, il se redressa, faisant claquer ses doigts au-dessus de sa tête, geste qui dans tous les pays du monde signifie :

– Le sort en est jeté ! Advienne que pourra !

Sur un signe, un valet avait ouvert la portière du coupé. M. Verdale et le jeune duc de Maillefert y prirent place. M. de Combelaine sauta lestement en selle.

Et cheval et voiture sortirent au grand trot de l'hôtel.

Mais c'est inutilement que Raymond épia leur retour...

Une à une les fenêtres du second étage s'ouvrirent, l'hôtel reprit sa physionomie de la veille ; de même que la veille les équipages, dans la cour, se succédèrent sans interruption ; M. Philippe ne reparut pas ; la duchesse de Maillefert et Mlle Simone demeurèrent invisibles...

De guerre lasse, après de longues heures d'observation, et comme déjà la nuit tombait, Raymond songeait à rentrer chez sa mère, lorsque tout à coup, dans la cour de l'hôtel, et se disposant à sortir, il aperçut une femme dont la tournure, plus d'une fois, l'avait fait sourire. Oh ! il n'y avait pas à s'y tromper...

– Miss Lydia Dodge !... s'écria-t-il. Ah ! si je pouvais lui parler !...

Et il s'élança dehors...

C'était bien miss Lydia, en effet. Seule d'ailleurs, elle pouvait avoir cette grande taille, ces vêtements d'une coupe exotique et cette démarche d'une raideur étrange.

Elle venait de tourner le coin de la rue de la Chaise, lorsqu'elle s'entendit appeler doucement par son nom :

– Miss Lydia ! miss Lydia !...

Elle s'arrêta court, se retourna vivement tout d'une pièce, et apercevant Raymond :

– Vous ! s'écria-t-elle, d'un air d'immense stupeur.

– Oui, moi, dit-il. Pensiez-vous donc que j'étais resté aux Rosiers !

Et comme elle ne répondait pas :

– Où est Mlle Simone ? interrogea-t-il brusquement.

– Ici, à l'hôtel, fit la gouvernante. Mais permettez-moi de vous quitter. Il n'est pas convenable...

Elle saluait, elle allait s'éloigner... Raymond la retint par la manche de son manteau.

– Chère miss Dodge, disait-il d'une voix suppliante, je vous en conjure, ne m'abandonnez pas ainsi...

Mais il avait expérimenté l'ombrageuse susceptibilité de la gouvernante anglaise, et c'est presque timidement qu'il ajouta :

– Ce serait me sauver la vie que de m'apprendre ce qui s'est passé...

Miss Dodge réfléchissait, et la contraction de sa longue figure, et l'expression de ses gros yeux trahissaient un rude combat intérieur.

Parler !... c'était manquer aux principes de toute sa vie.

D'un autre côté, elle avait pour Raymond une sincère affection. Toujours il avait eu pour elle des attentions délicates auxquelles on ne l'avait guère accoutumée. Puis il parlait anglais. C'est en anglais qu'il la suppliait en ce moment.

– Hélas ! murmura-t-elle, avec un gros soupir, que voulez-vous que je vous dise ?

– Pourquoi Mlle Simone a-t-elle si brusquement quitté Maillefert ?

– Je ne le sais pas.

– Elle ne vous l'a pas dit ? vous ne l'avez pas deviné ?

– Non.

– Venir à Paris devait lui coûter.

– Oh ! horriblement.

C'est debout, devant la grande porte d'un vieil hôtel de la rue de la Chaise, que causaient miss Dodge et Raymond. L'endroit leur était propice. Il faisait assez sombre déjà pour qu'on ne les remarquât pas, et d'ailleurs les passants sont rares dans ces parages, où l'herbe pousse entre les pavés.

– Cependant, chère miss, insista doucement Raymond, il a dû y avoir une explication entre M. Philippe et sa sœur, après qu'ils m'ont eu laissé seul dans les ruines...

– Il y en a eu une, en effet, répondit miss Dodge, seulement...

Mais la digne gouvernante venait de prendre une grande résolution.

– Je vais vous dire tout ce que je sais, monsieur Delorge, reprit-elle, et vous allez voir que ce n'est pas grand'chose. En quittant les ruines, monsieur le duc et sa sœur se donnaient le bras. Moi, je marchais derrière eux, la tête basse, me sentant en faute. Jusqu'au château, ils n'ont pas échangé une parole. Une fois arrivés, ils sont allés s'enfermer au premier, dans le petit salon de mademoiselle. Ils y sont restés près de deux heures. Que se disaient-ils ? De la chambre où j'étais restée, j'entendais les éclats de la voix de M. Philippe, tantôt suppliante, tantôt ironique et menaçante. Mais pour distinguer les paroles, il eût fallu coller son oreille à la serrure. Pour la première fois de ma carrière de gouvernante, la tentation m'en vint.

– Et vous avez entendu ?

– Rien. Je résistai à la tentation. Bientôt la porte s'ouvrit et M. Philippe reparut. Il était très pâle. S'arrêtant sur le seuil, il dit à sa sœur : « Je puis compter sur vous, n'est-ce pas ? » Elle répondit : « Il me faut vingt-quatre heures de réflexion ; » Lui alors reprit : « Soit. Vous me signifierez votre décision par le télégraphe. Je repars. N'oubliez pas que l'honneur de notre maison est entre vos mains. »

Ce récit confirmait tous les soupçons de Raymond, mais il ne lui apprenait rien de nouveau, rien qui éclairât la situation.

– Et ensuite ? interrogea-t-il.

– M. Philippe parti, j'entrai dans le petit salon, et je m'agenouillai devant mademoiselle, lui prenant les mains que j'embrassais, et lui demandant quel grand malheur la frappait... Mon Dieu ! jamais je n'oublierai son regard en ce moment. Je tremblai qu'elle n'eût perdu la raison. Alors je lui demandai si elle souhaitait qu'on vous fît prévenir, monsieur. En entendant votre nom, elle se dressa, et ses lèvres remuèrent comme pour donner un ordre. Mais, presque aussitôt, se laissant retomber sur la causeuse : « Non ! murmura-t-elle, non ! ce n'est plus possible, il n'y faut plus penser ! » Puis elle me dit de la laisser, qu'elle avait besoin d'être seule... et je sortis.

À cette obstination à demeurer seule en face de son malheur, comme pour en épuiser plus complètement toutes les amertumes, Raymond reconnaissait bien M{ᴵˡᵉ} de Maillefert.

– C'est donc à ce moment-là que j'arrivai ? interrogea-t-il...

– Oh ! non, monsieur, vous ne vîntes que plus tard, et lorsque déjà mademoiselle avait sonné pour avoir de la lumière. En entendant appeler dans les escaliers, et reconnaissant votre voix, j'eus un moment d'espoir et je bénis Dieu de vous envoyer. Mais hélas ! vous ne deviez pas réussir mieux que moi. Votre présence, loin de calmer mademoiselle, ne fit que redoubler son agitation, et après votre départ je vis bien que votre douleur s'était ajoutée à la sienne. Plusieurs fois, elle répéta : « Oh ! le malheureux ! le malheureux !... » Pas plus qu'avant d'ailleurs, elle ne consentit à me garder près d'elle. Je m'installai dans la pièce voisine, et jusqu'à une heure bien avancée de la nuit, je l'entendis marcher et gémir doucement. Vous dire quelle impression cela me faisait est impossible. Il me semblait qu'elle veillait la veillée de sa propre mort. Vers quatre heures et demie, cependant, elle m'appela : « Lydia ! » Vite j'accourus, et en la voyant je restai interdite et toute saisie. Elle ne pleurait plus ; ses yeux brillaient d'un éclat extraordinaire ; son visage resplendissait de la résignation sublime qui soutient les martyrs. Je compris que sa résolution était prise.

« – Lydia, me dit-elle, tu vas tout préparer à l'instant pour notre départ.

« – Quoi ! m'écriai-je, nous quittons Maillefert, mademoiselle ?

« – Ce matin même par le train de huit heures. Tu vois que tu n'as pas une minute à perdre. Éveille tout le monde pour qu'on t'aide.

« À six heures, cependant, les préparatifs étaient terminés.

« Aussitôt, mademoiselle fit appeler le vieux jardinier, qui était son homme de confiance, et lui dit d'atteler le char-à-bancs pour nous conduire à la gare. Le brave homme, alors, demanda à mademoiselle ses instructions pour le temps de son absence. Elle lui répondit qu'elle n'avait rien de particulier à lui demander ; qu'elle allait cesser, probablement, de s'occuper de ses propriétés, et que sans doute elle ne reviendrait plus à Maillefert.

« Tous les gens du château étaient dans le corridor qui entendaient cela. Elle les fit entrer, et à chacun d'eux elle donna quelque chose, de l'argent d'abord, puis un souvenir. On eût dit une mourante distribuant à ceux qui l'ont servie tout ce qui lui a appartenu et dont elle n'a plus que faire.

« Tout le monde fondait en larmes. Tout le monde perdait la tête... Mademoiselle seule gardait son sang-froid.

« Et sept heures sonnant :

« – Il est temps de partir, dit-elle.

« Les domestiques aussitôt se mirent à descendre nos malles, mais elle retint près de nous le vieux jardinier. Et dès que nous ne fûmes plus que tous les trois, tirant une lettre de sa poche :

« – Voici, lui dit-elle, une lettre pour M. Raymond Delorge, que vous connaissez bien. Je vous la confie. Vous la ferez parvenir, mais seulement après midi, vous m'entendez, pas avant...

« Le jardinier promit d'obéir. Nous descendîmes prendre place dans le char-à-bancs, et, une heure après, nous étions en chemin de fer, et l'express de Paris nous emportait.

À chaque phrase de ce récit, éclatait l'indomptable énergie de Mlle Simone. Le devoir lui ordonnait, croyait-elle, de faire une œuvre, elle la faisait, dût son cœur en être brisé. Seul au monde, peut-être, Raymond pouvait comprendre tout ce qu'elle avait souffert...

– Et en arrivant à Paris, demanda-t-il, c'est à l'hôtel de Maillefert que s'est fait conduire Mlle Simone ?

– Oui, monsieur, tout droit, répondit la digne gouvernante et je puis dire que son apparition a été saluée par des transports de joie. Une reine n'eût pas été tant fêtée.

– Et depuis, quelle est son existence ?

– Depuis son arrivée, mademoiselle a passé toutes ses après-midi avec des hommes d'affaires, des notaires, des avoués...

– Et le reste du temps ?

– Mademoiselle le passe avec madame la duchesse ou avec des amies de madame la duchesse, Mme la baronne Trigault, Mme la duchesse de Maumussy...

– Elle ne sort pas ?

– Je l'ai accompagnée hier matin jusqu'à Sainte-Clotilde, entendre la messe...

Ce détail, Raymond le nota soigneusement.

– Sans doute, fit-il, Mlle Simone n'est pas libre.

Miss Dodge leva les bras au ciel.

– Pas libre !... s'écria-t-elle. Mademoiselle est maîtresse de ses actions ici aussi bien qu'à Maillefert. Qui donc se permettrait d'aller contre ses volontés ?

– Et... elle ne vous a jamais parlé de moi ?

La digne gouvernante tressaillit.

– Jamais ! répondit-elle. Mais moi, une fois, j'ai osé lui en parler... Ah ! monsieur, pour la première fois de sa vie, mademoiselle m'a traitée durement. « Si tu prononçais encore ce nom, m'a-t-elle dit, je serais forcée de me séparer de toi ! »

C'est par un geste désespéré que Raymond accueillit cette réponse.

– Elle vous a dit cela !... balbutia-t-il. Et moi, miss, si vous saviez ce que je voulais vous demander... Je voulais vous prier à genoux, à mains jointes, de dire à Mlle Simone que je vous ai rencontrée, que je suis désespéré, que je donnerais ma vie pour la voir, pour lui parler, ne fût-ce que cinq minutes...

Brusquement, miss Dodge l'arrêta. Elle était émue, la digne fille, sincèrement, et toute bouleversée de cette grande passion, comme elle n'en avait pas, hélas, inspiré.

Ce soir même, dit-elle, à tous risques, je ferai ce que vous me demandez. Adieu !

III

C'était de la part de miss Dodge une si terrible dérogation à ses principes sévères et un tel acte de courage que Raymond demeurait confondu de la promptitude de sa résolution.

Ce n'était pas précisément le « pain de ses vieux jours » qu'elle allait risquer, car il était clair que jamais Mlle Simone ne laisserait manquer de rien sa dévouée gouvernante, mais elle allait s'exposer à une séparation dont l'idée lui était plus pénible que celle de la mort.

Et Raymond qui ne l'avait seulement pas remerciée, qui l'avait laissée s'éloigner sans savoir où et comment elle lui apprendrait le résultat de sa démarche !...

Mais il ne s'en tourmentait pas outre mesure. Grâce à ce logement qu'il avait loué, il savait qu'il serait toujours à même de rejoindre la digne institutrice dès qu'elle risquerait un pied dehors.

La décision de Mlle Simone était un bien autre sujet d'angoisses.

Consentirait-elle à cette aventure que lui faisait demander Raymond, et qu'il eût payée de la moitié de son sang ?

Il était persuadé que c'était comme autrefois, comme toujours, à la fortune de la pauvre enfant qu'on en voulait, et rien qu'à sa fortune, et il se disait :

— Que je lui parle, et je la décide à l'abandonner à qui la convoite si ardemment, cette fortune maudite.

C'était l'espérance, la fleur vivace qui résiste à tous les orages, qui refleurissait dans son âme.

Et le bien-être qu'il en ressentait se reflétait si visiblement sur son visage, que lorsqu'il rentra pour dîner :

— Tu es satisfait de ta journée, mon fils ? lui demanda Mme Delorge, qui était certes à mille lieues de soupçonner la nature de ses soucis.

— Oui, ma mère, répondit-il.

— Tu as revu nos amis, sans doute ? Tu as pu t'assurer par toi-même de la réalité de nos espérances.

— J'ai vu Me Roberjot, dit-il, pour dire quelque chose, car la confiance candide de sa mère le gênait beaucoup.

Mais si Mme Delorge se paya de ses vagues réponses, il n'en devait pas de même être de Mlle Pauline. Se trouvant seule, après le dîner, avec son frère :

– Pauvre Raymond, lui dit-elle, en lui prenant la main, tu es donc moins malheureux !...

Il ne put retenir un mouvement d'impatience, dépité de l'insistance de sa sœur à pénétrer son secret.

– Qu'imagines-tu donc ?...

Il la regardait dans les yeux. Elle devint cramoisie, et, essayant de dissimuler son embarra sous un éclat de rire :

– Dame ! répondit-elle, je ne sais pas... au juste. Seulement la politique tracasse Me Roberjot bien autrement que toi, et jamais je ne lui ai vu des regards comme les tiens...

Et comme il se taisait :

– Je n'insisterai pas, ajouta sérieusement la jeune fille. Et cependant, j'aurais peut-être des confidences à échanger contre les tiennes.

À tout autre moment, Raymond eût voulu avoir l'explication de cette phrase au moins singulière. L'égoïsme de la passion retint les questions sur ses lèvres.

Il se dit en lui-même :

– Oh ! oh ! il paraît que Mlle Pauline Delorge aime quelqu'un, et c'est là ce qui la rend si clairvoyante.

Puis il n'y pensa plus du reste de la soirée, qu'il passa entre sa mère et sa sœur. Et lorsqu'il eut regagné sa chambre, il ne songeait qu'à une chose, c'est que le lendemain était le premier jour de l'An, et que très probablement il n'aurait pas deux heures à lui pour courir jusqu'à la rue de Grenelle-Saint-Germain.

Il ne se trompait pas. C'était chez Mme Delorge que, depuis des années, venaient déjeuner, le premier janvier, les rares amis qui lui étaient restés fidèles.

Dès neuf heures, arrivaient Mme Cornevin et ses filles, puis l'excellent M. Ducoudray, l'œil plus brillant que les pierres d'une paire de boucles d'oreilles qu'il apportait à Mlle Pauline.

Me Roberjot ne tarda pas à apparaître, les bras chargés de bonbons ; et dès son entrée :

– Eh bien ! s'écria-t-il, le voici donc venu, le premier jour de cette fameuse année de 1870 qui doit donner à la France le bonheur et la liberté !...

– *Amen !* fit M. Ducoudray. Et en attendant, nous sommes toujours sans ministère.

– Toujours, répondit Me Roberjot, de ce ton de bonne humeur qui avait résisté à tous les tracas et à toutes les déceptions de sa vie. Ah ! l'enfantement est laborieux. Mais soyez sans inquiétude, demain l'*Officiel* parlera, et nous connaîtrons enfin le ministère Ollivier.

Raymond s'était rapproché.

– Et pensez-vous toujours, demanda-t-il, qu'il doit être l'avant-dernier ministère du second Empire !

– Je le pense plus que jamais... s'écria l'avocat.

Et sans soupçonner, certes, quels effroyables malheurs allaient fondre sur la France, en cette sinistre année de 1870 :

– Dans un an, ajouta-t-il, à pareil jour, je vous donne rendez-vous. Alors, vous me direz ce que sont devenus tous ceux qui jouissent de leur reste, le comte de Combelaine et le duc de Maumussy, et cette chère princesse d'Eljonsen, et mon excellent ami Verdale !...

Le lendemain, ainsi qu'il l'avait annoncé, le *Journal officiel* publiait le nom des hommes choisis par Émile Ollivier, et qui allaient constituer avec lui ce ministère fameux qui portera dans l'histoire le nom de ministère du 2 janvier.

Et la vérité vraie, incontestable sinon incontestée, est que la France eut, ce jour-là, comme un éblouissement d'espérance et de liberté.

En lisant le nom des hommes qui allaient prendre la direction des affaires, on crut que la ruine prochaine, dont les symptômes se multipliaient de plus en plus alarmants depuis quelques mois, allait être conjurée.

On crut qu'une transaction pacifique éviterait les horreurs d'une lutte sanglante sur des décombres.

– On va donc respirer ! disait-on. La sécurité va donc renaître ! Les affaires vont donc reprendre !...

Que devenaient dans de telles circonstances les théories de Mme Delorge, qui avait toujours attendu, qui attendait encore avec une imperturbable confiance quelque dégringolade effroyable, soudaine, foudroyante, qui livrerait à sa vengeance les assassins, dix-huit ans impunis, de son mari !...

Et Raymond lui-même ne s'était-il pas parfois, dans le secret de son cœur, bercé de ce décevant espoir, que quelque grande commotion politique détacherait Mme de Maillefert de ses amitiés nouvelles et sauverait Mlle Simone ?

– Chimères !... se disait-il maintenant. Illusions vaines !... C'est sur moi, sur moi seul, qu'un homme doit compter !...

Ce qui n'était pas une illusion, c'est que, de plus en plus, la situation de Mlle Simone était menacée.

La veille même, une lettre qu'il avait reçue de M. de Boursonne était venue confirmer ses craintes et l'avertir de se hâter.

« Il court ici de singuliers bruits, écrivait le vieil ingénieur, et avec une persistance qui me les fait prendre au sérieux, malgré leur invraisemblance.

« On assure que Mlle Simone, ne devant plus revenir à Maillefert, se décide à vendre toutes ses propriétés, et même le château. D'après M. Bizet de Chenehutte, qui est décidément un brave garçon, la vente aurait lieu dans les premiers jours du mois prochain. Ce qui désole les gens du pays, c'est qu'on annonce que tout est d'avance acheté en bloc par un gros capitaliste de Paris.

« Comme de raison, je vous fais grâce des commentaires.

« Vous, là-bas, vous devez savoir la vérité. Mandez-la moi donc, s'il vous plaît, pour que je conserve ma réputation d'homme bien informé. Et par là même occasion, dites-moi un peu ce que vous devenez. »

Hélas !... Raymond n'en savait pas plus que son vieil ami.

Aussi, est-ce avec la résolution plus que jamais arrêtée de parvenir, coûte que coûte, jusqu'à Mlle Simone, qu'il arriva vers deux heures à son appartement de la rue de Grenelle-Saint-Germain.

Une surprise immense l'y attendait.

Lorsqu'il entra dans la loge pour prendre sa clef :

– On est venu vous demander ce matin, monsieur, lui dit la concierge.

Sa première idée fut que la vieille femme, dans une intention qui lui échappait, plaisantait.

Qui donc savait qu'il avait loué cet appartement ? Personne.

Et l'eût-on su, comment eût-on pu venir l'y demander, puisqu'au lieu de son nom, il avait donné celui de la famille de sa mère ?

– Quand donc est-on venu ? interrogea-t-il.

32

– Ce matin.
– Qui ?
– Un monsieur, vêtu dans le dernier genre, tout ce qu'il y a de plus comme il faut. J'étais en train de balayer mes escaliers : il appelle, moi je me penche sur la rampe, et je lui crie :
– Qu'est-ce que vous voulez ?
Il lève la tête :
– Je voudrais savoir, répond-il, si mon ami est chez lui.
– Quel ami ?
– Eh ! celui qui a aménagé au troisième avant-hier.
– M. de Lespéran, alors ?
– Précisément.
– Là-dessus, je lui dis que vous étiez absent, et il a paru très contrarié. Il m'a cependant remerciée très poliment, et il est parti en disant qu'il repasserait...

Raymond réfléchissait, et à son premier étonnement, l'inquiétude succédait.

Ce mystérieux visiteur ne s'était pas présenté en demandant M. de Lespéran. Il s'était arrangé de telle sorte que c'était la portière qui lui avait appris sous quel nom s'était établi rue de Grenelle son nouveau locataire.

Mais il semblait à Raymond très important que la concierge ne soupçonnât rien.

– Ce doit être, dit-il, quelqu'un de mes amis. Vous a-t-il laissé son nom ?...
– Ma foi, non !...
– Et vous ne le lui avez pas demandé ? Non. C'est vraiment bien fâcheux. Pourtant, si vous pouviez me donner son signalement exact !... Voyons, comment était-il, jeune, vieux ?...
– Ni l'un ni l'autre.
– Grand ou petit ? Mince ou gros ?...
– Entre les deux.
– Brun ou blond ?
– Oh ! pour cela, tout ce qu'il y a de plus blond, blond ardent, s'entend.
– Avait-il un accent ?
– Je n'ai pas remarqué.

Tout espoir d'être renseigné s'évanouissait. Raymond comprit qu'insister serait inutile.

– Une autre fois, dit-il à la portière, il faudra, je vous prie, demander le nom des gens qui viendront en mon absence.

Mais cette insouciance qu'il affectait, elle était bien loin de son âme.

De ce fait résultait pour lui la certitude qu'il était suivi, épié. Par qui ? dans quel but ?

Une fois, le souvenir de Laurent Cornevin traversa son esprit. Il le repoussa.

– Si Laurent, se dit-il, avait à me parler, il viendrait me trouver chez ma mère ou m'écrirait pour me donner un rendez-vous...

N'importe, c'était un souci nouveau ajouté à tous ceux de Raymond ; souci cuisant s'il en fut, irritant, de toutes les minutes.

Il cessait de s'appartenir, en quelque sorte. Il ne devait plus faire un pas, désormais, sans être tourmenté de cette idée qu'il traînait à ses talons quelque mouchard immonde, qu'il était incessamment épié, que chacune de ses démarches avait un témoin invisible, tapi dans l'ombre et dressant un rapport...

Une telle infamie était bien digne de M. Philippe, conseillé par M. de Combelaine.

Cette journée, du reste, qui commençait si mal, ne lui devait pas être favorable.

C'est en vain que, jusqu'à la nuit, il demeura l'œil cloué à l'ouverture qu'il avait pratiquée à la persienne, il n'aperçut ni Mlle Simone, ni miss Lydia Dodge.

Et il ne fut pas plus heureux les jours suivants, encore que littéralement il ne bougeât plus de son observatoire ; si bien qu'à la fin de la semaine il ne savait plus que croire ni qu'imaginer.

Miss Dodge l'avait-elle donc trompé ? N'avait-elle paru céder à ses instances que pour se débarrasser de lui ? Avait-elle au contraire tenu sa promesse et avait-elle été impitoyablement renvoyée ?

Le désespoir s'emparait de Raymond, lorsqu'enfin le dimanche matin, un peu avant huit heures, juste comme il venait d'arriver, il vit apparaître sur le perron Mlle Simone.

Elle était habillée ; elle allait sortir ; elle sortait.

Mais ce n'était pas comme d'ordinaire la fidèle Lydia Dodge qui l'accompagnait. C'était une femme de chambre que

Raymond ne connaissait pas, qui devait être une des femmes de la duchesse, et qui portait un livre d'heures...

Il n'en descendit pas moins en toute hâte et assez vite pour que Mlle Simone n'eût pas disparu quand il arriva dans la rue.

Mais elle était loin, déjà ; elle marchait d'un bon pas... Elle suivait la rue de Grenelle-Saint-Germain, elle tournait la rue Casimir-Périer... Il était clair qu'elle se rendait à Sainte-Clotilde.

Raymond, alors, la devança et se retourna. Leurs yeux se rencontrèrent. Elle tressaillit et baissa la tête, mais elle ne s'arrêta pas et entra dans l'église...

– Et cependant elle m'a vu, pensait-il, elle m'a reconnu !... Tout espoir est-il donc perdu ?...

Ce qui le préoccupait, c'était de savoir par où Mlle Simone sortirait, afin de la devancer et de se trouver sur son passage.

Bientôt il n'eut plus de doute.

La messe terminée, elle resta agenouillée quelques instants encore, puis, se levant, elle traversa la nef, se dirigeant vers la grande porte qui donne sur le square.

Il sortit alors par une des portes latérales, et tournant l'église au pas de course, il arriva au bas des marches, juste comme Mlle Simone les descendait.

Il hésitait à l'aborder, pourtant, à cause de cette femme de chambre étrangère... Mais elle n'hésita pas, elle. Venant droit à lui :

– Ce que vous faites là est mal, monsieur Delorge !... lui dit-elle.

Lui était saisi de douleur de retrouver Mlle Simone si pâle et si amaigrie. Elle n'était plus que l'ombre d'elle-même.

Ce qui n'empêche que c'est d'une voix ferme, et en le regardant fixement, qu'elle ajouta :

– N'avez-vous donc pas reçu ma dernière lettre ?

– Pardonnez-moi.

– Ne vous y disais-je pas de m'oublier ? qu'il le fallait ?...

Raymond hochait la tête.

– Dans cette dernière lettre, répondit-il, vous me disiez : « Je suis la plus misérable des créatures. » Alors moi je viens vous dire : « Mon âme, mon intelligence, ma vie, tout vous appartient. Est-ce que tout entre nous, joie ou malheur, ne doit pas être commun ? » Qu'arrive-t-il ? J'ai le droit de vous le demander, j'ai le droit de le savoir. Il faut que je vous voie, que je vous parle...

Elle devenait indécise, mais la femme de chambre se rapprochait :

– Eh bien !... soit, dit-elle vivement ; à quatre heures, demain, ici...

Certes, il n'y avait rien dans l'attitude de Mlle de Maillefert, dans son accent ni dans ses regards qui pût encourager les espérances de Raymond...

Mais le pire malheur n'était-il pas préférable à ses horribles perplexités ?...

Aussi le lendemain, bien avant l'heure indiquée, il était devant Sainte-Clotilde et errait lentement autour du square.

Le ciel était gris, le temps froid, le sol détrempé. Le jardin était désert. Personne ne passait le long des grilles...

Mais la nuit venait, avancée par le brouillard. Quatre heures sonnèrent. L'instant d'après, deux femmes apparurent au coin de la rue Casimir-Périer : miss Lydia et Mlle Simone...

La pauvre gouvernante n'avait donc pas été renvoyée !

Vivement Raymond s'avança... Mais Mlle Simone l'avait aperçu, et venant à lui :

– Offrez-moi votre bras, lui dit-elle d'une voix brève, et marchons...

Il obéit ; et tout aussitôt :

– Car vous en êtes venu à vos fins, poursuivit durement la jeune fille. Vous l'exigiez, me voici...

– Je l'exigeais !...

– Assurément, et à ce point que c'était comme une persécution. Mon frère ne vous a-t-il pas rencontré déjà, près de notre hôtel, et n'est-ce pas sa modération seule qui a évité une altercation ?...

Un geste de colère, de regret peut-être, échappa à Raymond.

– C'est juste, fit-il. M. Philippe ne m'a même pas frappé.

– Et ce n'est pas tout !... Vous avez circonvenu ma gouvernante et vous l'avez décidée à enfreindre mes ordres et à violenter ma volonté !...

Était-ce bien Mlle Simone qui parlait ainsi !... Était-ce possible !... Était-ce vraisemblable !...

– Je voulais vous voir, commença Raymond, je voulais...

– À quoi bon !... interrompit la jeune fille, d'un accent tranchant et froid comme l'acier. Est-ce pour me contraindre à vous répéter ce que je vous ai écrit ? Soit, je vous le répète : Nous sommes à tout jamais séparés, nous devons nous oublier, il le faut, je le veux...

Elle parlait très haut, sans aucune réserve, comme si elle eût été hors d'elle-même... Si bien qu'il était fort heureux que le square fût désert, et que d'ailleurs miss Dodge veillât.

– Eh bien ! s'écria Raymond, c'est de cette séparation que j'ai à vous demander compte...

– À moi ! prononça la jeune fille, d'un ton que n'eût pas désavoué sa mère. Et de quel droit ? Depuis quand ne suis-je plus libre et maîtresse de mes actions ? Ce que je fais, il me plaît de le faire...

Heureusement, il est de ces exagérations qui, dépassant le but, le découvrent.

À mesure que Mlle Simone le traitait plus durement, le jour se faisait dans l'esprit de Raymond. Il s'arrêta court, et plongeant dans les yeux de la jeune fille un de ces regards qui remuent la vérité au plus profond de l'âme :

– Ah ! ce que vous faites est sublime !... s'écria-t-il.

– Monsieur, balbutia-t-elle, décontenancée. Raymond...

Mais lui, sans se laisser interrompre :

– Me jugez-vous donc si au-dessous de vous, continua-t-il, que je ne puisse vous comprendre ?... Détrompez-vous. Croyant que je dois vous perdre, vous essayez d'atténuer mon désespoir. Quand une abominable intrigue vous arrache à mon amour, vous voulez paraître me renier volontairement. Vous élevant pour moi jusqu'à l'héroïsme du sacrifice, vous tâchez de vous perdre dans mon cœur, avec cette pensée que, si je pouvais vous mépriser, je vous regretterais moins et me consolerais...

Sous la flamme de cette parole, elle se débattait, elle essayait de protester.

– Vous oubliez donc, continuait Raymond, le serment que nous avons juré !... C'est ensemble que nous devons lutter la lutte de la vie, ensemble que nous devons périr ou être sauvés...

Visiblement, Mlle de Maillefert avait trop compté sur ses forces : elle faiblissait.

– Je vous en conjure, murmura-t-elle, ne me parlez pas ainsi...
– Il le faut, je le dois, et vous... vous me devez la vérité...
– Eh bien ! donc... commença l'infortunée.
Mais elle s'arrêta aussitôt, avec un mouvement d'horreur, et violemment :
– Jamais !... s'écria-t-elle, jamais, c'est impossible...
Raymond sentait la victoire lui échapper.
– Faudra-t-il donc, s'écria-t-il, que je vous sauve malgré vous !...
Elle se redressa sur ce mot, et admirable d'énergie :
– Qui vous dit que je veux être sauvée ? prononça-t-elle. Je ne dois pas l'être, je ne le serai pas. Il est trop tard, d'ailleurs. Tout ce que vous tenteriez maintenant ne servirait plus qu'à rendre peut-être inutile un horrible sacrifice librement consenti. Pour vous, j'aurais dû ne pas venir. Pour moi, j'emporte l'espérance que le souvenir de la pauvre Simone ne vous sera pas sans douceur... Car, ne vous abusez pas, c'est la dernière fois que nous nous revoyons...
– Non, je ne vous laisserai pas partir ainsi.
Déjà elle avait repris le bras de miss Lydia.
– N'insistez pas, dit-elle, laissez-moi tout mon courage, j'en ai besoin... Adieu !
Lorsque Raymond revint à lui, après avoir erré toute la soirée par les rues de Paris, il était sur le boulevard, devant un groupe où un homme disait :
– Victor Noir a été tué par le prince Pierre Bonaparte, j'en suis sûr, j'arrive d'Auteuil...

IV

Il était réel, ce bruit, qui, de même qu'une traînée de poudre, courait le long des boulevards et se répandait par tout Paris.

Dans l'après-midi de cette journée du lundi, 10 janvier 1870, deux journalistes, MM. Louis Noir et Ulrich de Fonvielle, s'étaient présentés chez le prince Pierre Bonaparte, qui habitait alors à Auteuil l'ancienne maison du philosophe Helvétius.

Ils venaient, envoyés par un de leurs amis, Paschal Grousset, demander raison au prince d'un article publié dans un journal de Bastia, l'*Avenir*.

Le prince attendant ce jour-là les témoins de Henri Rochefort, ces messieurs avaient été reçus...

Moins de dix minutes après, des coups de feu avaient retenti dans la maison.

Presque aussitôt, un homme en était sorti, blême, la tête nue, trébuchant, les deux mains fortement appuyées sur le cœur.

Arrivé sur le trottoir, il s'était affaissé. Il était mort.

Celui-là était Victor Noir.

L'instant d'après, un autre homme sortait, pâle, effaré, un revolver à la main, qui criait :

– N'entrez pas ! On assassine ici !

Cet autre était M. Ulrich de Fonvielle.

Tels étaient les faits qui circulaient de bouche en bouche.

Que s'était-il passé dans la maison ? Personne encore ne le savait exactement, et personne, il faut le dire, ne semblait tenir à le savoir. Visiblement les opinions étaient arrêtées.

À la détonation du revolver d'Auteuil, deux partis immédiatement s'étaient dressés, qui là, sur-le-champ, sans informations, avant toute enquête, se disputaient la possession exclusive de la vérité.

À entendre les uns, le prince Pierre Bonaparte, attaqué et provoqué chez lui, n'avait fait, en tuant Victor Noir, qu'user du droit sacré qu'a tout citoyen de se défendre et de se faire respecter dans sa maison.

Selon les autres, et c'était l'immense majorité, il n'y avait même pas eu de provocation, et Victor Noir était tombé victime du plus lâche des attentats.

Entre ces deux camps, quelques gens de bon sens essayaient d'élever la voix.

— Si nous attendions d'être éclairés, proposaient-ils, avant de nous prononcer ?...

Ils perdaient leur éloquence... Paris était pris de fièvre.

Les rues étaient pleines de monde, les cafés regorgeaient. À tous les coins de rue, des groupes se formaient d'où s'élevait une immense clameur de malédiction. Une agitation sourde remuait les faubourgs, plus menaçante à mesure qu'elle se propageait dans les quartiers excentriques.

Lorsque Raymond rentra, tout bouleversé, déjà Mme Delorge était informée de l'événement, et extraordinairement émue.

— Eh bien !... dit-elle à son fils, le doigt de Dieu n'est-il pas visible ? Au moment où l'Empire s'applique à faire oublier ses origines, n'y a-t-il pas quelque chose de fatidique dans la mort de ce malheureux jeune homme, dont le nom, inconnu hier, sera peut-être demain le cri de ralliement d'une révolution ?

Mais déjà le prince Pierre était arrêté, et l'instruction était commencée.

Paris le sut par les journaux du matin, qui tous publiaient une note du chef du cabinet du ministère de la justice, M. Adelon.

— À quoi bon ?... disait Raymond à Me Roberjot. Où est le juge d'instruction capable d'éclairer de la lumière de la vérité cette sinistre affaire ?

Puis hochant la tête d'un air sombre :

— Et maintenant, ajoutait-il, croyez-vous que ce soit vraiment le commencement de la fin ?... Et cependant, ce n'est rien encore, vous verrez, vous verrez...

Ce que Raymond vit, ce fut que la *Marseillaise* parut encadrée de noir, ayant à sa première colonne un article de Rochefort, cri de haine et de colère, qui devait retentir au fond des ateliers les plus reculés.

Il n'était pourtant pas besoin d'excitations. Les plus optimistes sentaient souffler au-dessus de Paris le vent brûlant des grands orages populaires.

Toute la journée du 11 fut employée aux préparatifs.

Tout le jour, on vit des groupes se diriger en pèlerinage vers Neuilly, où on avait transporté le corps de Victor Noir.

L'enterrement devait avoir lieu le lendemain, 12.

On avait demandé qu'il se fît au Père-Lachaise. Légalement, il devait avoir lieu à Neuilly.

– C'est ce qu'on verra ! disait-on dans bien des groupes.

Le lendemain, il tombait une petite pluie serrée, pénétrante, glaciale.

« Il pleut, il n'y aura rien ! » avait dit autrefois Pétion.

Cette fois l'opinion était trop montée pour regarder au temps.

Bien avant le jour, l'armée était sur pied.

On avait fait venir la garnison de Versailles. Des troupes étaient massées au Champ-de-Mars et au palais de l'Industrie. Des sergents de ville étaient groupés des deux côtés de la porte Maillot.

Dès sept heures, de son côté, dans tous les quartiers de Paris, la foule s'était mise en mouvement et roulait vers Neuilly, cohue immense, où tous les âges et toutes les conditions se confondaient.

Des marchands de journaux circulaient à travers tout ce monde, ils vendaient la *Marseillaise* et l'*Éclipse*, qui représentaient Victor Noir mort, et ils criaient :

– À deux sous, le cadavre, à deux sous !...

Il était une heure alors. L'instant critique approchait.

Allait-on laisser le corbillard se rendre paisiblement au cimetière de Neuilly ?

Fallait-il prendre la bière sur les épaules et, le revolver à la main, marcher sur Paris ?...

Autour de la dépouille mortelle de Victor Noir, ses amis délibéraient.

Poussé par la foule jusqu'au premier rang, et même, à un moment, jusqu'à l'intérieur de la maison mortuaire, Raymond se trouvait à même de suivre toutes les péripéties de ce drame émouvant et terrible.

Un à un, il avait vu passer près de lui tous les chefs du mouvement, tous ceux qui avaient ou se croyaient une influence, tous ceux dont on attendait des ordres ou un signal.

C'est vers une heure et demie que Rochefort était arrivé.

Il était plus pâle que de coutume, et, sur son visage bouleversé, chacun pouvait lire les effroyables émotions qui l'agitaient.

Sitôt entré dans un petit atelier qui précédait la chambre mortuaire, il s'était laissé tomber lourdement sur une chaise, en disant :

– Donnez-moi un verre d'eau, je n'en puis plus.

Dans la pièce se trouvait un Anglais, froid, raide, impassible. Il tira de sa poche une sorte de gourde recouverte de paille tressée, et, la tendant à Rochefort :
– C'est du rhum, dit-il, buvez.
– Merci, je n'en prends jamais.
Froidement, l'Anglais remit sa bouteille dans sa poche, et haussant les épaules :
– Vous avez tort, dit-il, un coup de rhum fait grand bien quand on est le chef d'un mouvement comme celui-ci, et qu'on est ému comme vous l'êtes.
Et s'adressant à Raymond :
– N'est-ce pas votre avis, monsieur ? ajouta-t-il...
Raymond n'eut pas le loisir de répondre à ce singulier personnage ; des gens entraient effarés, qui se pressaient autour de Rochefort, répétant :
– Que faut-il faire ? Qu'avez-vous décidé ?...
Lui, le front moite d'une sueur d'angoisse, hésitait...
Il se disait que si une collision, par malheur, avait lieu, toute cette foule en un moment serait repoussée, éparpillée, sabrée, et qu'un mot de sa bouche pouvait être le signal d'une épouvantable effusion de sang...
Un homme qui entra, maigre, l'œil ardent, les cheveux hérissés, crut qu'il allait le décider.
– Marchons-nous sur Paris, oui ou non ? demanda-t-il brusquement.
– Qui vous donne le droit de m'interroger ? dit Rochefort.
– Le peuple dont vous êtes le représentant.
– Je n'ai pas d'ordres à recevoir de vous.
– Tant pis !
Et enfonçant son chapeau sur sa tête, il sortit, écartant violemment la foule qui s'était entassée dans l'atelier.
L'instant d'après, Rochefort sortait aussi. Le frère de Victor Noir, Louis, l'était venu chercher, et le conjurait de tout tenter pour éviter à son frère des funérailles sanglantes.
La discussion fut violente, mais enfin, sur l'avis de Delescluze, il fut décidé que le corps serait porté au cimetière de Neuilly.
Placé à une fenêtre, Rochefort annonça à la foule cette résolution, déclarant qu'il considérait comme sacrée la volonté de la famille.

Autour de la maison on applaudit. Mais Raymond entendit près de lui un homme qui disait :
– De quoi se mêle donc la famille ! Le corps est à la démocratie, il faut le porter à Paris !...

On descendait la bière, à ce moment, pour la placer sur le char funèbre. Dès qu'elle parut, il y eut une poussée dans la foule ; des hommes se ruèrent pour s'en emparer, et on put croire un instant qu'une épouvantable lutte allait s'engager.

Debout près du corbillard, Raymond, de son mieux, prêtait main-forte aux gens qui s'efforçaient de retenir le cercueil, lorsqu'un homme en blouse, d'une carrure herculéenne, le saisit à la gorge et le renversa en arrière contre la roue.

Il allait sans doute rouler à terre, ce qui, en ce moment et en cet endroit pouvait être la mort, lorsqu'à ses côtés surgit cet Anglais qu'il avait vu, dans l'atelier, offrir du rhum à Rochefort.

D'un seul coup de poing en pleine poitrine, il rejeta comme une masse l'homme en blouse dans la mêlée, et tendant la main à Raymond, à demi étranglé :
– Dans une foule comme celle-ci, dit-il froidement, il ne faut jamais se laisser saisir.
– Monsieur, commença Raymond, vous venez probablement de me sauver la vie...
– J'en serais heureux, interrompit l'Anglais ; mais il n'en est rien, je vous assure, et ce léger service ne vaut pas un remerciement... Mais pardon de vous quitter, voilà le char qui s'éloigne, et je ne veux pas perdre un détail de la cérémonie.

Le char funèbre, en effet, venait de se mettre en marche, et lentement, péniblement, ballotté par les incessants remous de la foule, il cheminait le long de l'avenue, vers le petit cimetière de Neuilly.

Derrière, immédiatement, marchaient Rochefort et M. Ulrich de Fonvielle dont le paletot était littéralement en lambeaux.

Et instinctivement, des milliers et des milliers de gens, poussés, la tête nue et les pieds dans la boue, suivaient.

Le mouvement était d'une lenteur extrême, mais à ce point irrésistible, que Raymond avait été entraîné.

Faute d'avoir pu se dégager, il suivait, lui aussi.

Une poussée l'avait séparé de l'Anglais, mais il ne l'avait pas perdu de l'œil tout de suite, et pendant un bon moment, il l'avait vu circuler dans la cohue.

– Singulier personnage ! pensait Raymond intrigué. Que fait-il là ?

Un arrêt brusque de ce torrent humain, qui roulait à pleine avenue vers le cimetière, interrompit ses réflexions.

– Qu'est-ce que c'est ? demandait-on autour de lui. Qu'est-il arrivé ?...

Il arrivait que Rochefort, succombant sous tant d'émotions, venait de chanceler et de tomber inanimé entre les bras des amis qui l'entouraient, et qu'on le transportait dans une boutique voisine, la boutique d'un épicier.

– Il est mort, disaient quelques-uns.

Il n'était qu'évanoui, et ne tarda pas à reprendre ses sens.

Mais cet incident enlevait définitivement toute idée de porter le cercueil au Père-Lachaise en traversant Paris.

Aussi bien, la lassitude et le découragement commençaient à s'emparer de toute cette foule, sur pied depuis le matin, dans la boue et sous la pluie, et où beaucoup de gens se trouvaient, qui n'avaient rien pris de la journée.

C'est donc plus vite qu'on se dirigea vers le cimetière de Neuilly, où quelques orateurs, amis ou se disant amis du pauvre Victor Noir, prononcèrent quelques paroles d'adieu et des serments de vengeance.

Le retour commençait.

Revenu à lui, Rochefort était monté dans un fiacre, et venait de donner au cocher l'ordre de reprendre le chemin de Paris.

Alors, ceux qui s'étaient déclarés pour la bataille, ceux qui voulaient la lutte immédiate, reprirent quelque espoir.

Et de fait, le spectacle était assez effrayant et assez étrange pour que l'on pût tout craindre.

La nuit tombait. Le brouillard léger qui succédait à la pluie donnait aux objets des formes indécises. Les nuages, au couchant, se coloraient de rougeurs hivernales, qui semblaient des reflets d'incendie...

Et cependant deux cent mille hommes, au moins, de tout âge, de toute condition, en colonne serrée, interminable, remontaient lentement vers l'arc de l'Étoile, chantant à pleine voix des chants révolutionnaires et poussant des clameurs formidables comme les rugissements d'une fournaise.

Qu'allait-il advenir quand cette masse énorme se heurterait aux sergents de ville massés autour de l'Arc de Triomphe ?

Rien... Les sergents de ville se retirèrent un peu à l'écart, et, impassibles, regardèrent s'écouler le noir torrent...

– Où va-t-on ? demandaient des gens aux côtés de Raymond ; où allons-nous ?...

La colonne descendait les Champs-Élysées, et les chants redoublaient... lorsque tout à coup, au rond-point, la tête s'arrêta.

Là étaient rangés les escadrons de cavalerie...

Bientôt, dominant les chants et les chansons, un roulement de tambours se fit entendre...

C'était une première sommation.

Vivement Rochefort se jette à bas de son fiacre, et suivi de deux amis, s'avance vers un commissaire de police qui, ceint de son écharpe, barre l'avenue.

– Je veux passer ! lui dit-il.

– Vous ne passerez pas. On va charger, répondit le commissaire.

– Mais je suis M. Henri Rochefort, député au Corps législatif.

– C'est vous, alors, qu'on sabrera le premier.

Et sur cette réponse s'élève le roulement de tambours de la seconde sommation, et un escadron s'avance, au pas, le sabre nu...

Mais Rochefort, cette fois, ne devait pas avoir de décision à prendre...

Le vent des paniques, qui balaie les armées comme la poussière des chemins, avait soufflé...

En un clin d'œil, cette foule formidable qui le suivait, et qui semblait devoir tout submerger sur son passage, cette foule dont les imprécations montaient jusqu'aux nues, s'était éparpillée, dispersée, évanouie, fondue...

Et lorsque Raymond traversa Paris pour rentrer chez sa mère, il n'y trouva plus trace de cette terrible agitation.

– Eh bien ? lui demanda, dès qu'il parut, le digne M. Ducoudray, qu'un gros rhume, à son grand désespoir, avait empêché de se rendre à Neuilly.

– Paris est calme ! répondit-il d'une voix sombre, ce n'était qu'une fausse alerte, tout est fini.

Telle n'était pas l'opinion de Me Roberjot qui, le soir même, vint rendre visite à Mme Delorge, et qui racontait cette séance orageuse de la Chambre, où le nouveau ministère s'était écrié :

« Nous avons été la justice et la modération ; nous serons la force, s'il le faut ! »

Et là-dessus, il ajoutait qu'une demande en autorisation de poursuites contre Rochefort venait d'être déposée entre les mains du président du Corps législatif, et que certainement elle serait accordée.

– Et nous verrons, disait-il en se frottant les mains, nous verrons bien !...

Raymond écoutait, les sourcils froncés.

Ce n'était pas la seule curiosité qui l'avait conduit aux obsèques de Victor Noir. Il était de ceux qui avaient une arme dans leur poche, et qui étaient prêts à engager la lutte, pour peu qu'elle présentât une chance de succès.

Une révolution eût encore pu le sauver, pensait-il.

Que le régime impérial s'effondrât, M. de Combelaine et M. de Maumussy étaient écrasés du coup, Mme de Maillefert et M. Philippe étaient atterrés, et Mlle Simone lui était peut-être rendue.

Il est vrai que son illusion n'avait pas été de longue durée.

Et loyalement, il s'était engagé du côté de ceux qui voulaient éviter la lutte et conduire le cercueil au cimetière de Neuilly.

Certes, il ne s'en repentait pas, mais en ce moment, à la fin de cette journée d'émotions poignantes, et lorsqu'il voyait évanoui son suprême espoir, il n'essayait plus de réagir contre l'affreux découragement qui l'envahissait.

Mlle de Maillefert n'était-elle pas, à tout jamais, perdue pour lui ?...

Il la connaissait assez pour être sûr qu'il n'y avait plus à essayer désormais de la faire revenir sur ses déterminations. Il savait qu'elle irait jusqu'au bout de son sacrifice, héroïquement, sans daigner même chercher à s'en épargner une douleur.

– Je ne veux pas être sauvée, avait-elle dit. Du reste, il est trop tard. Ce qu'on tenterait à cette heure n'aboutirait qu'à rendre mon sacrifice inutile...

Quel sacrifice ?

Sous une catastrophe connue, mesurée par lui, il se fût peut-être incliné. Mais plier ainsi sous un malheur mystérieux lui semblait le comble de la misère et de la honte.

C'en était fait. Il adorait Mlle de Maillefert, elle l'aimait, et ils étaient pour toujours séparés. La reverrait-il seulement jamais !...

Il n'avait pas trente ans, et il voyait sa vie finie, le présent sans espoir, l'avenir sans promesses.

Assurément, sans le souvenir de sa mère, c'est d'une main ferme qu'il eût mis fin à une existence devenue intolérable.

Mais avait-il le droit de disposer ainsi de lui-même ?...

N'eût-ce pas été une lâcheté horrible que d'abandonner cette noble femme, qui n'avait vécu que pour lui et par lui ?

Une nuit, déjà, on lui avait apporté le corps de son mari assassiné. Faudrait-il qu'on lui rapportât de même le cadavre de son fils suicidé !...

– Je dois vivre, pensait Raymond, je le dois !...

N'avait-il pas, d'ailleurs, bien des raisons encore de tenir à la vie ?...

Est-ce que le meurtre du général Delorge avait été vengé ?

Et les meurtriers de son père n'étaient-ils pas les mêmes misérables qu'il soupçonnait d'avoir ourdi la ténébreuse intrigue où périssait Mlle de Maillefert ?

L'Empire avait fait et faisait toujours leur audace et leur impunité. Eh bien ! Raymond irait grossir les rangs des ennemis de l'Empire, non plus des ennemis platoniques et discrets qui le combattaient avec les seules forces de la justice et de la pensée, mais des ennemis frénétiques, toujours en guerre ouverte, toujours en armes, toujours prêts à se ruer par n'importe quelle brèche...

Le moment était d'ailleurs propice à de telles résolutions.

Ainsi que l'avait prévu Me Roberjot, l'ébranlement causé par la mort de Victor Noir et par les scènes de ses funérailles, bien loin de s'atténuer, s'accentuait...

C'est que le cabinet du 2 janvier n'avait pas lu cet événement dans l'avenir, le jour où il acceptait la direction des affaires...

La force des choses le lançait sur une pente fatale et il la suivait, sans se rendre compte assurément de ce qu'il y avait au bout.

Ainsi, la Chambre ayant autorisé des poursuites contre Rochefort, en raison de son article de la *Marseillaise,* il fut poursuivi et condamné à six mois de prison et à 3.000 fr. d'amende. C'était le 22 janvier.

Cependant, on ne pensait pas, dans le public, que ce jugement dût être exécuté, du moins immédiatement.

Erreur !...

Le 7 février, Raymond se rendait aux nouvelles, au palais Bourbon, lorsque sur le quai il rencontra Me Roberjot, lequel, tout chaud encore de la discussion, vint à lui.

– C'est voté !... lui dit-il. Une décision de la Chambre autorise l'arrestation.

– C'est terriblement grave ! murmura Raymond.

C'était une opération hardie, en effet, que d'arrêter un homme dont la popularité était alors sans bornes. Bien des révolutions, qui ont réussi, ont eu pour point de départ de moindres hardiesses.

Mais le ministère était engagé : l'ordre fut donné.

Le soir même, vers les neuf heures, au moment où Rochefort se présentait rue de Flandres, à la salle de la Marseillaise, il fut entouré par des agents et conduit à une voiture qui partit dès qu'il y eut pris place.

Il avait montré beaucoup de calme, et même, pendant qu'on l'entraînait, il avait recommandé à ses amis de ne pas faire d'appel au peuple.

Recommandation inutile.

C'était Flourens qui présidait cette réunion de la salle de la Marseillaise. Apprenant l'enlèvement de Rochefort, il se dressa sur son banc, adjurant les assistants de prendre les armes.

Après quoi, menaçant d'un revolver le commissaire de police qui assistait à la réunion :

– Vous, lui dit-il, je vous arrête... Pas un ordre à vos agents, pas un geste, ou vous êtes mort !...

Pour la seconde fois depuis un mois, Raymond put croire que l'explosion allait avoir lieu.

Une clameur formidable avait répondu à l'appel de Flourens et salué l'acte désespéré par lequel il pensait engager définitivement l'action.

Dans cette salle de la Marseillaise, sinistre d'aspect, boueuse, délabrée, deux ou trois cents hommes protestaient, avec d'épouvantables blasphèmes, que cela ne se passerait pas ainsi, et qu'on allait apprendre à les connaître.

Au dehors, la foule s'amassait et s'épaississait. Beaucoup de réverbères avaient été éteints aux environs. Des groupes, où les femmes étaient aussi nombreuses que les hommes, se massaient dans les coins sombres.

Toujours prêt à tenir pour réalités les chimères de son imagination, Flourens crut voir Paris entier debout et marchant à sa suite.

Il sortit donc de la salle de la Marseillaise, et, tenant toujours sous son revolver le commissaire de police, il s'engagea dans le faubourg.

Une soixantaine de très jeunes gens le suivaient. Ils n'avaient pas d'armes, mais ils chantaient à pleine gorge pour se donner du cœur.

Devenu le centre d'un groupe, et dupe, lui aussi, de ses colères, Raymond avait pris la parole, et carrément et à tous risques il proposait de marcher sur Sainte-Pélagie et de délivrer Rochefort, lorsqu'une voix, odieusement enrouée, l'interrompit.

— Ah çà ! qu'est-ce qu'il nous propose, celui-là ?

Vivement Raymond essaya de s'expliquer.

— Il veut nous entraîner hors du faubourg, reprit la voix, pour nous livrer à la police. Mais on la connaît...

Raymond protestait, et certes, bien inutilement. N'avait-il pas contre lui sa tournure élégante, ses vêtements, ses façons, sa voix ?

— Qui es-tu ? lui demanda brutalement un grand drôle d'une vingtaine d'années, placé près de lui...

— C'est un mouchard, cria un autre.

Il faisait si sombre que Raymond cherchait en vain dans le groupe ses interrupteurs. Tout neuf à ces scènes de tumulte, il prétendait se faire écouter.

Tout à coup :

— Enlevons le mouchard !... hurla la voix.

Et on le saisissait au collet, en même temps, et il sentait se nouer autour de ses jambes, cherchant à lui faire perdre plante, des bras furieux, les bras de quelqu'un de ces odieux gamins au teint verdâtre qui semblent jaillir des pavés partout où se produit une scène de désordre.

— Au canal, le mouchard !... répétait-on.

Il comprit le danger. D'un brusque mouvement, il fit lâcher prise à celui qui le tenait au col, d'un coup de pied il envoya le gamin rouler dans le ruisseau, et s'arc-boutant solidement sur les jarrets, le poing en avant :

– Gare à qui me touche !... dit-il.

Il y eut dans le groupe dix secondes d'hésitation. Mais il est de ces mots qui sont tout une condamnation sans appel ; les esprits étaient montés, la victoire n'était que trop facile, et on allait sans nul doute lui faire un mauvais parti, lorsqu'un robuste gaillard en blouse se jeta devant lui en criant :

– Bas les mains ! Je connais le citoyen.

– C'est un mouchard ! hurla la foule.

– Hein ! de quoi ! interrompit l'homme en blasphémant. Où donc est-il, le malin qui ose dire qu'un ami à moi est de la police ?...

Personne ne répondant, l'homme, brusquement, dégagea Raymond et dès qu'ils furent à quelques pas du groupe :

– Filez, lui dit-il, votre place n'est pas ici.

– Cependant...

– Gardez votre courage pour une meilleure occasion.

– Quoi ! lorsque la lutte est déjà commencée...

L'homme haussa les épaules, et d'un ton de mépris indescriptible :

– La lutte !... fit-il. Vous croyez donc à une lutte, vous !

Il s'éloignait. Raymond le retint :

– Au moins, dites-moi à qui je dois d'avoir pu me tirer d'affaire.

L'homme parut trouver l'insistance toute naturelle.

– Je m'appelle Tellier, répondit-il, je suis ouvrier à l'Entrepôt.

– Moi, je m'appelle Raymond Delorge, et je voudrais...

– Payer la goutte ? Je comprends ça. Seulement, comme vous pouvez voir, tous les marchands de vin ont fermé. Ce sera pour la prochaine rencontre...

Et il s'esquiva, laissant Raymond fort irrésolu.

L'émotion, dans le faubourg, lui semblait bien trop grande pour devoir se calmer si promptement. À tout moment des groupes d'hommes passaient, qui paraissaient se rendre à quelque rendez-vous. Les cochers de fiacre, fouettant leurs chevaux à tour de bras, s'envolaient dans toutes les directions, comme s'ils eussent tremblé qu'on ne s'emparât de leur voiture pour commencer une barricade.

– Avant de rentrer, pensa-t-il, je puis toujours voir.

Et il marcha au bruit.

C'était la petite troupe de Flourens qui poursuivait sa route en chantant la *Marseillaise*, et il ne tarda pas à la rejoindre.

Flourens marchait toujours en tête, – et cependant, à mesure qu'il avançait, force lui était bien de reconnaître qu'il s'était abusé d'illusions étranges.

Partout, sur son passage, les fenêtres s'ouvraient bruyamment, et des têtes se montraient, curieuses et effarouchées. Des gens sortaient des maisons dont les imprécations répondaient à sa voix.

Mais c'était tout. Et sa petite troupe, loin de grossir, allait diminuant de tous les bavards qui s'attardaient sous les portes à donner des renseignements.

À Belleville, il espérait trouver une armée. À peine y réunit-il une centaine d'hommes mal équipés.

– Ah ! si on avait des armes ! disait-on autour de lui.

C'est alors que l'idée lui vint, d'une naïveté folle, qu'au théâtre de Belleville, dans le magasin des accessoires, il trouverait des fusils.

Seulement, lorsqu'il arriva dans les coulisses, réclamant les armes des figurants, il était seul. De tous ses soldats, il ne lui restait qu'un enfant de dix-sept ans.

Désespéré, il regagna la rue, son pardessus sur le bras, un revolver d'une main, une épée de l'autre, et on le vit parcourir le faubourg, cherchant des combattants et des remueurs de pavés...

Il trouva des sergents de ville qui venaient de disperser les derniers groupes, et auxquels il eut de la peine à échapper.

Et lorsque, vers minuit, Raymond regagna la rue Blanche, il put dire à M. Ducoudray :

– Tout est terminé.

Le bonhomme n'en revenait pas.

– De mon temps, disait-il, en 1830, on ne venait pas à bout de nous si facilement !...

V

Cependant, tout n'était pas si complètement fini que cela.

Si la journée du lendemain mardi, 8 février, fut relativement calme, la fièvre parut recommencer à la tombée de la nuit.

Une douzaine de barricades furent élevées rue de Paris, à Belleville, rue Saint-Maur, rue de la Douane et au faubourg du Temple.

Le lendemain soir encore, mercredi, nouvelles scènes de désordre, et combats assez violents autour d'une barricade élevée rue Saint-Maur.

N'importe, il était clair que le mouvement ne se propageait pas. L'émeute restait confinée en deux coins de Paris, à Belleville et au faubourg du Temple.

Et de même que l'été passé, les badauds, après leur dîner, s'en allaient place du Château-d'Eau voir les émeutiers.

Ils n'eurent pas longtemps à y aller.

Dès le 10, à la suite de trois ou quatre cents arrestations, la rue avait repris son calme. Et il parut probable que Rochefort, enfermé à Sainte-Pélagie, ferait bel et bien ses six mois de prison.

– Probable, c'est possible, disait Me Roberjot, certain, non. Ce qui vient d'échouer ces jours-ci réussira fatalement avant longtemps.

Et tout en avouant que de telles scènes détachaient bien des esprits timides de la cause de la liberté, il énumérait avec complaisance tous les orages qui grossissaient à l'horizon de l'Empire : le procès du prince Pierre Bonaparte, qui allait être traduit devant la haute-cour, les grèves qui s'organisaient partout, le malaise du commerce et cette inquiétude générale qui faisait que tout le monde se défiait de l'avenir.

Mais Raymond avait alors de bien autres soucis.

De déductions en déductions, il en était arrivé à soupçonner une relation entre l'étrange visite qui lui était venue rue de Grenelle et certains événements des jours précédents.

À Neuilly, lors de l'enterrement de Victor Noir, il allait être jeté à terre et sans doute écrasé, lorsqu'un inconnu, un Anglais aux allures excentriques, avait surgi tout à point pour le débarrasser de son agresseur.

Non moins à propos, à la Villette, lors de l'arrestation de Rochefort, un ouvrier était survenu pour le dégager d'un groupe de furieux, où certainement on lui eût fait un mauvais parti.

Ces deux circonstances, qui ne l'avaient pas frappé tout d'abord, prenaient maintenant à ses yeux des proportions énormes.

– Non ! ce n'est pas naturel ! se répétait-il.

Et il se demandait si le mystérieux visiteur, l'Anglais de Neuilly et l'ouvrier de la Villette, n'étaient pas les agents d'un seul et même personnage, qui, sans qu'il s'en doutât, veillait sur lui.

Or, quel pouvait être ce personnage, sinon Laurent Cornevin ?

Raymond, à cette idée, se sentait pris d'éblouissements. Aidé de Laurent, il se voyait regagnant la partie perdue, et reconquérant Mlle Simone...

Il y avait d'ailleurs à sa portée un moyen de vérifier jusqu'à un certain point l'exactitude de ses conjectures.

Ne sachant rien de l'Anglais de Neuilly, il n'y songeait point.

Mais l'ouvrier de la Villette lui avait dit qu'il s'appelait Tellier et qu'il était employé à l'Entrepôt.

– Je vais me mettre à sa recherche, se dit Raymond, et si je le découvre, je saurai bien le faire parler. Mais je ne le retrouverai pas. S'il est ce que je soupçonne, il m'aura donné un faux nom et une fausse adresse...

Une heure plus tard, il descendait de voiture rue de Flandres, et avec la plus industrieuse patience, il commençait ses investigations.

Ce qu'il avait prévu se réalisait.

À l'Entrepôt, Tellier était parfaitement inconnu.

Et c'est en vain qu'il s'en alla tout le long du canal, de chantier en chantier, interrogeant tout le monde, patrons, contre-maîtres, ouvriers, payant bouteille pour délier les langues, personne ne connaissait le nommé Tellier ni n'en avait ouï parler.

– Je suis donc sûr de mon affaire ! se disait-il le soir en rentrant.

Malheureusement, c'était la moindre des choses. L'existence de Laurent constatée, le difficile était de se mettre en communication avec lui.

Pourtant, après de longues méditations, Raymond crut avoir trouvé un expédient.

– Si Laurent veille ainsi sur moi, se dit-il, c'est donc que son affection est profonde et sincère. Donc, s'il savait à quel point je suis malheureux, il ferait tout pour me tirer de peine. Donc, je n'ai qu'à le prévenir pour le voir accourir...

Et sur cette conclusion, il écrivit cette lettre :

« Vous qui venez vous informer de M. de Lespéran, êtes-vous l'homme que je suppose ? êtes-vous l'ancien associé de M. Pécheira ? Si oui, faites, au nom du ciel, que je puisse vous voir, vous parler. Ai-je besoin de vous jurer le plus profond secret ? Mon bonheur, ma vie sont en jeu... »

Cette supplique si pressante, Raymond la mit sous enveloppe, et après l'avoir cachetée de façon à défier la curiosité la plus ingénieuse, il la confia à la concierge de la rue de Grenelle-Saint-Germain, en la priant de la remettre à la première personne qui viendrait le demander.

Assurément, c'était un chétif espoir que celui-là, mais enfin c'était un espoir, et il lui donna le courage de paraître s'intéresser à l'installation que lui préparait sa mère.

Ravie de voir son fils se fixer à Paris, près d'elle, et le trouvant trop à l'étroit dans sa chambre d'étudiant, Mme Delorge venait de louer, à son intention, un petit appartement qui joignait le sien, et qui en fit complètement partie, après qu'on eut ouvert une porte de communication.

Là, elle se plut à décorer deux pièces, une chambre à coucher et un cabinet de travail, dont elle fit une merveille, grâce aux tableaux et aux objets de haute curiosité qui lui restaient de la succession du baron de Glorière.

Dans ce même cabinet, elle fit transporter le portrait du général Delorge.

– Il te revient de droit, dit-elle à son fils. Il te rappellerait le passé et ton devoir, si jamais tu venais à l'oublier...

Non, il n'était pas de danger qu'il l'oubliât !

Chaque jour qui s'était écoulé depuis un mois avait ajouté à sa haine une goutte de fiel et exalté sa rage de vengeance. Tenir enfin Combelaine et Maumussy et les écraser, était l'idée fixe qui obsédait son cerveau.

C'est ce but qu'il poursuivait, lorsque mettant en réquisition les influences de Me Roberjot, il s'était fait affilier à une des sociétés secrètes qui travaillaient au renversement de l'Empire.

La société dont Raymond se trouva faire partie tenait ses séances dans une petite maison de la rue des Cinq-Moulins, à Montmartre et s'intitulait la *Société des Amis de la Justice.* Un ancien représentant du peuple en était le chef, et elle comptait parmi ses membres un grand nombre d'avocats, quelques artistes et des médecins.

On se réunissait deux ou trois fois la semaine, le soir.

Le but qu'eût avoué l'association, dans le cas où la police eût pénétré son existence, eût été la propagation des livres et des journaux démocratiques.

Son but réel était de recruter et d'armer en province une armée qui, au premier signal, arriverait donner la victoire à une révolution parisienne.

De quelles forces disposait en France la société des *Amis de la Justice* ? Raymond ne le sut jamais exactement. Une seule fois, il entendit le président dire :

— Nous avons plus de cinquante mille fusils.

Disait-il vrai ?...

En tout cas, qu'il exagérât ou non, Raymond n'avait pas tardé à reconnaître que ses nouveaux « amis » ne comptaient guère sur un succès prochain, et que, s'il arrivait à temps à son but, ce ne serait pas par eux.

Aussi, toutes ses pensées se tournaient-elles vers cet inconnu, qu'il supposait être Cornevin, et chaque après-midi il courait rue de Grenelle demander à la concierge des nouvelles de sa lettre.

— Je n'ai vu personne, lui répondit-elle quatre jours de suite.

Mais le cinquième, dès que Raymond ouvrit la porte de la loge :

— Il est venu ! s'écria-t-elle.

Le choc, bien que prévu, fut si violent, que Raymond pâlit.

— Et vous lui avez remis ma lettre ? demanda-t-il.

— Naturellement.

— Qu'a-t-il dit ?

— D'abord, il a paru très étonné que vous ayez laissé une lettre pour lui, et il s'est mis à la tourner, à la retourner, à la flairer. À la fin, il l'a ouverte. D'un coup d'œil, oh ! d'un seul, il l'a lue. Il est devenu cramoisi, il s'est frappé le front d'un grand coup de poing, il s'est écrié : Tonnerre du ciel ! et il est parti en courant.

Troublé jusqu'au fond de l'âme, Raymond affectait cependant une contenance tranquille. Et la plus vulgaire prudence lui recommandait cet effort, car il sentait rivés sur lui les petits yeux gris de la concierge.

– Enfin, reprit-il, c'est bien tout ce que vous a dit mon ami ?
– Absolument tout.
– Il n'a pas parlé de me répondre ?
– Non.
– Il n'a pas demandé à quelle heure il me trouverait ?
– Pas davantage.
– Cependant !...
– Quoi ! puisqu'on vous dit qu'après avoir juré comme un enragé, il s'est sauvé comme s'il eût eu le feu après lui !...

Raymond eût eu d'autres questions encore à adresser à la portière, mais c'eût été attiser encore une curiosité qu'il ne voyait que trop enflammée, c'eût été se livrer peut-être ; il ignorait s'il avait en cette femme une alliée ou une ennemie, et il n'avait que trop de raisons de se défier.

Affectant donc une superbe insouciance :
– J'arrangerai cela, fit-il.

Et prenant sa clef, il se hâta de gagner son appartement, heureux de n'avoir plus à dissimuler les horribles appréhensions qui venaient de l'assaillir.

Si le récit de la concierge était exact, et rien ne lui faisait soupçonner qu'il ne fût pas tel, l'homme à qui sa lettre avait été remise n'était pas, ne pouvait pas être Laurent Cornevin.

Malheureux ! il venait peut-être de sauver ses mortels ennemis en leur révélant l'existence de Laurent Cornevin.

– Je suis donc maudit ! se disait-il, en se tordant les mains, je serai donc fatal à quiconque s'intéresse à moi !...

C'est à peine si, ce jour-là, il songea à jeter un coup d'œil sur l'hôtel de Maillefert.

Le temps était doux, les fenêtres du salon étaient ouvertes, et dans ce salon, autour d'une table couverte de papiers et de registres, Raymond apercevait très distinctement sept ou huit hommes, presque tous d'un certain âge, graves, chauves et cravatés de blanc.

Qu'était-ce que cette réunion ? Il n'en vit pas la fin. La nuit venait, un domestique apporta des lampes et ferma les fenêtres...

— Je ne reviendrai plus ici, pensa-t-il, vaincu par cet acharnement de la destinée. À quoi bon revenir !...

Il sortit donc, et il n'avait pas fait cent pas dans la rue de Grenelle, lorsqu'il s'entendit appeler doucement.

C'était miss Lydia Dodge.

— Vous !... s'écria-t-il.

Elle semblait épouvantée de sa démarche, la pauvre fille ; elle tremblait comme la feuille et jetait autour d'elle des regards effarés.

— Voici trois jours, répondit-elle, que je ne fais que me promener autour de l'hôtel, espérant toujours vous rencontrer...

Un nouveau malheur allait fondre sur lui. Raymond n'en doutait pas.

— C'est Mlle Simone qui vous envoie ? demanda-t-il.

— Non, c'est à son insu que je vous guette.

— Que se passe-t-il, mon Dieu !...

— Mademoiselle va se marier... Je l'ai entendue le promettre à madame la duchesse.

Cette nouvelle affreuse, après tout ce que lui avait dit Mlle Simone, est-ce que Raymond n'eût pas dû la prévoir !... Elle l'atterra, pourtant.

— Simone se marie !... balbutia-t-il. Avec qui ?...

— Ah ! je l'ignore. Ce que je sais, c'est qu'elle en mourra. Après son argent, c'est sa vie qu'on lui prend. Car elle se meurt, monsieur Delorge, elle se meurt, entendez-vous ! Alors, moi, voyant cela, je n'ai plus hésité, je vous ai cherché ; que faut-il faire ?

Que faut-il faire ?

Il y avait des semaines, des mois, que le malheureux vivait en face de ce problème, qu'il y appliquait toutes les forces de sa pensée, toute l'énergie de son intelligence, et qu'il ne découvrait aucune solution acceptable.

— Ne rien pouvoir, répétait-il, en proie à une sorte d'égarement, rien, rien, rien !... En être toujours à se débattre, à s'agiter dans les ténèbres, sans un rayon de jour, sans une lueur ! Être environné d'ennemis et n'en jamais trouver un en face ! Être frappé sans relâche, et ne pas voir d'où viennent les coups ! Ah ! si Mlle Simone l'eût voulu !... Mais non, c'est elle qui, volontairement, m'a lié les mains, garrotté, réduit à l'impuissance, condamné à cette exécrable situation, à cette existence d'humiliation, à cette lutte sans issue. Il lui a plu de se dévouer, elle se dévoue. Je péris avec elle ; que lui importe ! Ah ! tenez, miss Dodge, Simone jamais ne m'a aimé !...

Du geste, comme si elle eût entendu un blasphème, la digne gouvernante protestait.

– Vous ne m'avez donc pas comprise ! interrompit-elle. Il faut donc que je vous répète que mademoiselle ne vivra pas jusqu'à ce mariage !...

Soudainement, Raymond s'arrêta. La violence de ses émotions finissait par lui donner cette lucidité particulière à la folie, et qui prête aux actes des fous une apparence de logique.

– Voyons, fit-il, d'un accent bref et dur, nous sommes là qui perdons notre temps en paroles vaines. Consultons-nous. Avez-vous idée du stratagème qu'on a employé pour attirer Mlle Simone à Paris ?...

– On lui a dit que l'honneur de M. Philippe était compromis, et que seule, en consentant aux plus grands sacrifices, elle pouvait le sauver...

– Alors elle a abandonné sa fortune...

– Je le crois.

– Soit, je comprends qu'on lui a tout pris. Mais ce mariage...

– Il est, à ce qu'il paraît, non moins indispensable que l'argent au salut de M. Philippe...

– Et vous ne savez pas quel est le misérable lâche qui prétend épouser Mlle Simone ?...

– Non...

Sans souci des passants, des espions peut-être attachés à ses pas, Raymond parlait très haut avec des gestes furieux. Les circonstances extérieures n'existaient plus pour lui. Il ne remarquait pas un homme d'apparence suspecte, qui était allé se poster tout près, sous une porte cochère, où il paraissait allumer sa pipe.

– Quand a-t-il été question de ce mariage pour la première fois ? reprit-il.

– Avant-hier.

– Dans quelles circonstances ?

Visiblement, la pauvre Anglaise était au supplice.

— C'est que, balbutiait-elle, je ne sais si je dois, si je puis... Ma profession a des devoirs sacrés, la confiance qu'on m'accorde...

Impatiemment, Raymond frappait du pied.

— Au fait ! interrompit-il brusquement.

— Eh bien ! donc, avant-hier, M. Philippe sortit le matin, en voiture...

— Avec qui ?

— Tout seul. Lorsqu'il rentra sur les onze heures, pour déjeuner, il était si pâle et si défait que, l'ayant rencontré dans l'escalier, j'eus tout de suite un pressentiment. Ayant appelé son valet de chambre : « Allez, lui dit-il, prier ma mère de me recevoir à l'instant. » Je compris qu'une explication allait avoir lieu, et aussitôt, d'instinct, je montai à l'appartement de madame la duchesse, comme si j'avais eu affaire dans le petit salon qui est à côté de sa chambre. J'y étais à peine que j'entendis M. Philippe chez madame. Ses premiers mots furent : « Nous sommes joués abominablement ! » Et immédiatement, il se mit à parler, mais si vite, si vite, que je n'entendais presque plus rien, que je distinguais seulement de ci et de là des lambeaux de phrases, où il disait que c'était un abus de confiance inouï, une impudence inimaginable, que tout était perdu, qu'on le tenait, qu'il ne lui restait plus qu'à se brûler la cervelle. Madame la duchesse, pendant ce temps, poussait de véritables cris de rage. Je l'entendais trépigner jusqu'à ce que tout à coup : « Il faut s'exécuter !... » s'écria-t-elle. Et sonnant une de ses femmes de chambre : « Allez, lui commanda-t-elle, me chercher Mlle Simone. » L'instant d'après, mademoiselle arrivait. Que se passa-t-il ? Je ne sais ; on parlait si doucement, que je n'entendais plus rien absolument. Ce qu'il y a de sûr, c'est que c'est en sortant de là, plus pâle qu'une morte, que mademoiselle me dit : « Je me marie... Je n'y survivrai pas !... »

Maintenant que miss Dodge était lancée, il n'y avait plus qu'à la laisser poursuivre. Et cependant brusquement Raymond l'interrompit.

— Vous aimez Mlle Simone, dit-il, vous lui êtes dévouée, vous voulez la sauver ?...

— Oh !... monsieur.

— Eh bien ! vous allez me conduire près d'elle, à l'instant !...

Épouvantée, miss Lydia se rejeta vivement en arrière, considérant Raymond d'un œil dilaté par la stupeur :

– Moi, bégaya-t-elle, moi vous conduire près de mademoiselle ?...

– Oui.

– À l'hôtel ?...

– Il le faut.

– Mais c'est impossible, monsieur !

– Rien n'est si aisé, au contraire. Vous allez prendre mon bras, et nous entrerons ensemble, la tête haute. Me voyant avec vous, pas un valet n'aura l'idée de me demander qui je suis ni où je vais.

– Et madame la duchesse ?...

– Elle est toujours sortie à cette heure-ci.

– M. Philippe peut être là...

Raymond dissimula mal un geste menaçant :

– Je n'ai plus, dit-il, pour éviter le duc de Maillefert, les raisons que je croyais avoir. S'il est là, tant mieux !...

– Que voulez-vous dire ? grand Dieu !... s'écria la pauvre gouvernante.

Et elle, que faisait frémir la seule idée de ce qui n'est pas convenable, oubliant qu'elle était en pleine rue, elle levait au ciel des bras désolés :

– C'est de la folie ! répétait-elle.

Peut-être disait-elle vrai. Mais Raymond en arrivait à ce point extrême où on ne calcule plus.

– Il faut que je voie Simone, reprit-il de cet accent dur et bref qu'ont les hommes aux instants décisifs, et je n'ai pas le choix des moyens...

Elle ne vous laissera pas achever la première phrase. Votre audace la révoltera, elle commandera de sortir.

– Marchons, miss...

Mais elle reculait, la pauvre fille, elle repoussait Raymond qui avançait, elle regardait autour d'elle comme si elle eût songé à s'enfuir.

– Et moi, reprit-elle, moi, mademoiselle me chassera comme une malheureuse...

– Préférez-vous la laisser mourir ?...

– Je serai déshonorée, perdue de réputation...

Discuter, c'était bien moins rassurer la digne gouvernante que lui montrer l'étendue des risques qu'elle courait. Raymond le comprit :

– Miss, prononça-t-il, l'heure presse et l'occasion fuit... Prenez mon bras...

Subjuguée, perdant son libre arbitre, elle obéit, elle marcha. Seulement, en arrivant à la porte encore grande ouverte de l'hôtel, dégageant vivement son bras :

– Non, je ne veux pas ! s'écria-t-elle.

Raymond ne parlementa pas. D'un brusque mouvement il enleva miss Dodge et l'entraîna dans la cour.

Deux ou trois domestiques qui causaient devant le pavillon du suisse, ayant salué d'un air étonné, il leur rendit leur salut. Il franchit le perron, et une fois dans le vestibule, abandonnant la pauvre gouvernante :

– Maintenant, commanda-t-il, guidez-moi.

Oh ! elle n'essaya même pas de résister. Elle s'engagea dans le grand escalier, trébuchant à chaque marche, puis arrivée au palier du second étage :

– Attendez-moi ici, dit-elle à Raymond, je vais prévenir mademoiselle...

– C'est inutile ; marchez, je vous suis...

– Cependant...

– Allez, vous dis-je !... Voulez-vous donc lui donner le temps de la réflexion !...

Plus morte que vive, assurément, elle obéit encore... Elle prit à droite un couloir sombre, et ouvrant la porte d'un petit salon qu'éclairait une grosse lampe :

– Mademoiselle, commença-t-elle...

Raymond ne la laissa pas poursuivre, il l'écarta et se montrant :

– C'est moi ! dit-il.

Assise devant un petit guéridon, Mlle Simone de Maillefert était occupée à feuilleter une grosse liasse de papiers.

À la voix de Raymond, elle se dressa d'un bloc, si violemment que sa chaise en fut renversée, et reculant jusqu'à la cheminée, les bras étendus en avant :

– Lui ! murmurait-elle, Raymond...

Hélas ! il ne fallait que la voir pour comprendre les craintes de miss Lydia et pour trembler qu'elle ne fût atteinte aux sources mêmes de la vie. Elle n'était plus que l'ombre d'elle-même, ombre désolée. Le marbre de la cheminée était moins blanc que son visage. Ses petites mains amaigries avaient la transparence de la cire. Il n'y avait plus que ses yeux de vivants, ses beaux yeux, si clairs autrefois, et qui maintenant brillaient de l'éclat phosphorescent de la fièvre...

Mais déjà elle était revenue de sa première surprise ; ses pommettes se colorèrent légèrement, et d'un ton d'indicible hauteur :

– Vous, prononça-t-elle, chez moi !... De quel droit, et d'où vous vient cette audace ?... Vous êtes devenu fou, je pense ?...

D'un geste impérieux, elle montrait la porte. Raymond n'en avançait pas moins.

– Peut-être, en effet, suis-je devenu fou, interrompit-il d'un accent amer. On dit que vous allez vous marier...

Elle le regarda en face, et résolument, d'une voix qui ne tremblait pas :

– On vous a dit vrai, fit-elle.

En entrant à l'hôtel de Maillefert, même après les confidences de l'honnête miss Lydia, Raymond s'obstinait à douter encore. Et en ce moment, c'est à peine s'il ajoutait foi au témoignage de ses sens, à peine s'il pouvait croire qu'il n'était pas le jouet d'un exécrable cauchemar.

– C'est ce que je ne permettrai pas ! s'écria-t-il avec une violence inouïe.

Mlle Simone ne sourcilla pas.

– De quel droit ? prononça-t-elle froidement.

– Du droit, s'écria Raymond, que me donnent mon amour et vos promesses. Vous avez donc effacé de votre cœur ce jour où, la tête appuyée contre ma poitrine, vous me disiez : « Une fille comme moi n'aime qu'une fois en sa vie ; elle est la femme de celui qu'elle aime ou elle meurt fille. »

À peine entrée chez Mlle Simone, miss Lydia Dodge s'était affaissée lourdement sur la chaise la plus rapprochée de la porte.

Peu à peu, elle avait repris ses sens. Puis elle avait écouté, et elle n'avait pas tardé à s'épouvanter de la violence de Raymond, et aussi d'entendre sa voix s'élever si haut qu'elle devait retentir dans tout l'hôtel.

Monsieur Delorge, supplia-t-elle, monsieur, au nom du ciel !...

Du geste, Mlle Simone lui imposa silence.

– Laisse-le parler, fit-elle, il est dit que pas une douleur ne me sera épargnée.

Mais son accent trahissait un tel excès de souffrance, que Raymond s'interrompit, et étonné de son emportement :

– Vous ne saurez jamais ce que j'ai enduré, murmura-t-il.

– Je sais que vous me torturez inutilement, et qu'il serait généreux à vous de vous éloigner...

– Pas avant de vous avoir parlé.

Il se rapprocha, et baissant le ton, de cette voix étouffée où frémit la passion la plus ardente :

– Je suis venu, reprit-il, pour vous éclairer sur la situation qui nous est faite. Au-dessus des conventions sociales, il y a le droit sacré, il y a le devoir de toute créature humaine de défendre sa vie et son bonheur. Les bornes sont dépassées de ce qui se peut souffrir, nous sommes dégagés. Donnez-moi la main et sortons la tête levée de cette maison maudite. C'est pour s'approprier votre fortune qu'on veut s'emparer de votre personne. Eh bien ? abandonnez vos millions à qui les convoite. L'argent !... est-ce que nous y tenons, vous et moi ? Est-ce que pour vous, d'ailleurs, je ne saurais pas en gagner des monceaux ! Venez ! Si vous n'avez pas été la plus fausse des femmes, vous allez venir !...

Le calme de Mlle Simone était celui de ces victimes résignées qui, dans le cirque, sous la griffe des tigres, offraient à Dieu leurs tortures.

– Ma destinée est fixée, dit-elle. Il n'est plus au pouvoir de personne de la changer. Je me dévoue à un intérêt que je juge supérieur à ma vie... Ne soyez pas jaloux, je ne trahis pas mes promesses, ce n'est pas à un autre homme que je suis fiancée, Raymond, c'est à la mort, et mon lit nuptial sera un cercueil. Un abîme de honte s'ouvrait, mon corps le comblera : ne le voyez-vous pas ?...

Raymond parut réfléchir. Puis, après un moment de lourd silence, troublé seulement par les sanglots de miss Dodge :

– Eh bien ! soit, s'écria-t-il, je m'éloignerai si vous consentez à m'apprendre à quelle cause sacrée vous nous sacrifiez. J'ai le droit de savoir et de juger. Ne donnez-vous pas ma vie en même temps que la vôtre ?

– C'est un secret qui doit être enseveli avec moi !

La colère, de nouveau, gagnait Raymond.

– C'est votre dernier mot, prononça-t-il, je sais ce qu'il me reste à faire.

– Quoi ?

– J'irai trouver M. Philippe, et il faudra bien qu'il me réponde, lui, et qu'il me rende compte de l'horrible violence qui vous est faite...

Mlle de Maillefert se redressa :

– Vous ne ferez pas cela ! s'écria-t-elle.

– Je le ferai, aussi vrai qu'il y a un Dieu au ciel ! Qui donc m'en empêcherait !

– Moi ! prononça la jeune fille.

Et saisissant la main de Raymond, et la serrant avec une force dont on ne l'eût pas crue capable :

– Moi ! poursuivit-elle, si ma voix a encore un écho dans votre cœur. Moi, qui vais, s'il le faut, tomber suppliante à vos genoux. Malheureux ! voulez-vous donc empoisonner mon agonie de cette idée horrible que je me dévoue inutilement ?

Il évita de répondre, il ne voulait pas s'engager.

– Au moins, reprit-il, dites-moi le nom de l'homme que vous allez épouser ?...

Elle semblait près de se trouver mal.

– Serez-vous donc plus ou moins malheureux, balbutia-t-elle, selon que j'épouserais celui-ci ou celui-là ?...

– N'importe, je veux savoir...

Une voix près de lui l'interrompit, qui disait :

– Mlle de Maillefert épouse le comte de Combelaine...

D'un mouvement furieux, comme s'il eût reçu un coup de poignard dans le dos, Raymond se détourna.

Et il se trouva en face de la duchesse de Maillefert et de Philippe.

La mère et le fils rentraient à l'instant même, ensemble.

En montant l'escalier, ils avaient entendu les éclats de colère de Raymond, et ils étaient accourus.

– J'ai bien dit, répéta la duchesse, que c'est M. de Combelaine que ma fille épouse.

Oh !... Raymond n'avait que trop bien entendu, et s'il demeurait comme hébété de stupeur, c'était faute de trouver des expressions pour traduire ses écrasantes sensations.

– C'est un indigne mensonge ! dit-il enfin.

64

– Interrogez Mlle de Maillefert, fit M. Philippe, avec cet odieux ricanement qui était devenu chez lui comme un tic nerveux dont il n'était plus maître.

Ah ! c'était plus que de la cruauté, c'était de la démence que de frapper encore cette infortunée, qui se tenait là, défaillante, secouée de tels frissons que ses dents claquaient.

Mais Raymond avait comme un nuage devant les yeux.

– Dites, interrogea-t-il, dois-je croire votre frère ?

– Oui, articula-t-elle, faiblement, mais distinctement.

Un cri de douleur et de rage s'étouffa dans la gorge de Raymond. Un monde s'écroulait en lui. Il chancela, et serrant convulsivement entre ses mains ses tempes qui lui semblaient près d'éclater :

– Tu l'entends, s'écria-t-il, ô Dieu qu'on appelle le Dieu de bonté et de justice, elle consent à devenir la femme de Combelaine, elle, Simone !...

Puis, tout à coup, aveuglé de plus en plus par les flots de sang que la fureur charriait à son cerveau, saisissant le poignet de Mlle Simone, fortement, rudement :

– Vous ne savez donc pas, reprit-il, ce qu'est ce misérable ?...

– Je le sais... bégaya-t-elle.

– Vous ne savez donc pas que c'est ce misérable qui a lâchement assassiné mon père, le général Delorge...

Lourdement, Mlle de Maillefert se laissa tomber sur son fauteuil.

– Vous m'aviez dit tout cela, murmura-t-elle.

– Et vous l'épousez !

– Oui !...

Éperdu d'horreur, Raymond demeura un moment comme anéanti, puis brusquement revenant à la duchesse :

– Et vous, madame, fit-il, vous donnez votre fille à un tel homme !

La duchesse eut une seconde d'hésitation. Puis :

– Dans les maisons comme les nôtres, prononça-t-elle, il est des nécessités, des... raisons d'État qui priment tout. Ma fille a pu vous apprendre que c'est librement qu'elle se dévoue...

– Librement !... interrompit Raymond, librement...

D'un geste, Mme de Maillefert l'arrêta, et d'un accent dont la sincérité le frappa, malgré le désordre de son esprit :

– Je vous affirme, déclara-t-elle, que s'il était en mon pouvoir de rompre ce mariage, il serait rompu à l'instant !

– En votre pouvoir !... répéta Raymond...

Et s'adressant à M. Philippe :

– Mais ce que ne peut madame la duchesse, vous le pouvez, vous, monsieur le duc, vous le chef de la glorieuse maison de Maillefert, le dépositaire de l'honneur intact de vingt générations...

– Vous avez entendu ma mère, monsieur...

– Madame la duchesse est femme, monsieur, tandis que vous... L'épée que vous ont léguée vos aïeux est-elle donc à ce point rouillée au fourreau, qu'il vous faille accepter cette humiliation !...

M. Philippe était devenu cramoisi.

– Monsieur !... s'écria-t-il, monsieur !...

– Philippe !... intervint la duchesse effrayée, mon fils !

– Il est vrai, poursuivait Raymond, avec un redoublement d'ironie, que le comte de Combelaine passe pour fort redoutable sur le terrain. Il vivait autrefois de son habileté aux armes...

Le duc de Maillefert eut un si terrible geste, que son lorgnon s'échappa de son œil.

– Voilà une phrase dont vous me rendrez raison, monsieur, s'écria-t-il.

Mais Mlle Simone s'était redressée, et s'avançant telle qu'un spectre entre les deux jeunes gens frémissants de colère :

– Plus un mot ! Philippe, prononça-t-elle.

– Quoi !... lorsque je viens d'être outragé chez moi...

– Je le veux... et je paie assez cher le droit de vouloir. Et vous, Raymond, il serait maintenant indigne de vous de provoquer un homme qui ne vous répondra pas...

Raymond se tut. Il commençait à remarquer la patience extraordinaire de la duchesse et à s'en étonner.

– Il ne serait pas généreux, monsieur, prononça-t-elle doucement, d'ajouter à nos épreuves... Votre douleur, je la comprends et je l'excuse si bien, que je ne vous ai pas demandé compte de votre présence ici... Croyez que nous ne souffrons pas moins que vous. Mais la vie a des nécessités inexorables. Dussions-nous en mourir tous, il faut que ce mariage se fasse...

– Il se fera, appuya M. Philippe.

Lentement, à deux ou trois reprises, Raymond secoua la tête, et d'un ton glacé, qui contrastait étrangement avec sa violence de tout à l'heure :

– Et moi, prononça-t-il, par tout ce qu'il y a de plus sacré au monde, par la mémoire de mon père assassiné, je vous jure qu'il ne se fera pas...

– Qu'espérez-vous donc ?...

– C'est mon secret... Seulement, ce serment que je viens de jurer, vous pouvez le répéter à M. de Combelaine... Peut-être le fera-t-il réfléchir.

Ayant dit, il alla s'agenouiller devant Mlle Simone, qui gisait inanimée sur son fauteuil. Il lui embrassa doucement les mains, et après quelques mots inintelligibles, se redressant, il sortit.

VI

Il fallait qu'il y eût en jeu un intérêt bien puissant pour que la duchesse de Maillefert, cette femme si hautaine et si violente, se contraignît comme elle le faisait depuis vingt minutes. Elle devait suer dans sa robe, tout en se faisant un visage impassible. Telle était d'ailleurs la tension de son esprit qu'elle ne se préoccupait ni de miss Lydia, ni de Mlle Simone qui, brisée par cette dernière crise, venait de se trouver mal.

– Eh bien ? fit M. Philippe, après que le bruit des pas de Raymond se fut perdu dans l'escalier, eh bien !...

– Eh bien ! répondit la duchesse, ne fallait-il pas que cette scène eût lieu ?... ne vous l'avais-je pas annoncée ? ne l'attendiez-vous pas ?...

– Si. Et j'ai été outragé chez moi, par un homme auquel je ne pouvais m'empêcher de donner raison... Ah ! ma mère, pourquoi vous ai-je écoutée !...

Mme de Maillefert eut un geste équivoque.

– C'est vrai, murmura-t-elle, nous sommes joués indignement. Mais qui se serait attendu à tant d'impudence !... Qu'il prenne garde, pourtant, je n'ai pas dit mon dernier mot.

M. Philippe tressaillit.

– Vrai, fit-il, vous avez quelque raison d'espérer ?

– Je vous répondrai dans trois ou quatre jours, quand j'aurai vu une personne...

Le jeune duc se permit un petit sifflotement fort irrévérencieux.

– Connu ! dit-il ? Et d'ici là, M. Delorge finira de tout brouiller. Combelaine est capable de croire que c'est nous qui le lui dépêchons...

M. Delorge n'exécutera pas ses menaces.

– Erreur, ma mère. Je l'ai toisé, moi, ce garçon, il est naïf, c'est vrai, sentimental en diable, mais rageur... excessivement rageur...

Les mouvements de miss Dodge s'empressant autour de Mlle Simone rappelèrent la duchesse à la circonspection.

– Chut !... fit-elle vivement en baissant le ton. Simone conjurera ce péril.

– Oui, comptez là-dessus.

– J'y compte. Son empire sur M. Delorge est absolu. Elle saura, si je l'en prie, obtenir de lui qu'il quitte Paris. Elle lui écrira, elle lui donnera un rendez-vous s'il le faut.
– Et si Delorge va trouver Combelaine ce soir ?
– Il n'ira pas... Cependant laissez-moi, je vais parler à Simone...

Eh bien ! la duchesse se trompait.

Raymond, en sortant de l'hôtel de Maillefert, était un autre homme. Il comprenait maintenant que M. de Combelaine et les Maillefert s'exécraient, comme il arrive toujours aux complices, d'accord tant qu'il est question de dépouiller leur victime, et qui en viennent aux coups de couteau dès qu'il s'agit de partager le butin.

Et là-dessus il bâtissait le plan le plus simple, un plan qu'il était bien résolu à exécuter avec cet effrayant sang-froid de l'homme pour qui la vie n'a plus aucune valeur.

Il allait droit au comte de Combelaine, et il lui disait simplement :

– J'aime Mlle de Maillefert, et elle vous est fort indifférente. Je suis aimé d'elle, vous en êtes haï. C'est sa fortune que vous convoitez ? Prenez-la. Quant à l'épouser, n'y songez plus, ou vous me forcerez de vous brûler la cervelle.

– Et je la lui brûlerai, pensait-il, comme à un chien enragé, à bout portant !

Ainsi réfléchissant, il avait gagné les Champs-Élysées. Il prit la rue du Cirque, et bientôt arriva à ce charmant hôtel que M. de Combelaine devait à la munificence impériale.

Raymond sonna, et un domestique en habit noir à la française étant venu lui ouvrir :

– M. de Combelaine ? demanda-t-il.
– Monsieur le comte n'est pas à la maison, répondit le domestique.
– Ce n'est pas pour une affaire ordinaire que je viens, il faut que je le voie, il y va d'un intérêt pressant...

Le domestique n'eut pas le temps de répondre. Un coupé fort élégant, attelé d'un magnifique cheval, s'arrêtait devant la grille.

Une femme en descendit qui, franchissant lestement le trottoir, s'avança pour entrer comme chez elle.

Seulement, le domestique, respectueusement, mais non moins fermement, lui barra le passage en disant :
— Monsieur le comte est absent, madame.
De son air le plus hautain, elle le toisa, et d'un ton méchant :
— Vous êtes nouveau dans la maison, mon cher, vous ne savez sans doute pas qui je suis...
— Que madame m'excuse, je le sais très bien.
— Alors, rangez-vous que je passe.
— Je ne le puis, madame, ayant l'ordre de monsieur le comte...
Cette visiteuse était placée de telle façon que la lumière des lanternes de la grille tombait d'aplomb sur son visage et l'éclairait comme le plein jour.
C'était une de ces femmes, comme il ne s'en trouve guère qu'à Paris, dans ce monde qu'on appelle « un certain monde » et qui doivent à une hygiène savante, à des soins incessants et à de mystérieuses pratiques de toilette, le privilège de prolonger leur été bien au delà de l'automne.
On voyait bien que celle-ci avait dépassé la trentaine. Mais de combien ? De cinq, de dix, de quinze ans ? C'est ce qu'il eût été difficile de décider...
Et plus Raymond l'observait, plus il lui semblait retrouver cette physionomie au fond de ses souvenirs.
— Appelez Léonard, commanda-t-elle.
C'était le valet de chambre, l'intime confident de M. de Combelaine.
— M. Léonard ne fait plus partie de la maison de monsieur le comte, répondit le domestique.
— Comment !... Léonard...
— A quitté monsieur pour entrer au service d'un Anglais qui lui donne des gages énormes...
De rage, la visiteuse déchirait ses gants en lambeaux.
— Alors, reprit-elle, allez dire au comte que je suis ici, moi, à sa porte, attendant.
— Mais il est sorti, madame, je vous le jure, répondit le domestique. Lorsque vous êtes arrivée, j'étais en train de le dire à monsieur...
Il montrait Raymond, tout en parlant. La dame se détourna et, l'apercevant, ne put retenir un léger cri.
— Je reviendrai, fit-elle.

Et s'adressant à Raymond :
- Et vous, monsieur, voulez-vous bien m'aider à monter en voiture ?

Raymond obéit. Et quand elle eut pris place sur les coussins de son coupé :
- Un mot, monsieur, fit-elle, assez bas pour n'être entendue que de Raymond. Je ne me trompe pas, vous êtes bien M. Delorge ?...
- En effet, madame.
- Le fils du général ?
- Oui.

Elle eut une seconde d'indécision, puis vivement :
- Eh bien ! reprit-elle, dites à mon cocher de rentrer par les Champs-Élysées, et montez près de moi.

Celui-là devient un joueur terrible, qui n'a plus rien à perdre. La situation de Raymond était à ce point désespérée, qu'il pouvait tout tenter sans craindre de l'empirer. Il fût monté sans sourciller dans le carrosse du diable.

Il fit donc ce que lui demandait cette femme, et lorsqu'il fut assis près d'elle, que la portière fut refermée et que le coupé roula :
- Décidément, commença-t-elle, vous ne me remettez pas, monsieur Delorge ?...
- Je suis sûr que vous ne m'êtes pas inconnue, madame.

Il est positif que depuis deux minutes il se mettait l'esprit à la torture pour associer la physionomie de cette femme à un des événements de sa vie.
- Je vois bien, reprit-elle après une courte pause, qu'il faut que je vous mette sur la voie. Oh ! il y a bien quinze ou dix-huit ans de cela. Comme le temps passe !... J'étais une toute jeune fille mais vous étiez un enfant, vous. Il a été trop souvent question de moi chez votre mère pour que vous m'ayez oubliée.
- Je n'y suis pas du tout, murmurait Raymond.
- En ce temps-là, vos amis, Me Roberjot surtout, croyaient que je pouvais vous être d'un grand secours... Y êtes-vous ?... Pas encore. Voyons, est-ce que la mère de vos camarades n'avait pas une sœur ?...

Si haut et si brusquement tressauta Raymond, que son chapeau s'écrasa à demi contre le fond du coupé.
- Flora Misri !... s'écria-t-il.

La dame tressaillit comme si une épingle l'eût piquée.

– On m'appelait effectivement ainsi, autrefois, dit-elle d'un ton pincé, mais maintenant et depuis longtemps je suis pour mes amis Mme Misri.

Tant bien que mal Raymond essayait de s'excuser, elle l'interrompit vite.

– Il suffit, dit-elle. Si je vous ai prié de monter dans ma voiture, c'est que j'ai à vous entretenir de choses qui vous intéressent au plus haut point...

– Madame...

– Oh ! ne vous étonnez pas. Sans que vous vous en doutiez, mes intérêts et les vôtres sont les mêmes, en ce moment. Tenez, causons : vous avez failli vous marier, il y a trois mois ?...

Positivement, depuis quelques minutes, Raymond attendait une question de ce genre. Il était sur ses gardes. C'est donc d'un ton raisonnablement froid qu'il répondit :

– Oh !... failli !... C'est peut-être beaucoup dire.

Mme Misri eut un mouvement d'impatience.

– Ne chicanons pas sur les mots, fit-elle. Il a été question pour vous d'un mariage...

Quel intérêt avait-il à nier ? Aucun.

– C'est la vérité, répondit-il.

– Avec une jeune fille très riche, dit-on ?

– Immensément riche.

– Avec Mlle de Maillefert enfin...

Ce qui augmentait cruellement l'embarras de Raymond, c'était de ne pas voir le visage de Mme Misri. Il n'y a rien de perfide comme une conversation dans l'obscurité. Les interlocuteurs ressemblent à des duellistes qui se battraient à l'épée les yeux bandés.

Autant qu'il en pouvait juger à son accent, elle devait être en proie à une colère d'autant plus violente qu'elle s'efforçait de la contenir.

Il sentait, en tout cas, la gravité de la situation, que la fortune lui revenait peut-être, que tout dépendait de sa prudence et de son habileté. Et, mesurant la portée de chacune de ses paroles :

– J'ai pu espérer, en effet, dit-il, que Mlle de Maillefert serait ma femme.

– Vous aime-t-elle ?

– Je le crois.
– Et sa famille vous la refuse ?
– Formellement.
– Pour la donner à un homme qu'elle doit haïr ?
– Je le crains.

Mme Misri, elle aussi, eût bien voulu pouvoir surprendre sur la figure de Raymond le secret de ses impressions. Ne le pouvant, elle eut une idée qui jamais ne serait venue à un homme, elle lui prit la main, et brusquement :

– Connaissez-vous l'homme qui vous enlève la femme que vous aimez ?...

– Non, répondit-il effrontément.

Mais un tressaillement plus fort que sa volonté l'avait trahi.

– Pourquoi mentir ? fit Mme Misri. Vous savez aussi bien que moi que votre rival est M. de Combelaine.

Et Raymond ne répondant pas :

– Qu'alliez-vous faire chez lui ? insista-t-elle.

Il garda le silence. Il lui semblait voir poindre à l'horizon comme une lueur d'espérance.

– Vous alliez le provoquer ? dit Mme Misri.

Elle se frappa le front.

– C'est vrai, fit-elle, je me souviens qu'une fois déjà vous lui avez envoyé des témoins, et qu'il a refusé obstinément de vous suivre sur le terrain.

– Vous voyez...

– Oui. Vous devez le haïr effroyablement.

– Comment ne pas haïr celui qui m'enlève la jeune fille que j'aime ?...

Mme Misri hochait la tête.

– Oh ! ce n'est pas tout, dit-elle.

– Quoi donc ?

– On prétend que ce n'est pas en duel qu'il a tué le général Delorge.

Raymond sentait la sueur de l'angoisse perler à ses tempes.

– Et a-t-on tort de le prétendre ? demanda-t-il d'une voix altérée...

Ce fut au tour de Mme Misri à se taire, puis au bout d'un moment, au lieu de répondre :

– Que feriez-vous bien, dit-elle, pour vous venger de cet homme ?

Grâce à une toute puissante projection de volonté, Raymond étouffa l'exclamation de joie qui lui montait aux lèvres.

Cette femme, qui d'une voix frémissante lui parlait de vengeance, qui semblait lui offrir à signer un pacte de haine, c'était Flora Misri, l'âme damnée du comte de Combelaine.

Pour que le misérable fût perdu, cette femme, pensait Raymond, n'avait qu'à le vouloir.

Seulement... était-elle de bonne foi ?

Je ne songe nullement à me venger, prononça-t-il froidement.

Le coupé venait d'atteindre l'Arc-de-Triomphe de l'Étoile, c'est-à-dire le sommet de la pente, et le cocher lançait son cheval au grand trot dans l'avenue de la Reine Hortense.

Brusquement Mme Misri rabattit une des glaces de devant de la voiture.

— Retournez, cria-t-elle à son cocher, prenez l'avenue de l'Impératrice et marchez au pas.

Puis, revenant à Raymond dès qu'elle se vit obéie :

— Vous vous défiez de moi, monsieur Delorge, reprit-elle.

— Je vous assure...

— Ne vous défendez pas, ne niez pas, je suis bien informée. Vous vous défiez de moi parce que vous me savez depuis vingt ans l'amie de M. de Combelaine.

Raymond ne répliqua pas.

— Eh bien ! c'est pour cela justement, continua Mme Misri, que je hais cet homme plus que vous ne le haïssez vous-même.

— Oh !

— Oui, mille fois plus, car j'ai plus de raisons que vous de le haïr. Il m'a trompée, il s'est joué de moi ignoblement. Tenez, savez-vous son passé, à ce misérable, et ce qu'ont été nos relations ? J'étais une enfant quand je l'ai connu, il traînait sur le pavé de Paris une existence misérable et méprisée, vivant d'expédients, de trafics abjects, de son épée et du jeu. Tel quel, il me plut. Son impudence m'éblouit, son cynisme m'effraya, je tombai en admiration devant ses vices. En moins de rien, j'en vins à ne penser et à n'agir plus que par lui. Quel temps !... Une à une toutes ses ressources étaient épuisées, et c'est à moi qu'il imposait la tâche de le faire vivre. Il lui fallait de l'argent pour ses cigares, pour son café, pour son jeu ; à moi d'en trouver ; si je n'en trouvais pas, indignement, lâchement, il me battait. Comment ne l'ai-je pas quitté !... C'était plus fort que moi. Je ne l'aimais plus, je le méprisais comme la boue, je souhaitais sa mort... et je restais.

Mais n'était-ce point pour donner plus de confiance à Raymond, que Mme Misri se roulait ainsi dans sa honte ?

– Non, pensait-il, elle est sincère, elle ne me trompe pas...

Et s'animant de plus en plus, elle poursuivait :

– Alors, arrivèrent les événements de Décembre, et tout à coup Combelaine se trouva un gros personnage. Comment ne rompit-il pas avec moi ? Je lui sus gré de rester mon ami. Bête que j'étais ! S'il me restait, c'est qu'il avait calculé que c'était son intérêt. Oh ! ce n'est pas la prévoyance qui lui manque, et il se connaît. Il pensait que cette prospérité inouïe dont il était confondu ne durerait pas, et que de mauvais jours reviendraient peut-être où Flora lui serait encore utile. Certainement il eût pu se mettre de côté des fortunes indépendantes. Ah bien ! oui ! C'est un gouffre, cet homme-là, un gouffre sans fond. Avec les revenus de la France, il trouverait encore le moyen d'être gêné et de faire des dettes. C'est par centaines de mille francs que se chiffrent les pots-de-vin qu'il a reçus, les commissions qu'il extorquait, les primes et enfin tous ses bénéfices. Autant en emportaient le jeu, les femmes, les chevaux. Ses amis disaient qu'il finirait à l'hôpital. Moi, j'ai toujours pensé qu'il finirait en cour d'assises, sachant qu'il lui faut de l'argent, toujours, absolument, quand même, et lorsqu'il n'en a pas, il n'y a pas d'abomination dont il ne soit capable pour s'en procurer...

De plus en plus, Raymond se pénétrait de la sincérité de Mme Misri.

La cause de sa haine, ne la voyait-il pas venir ?...

– À cette époque, disait-elle encore, j'ai tenté l'impossible pour le modérer. Il m'envoyait promener ou me répondait par des plaisanteries. Il me disait : « Baste ! pendant que je me ruine, enrichis-toi, et quand tu seras millionnaire, je t'épouserai. » Si bien que cette idée finit par m'entrer dans la tête pour n'en plus sortir. Être madame la comtesse pour de bon, après avoir été... ce que j'ai été, cela me séduisait. C'est pourquoi, moi, l'insouciance même jusqu'à ce moment, j'appris à compter, et je devins avare. Ah ! tant pis pour qui me tombait sous la main. Mon bonheur c'était de me répéter : « Va, mon bonhomme, va, dépense, joue, achète des chevaux, endette-toi, mon magot grossit, mon secrétaire s'emplit d'actions, d'obligations ou de titres de rentes : le jour n'est pas loin où tu viendras me supplier à genoux de devenir ta femme... »

Une à une, les défiances de Raymond s'envolaient...

Il n'est pas d'art au monde capable de peindre l'accent de Mme Misri, ni les tressaillements de colère qui la secouaient.

Des années s'écoulèrent, monsieur Delorge, reprit-elle, avant qu'il me fût donné d'apprécier la justesse de mes calculs. M'étais-je donc trompée ? Non. Un jour vint où M. de Combelaine se trouva à bout de ressources et d'expédients. Alors, il songea à moi, et je le vis arriver, blême et les yeux injectés de sang, ce qui est chez lui le signe d'une émotion extraordinaire.

« – Tu dois être riche, Flora, me dit-il.

« – J'ai un million, répondis-je.

« – Il fit deux ou trois tours dans la chambre, puis tout à coup venant se planter devant moi :

« – Eh bien ! moi, me dit-il, je me noie, j'en suis à la dernière gorgée... la moitié de ce que tu as me sauverait.

« À mon tour, je le regardai dans le blanc des yeux, et froidement :

« – En sortant de la mairie, dis-je, tout ce que j'ai sera à toi...

« Dame ! il fit un saut de trois pieds.

« – C'est sérieux ? interrogea-t-il.

« – Tout ce qu'il y a de plus sérieux.

« – Tu veux que je t'épouse ?

« – Oui.

« Il faut vous dire, monsieur Delorge, que je ne m'étais jamais abusée. Je savais qu'au dernier moment, quand il faudrait franchir le fossé, mon homme se cabrerait.

« C'est ce qui ne manqua pas d'arriver.

« – Une femme comme toi !... s'écria-t-il.

« – Quel homme donc es-tu ! répondis-je.

« Autrefois, quand j'osais lui tenir tête, monsieur me rouait de coups, me prouvant ainsi qu'il avait raison et que j'avais tort. Mais depuis que j'avais de l'argent, il ravalait sa rage.

« – Eh ! ma pauvre fille, me dit-il, t'épouser, ce serait te créer une existence abominable.

« – Pourquoi ?

« – Parce que chaque jour t'amènerait une déception et une avanie. Tu aurais beau mettre sur tes cartes de visite :

76

Madame la comtesse de Combelaine, tu n'en serais ni plus ni moins Flora Misri et, pour Flora Misri, toutes les portes seraient fermées...

« J'avais prévu toutes ces objections.

« – Mon cher, lui dis-je, je ne te demanderai jamais l'impossible. Ce que tu as fait pour toi, tu le feras pour moi, voilà tout. Oui ou non, es-tu déconsidéré, méprisé, taré ! Oui ! S'est-il jamais trouvé quelqu'un pour te le dire en face ? Non ! Sur le terrain, tu n'as jamais manqué ton homme, on le sait, on te salue bien bas. Pour la même raison on saluera ta femme, quelle qu'elle soit, et on la recevra...

« – C'est ton dernier mot ? interrompit-il.

« – Oui. Pas de mariage, pas d'argent.

« Il sortit là-dessus, calme en apparence, mais si furieux au fond, qu'il m'eût très volontiers étranglée. J'étais aussi inquiète de l'issue de l'affaire, lorsque son valet de chambre, Léonard, me fit demander à me parler.

« Ce garçon, qui n'a pas son pareil pour l'intelligence la finesse, et sachant son maître et moi en grande conférence, était venu coller son oreille à la serrure de la porte, et n'avait pas perdu un mot de la scène.

« – Bravo ! ma petite, me dit-il, bien joué. Votre homme est chambré, serrez le nœud coulant pendant que vous le tenez, et il est à vous.

« Je devinai ce que voulait Léonard.

« – Dix mille francs pour toi, lui dis-je, le jour où je serai comtesse de Combelaine.

« – Alors, c'est fait, ma fille, me dit-il, apprêtez la monnaie.

« Pendant toute la semaine, Victor – Victor, c'est M. de Combelaine – vint passer les soirées avec moi, et travaillé par moi d'un côté, et par Léonard de l'autre, petit à petit, il s'habituait à la chose.

« – Eh bien ! je ne dis pas non, me répondait-il à la fin. Seulement, pour le public, nous nous marierons séparés de biens ; car pour ce qui est de payer mes créanciers avec ton argent, jamais de la vie, ce serait trop bête.

« Je touchais au but.

« Pour mettre Victor en goût, et aussi pour lui épargner bien des soucis qui le rendaient maussade, je lui avais avancé vingt mille francs... J'avais déjà commandé mes robes de noce à ma couturière... Autant de perdu.

« Un matin, je reçois une enveloppe volumineuse, je l'ouvre... Qu'est-ce que j'y trouve ? Vingt billets de mille francs avec un petit mot de Victor, où il me disait qu'il me remerciait beaucoup, mais que la fortune lui souriant de nouveau, décidément il restait garçon. C'était au moment de la guerre du Mexique. Le soir même, je vis Léonard, qui me dit :

« – Pour cette fois, ma petite, nous sommes refaits. Le patron vient de palper huit cent mille livres, dont trois cents comptant et cinq cents en valeurs à six mois. Les créanciers qui ont eu vent de la chose nous offrent des crédits illimités... Mais ce n'est que partie remise.

« Si j'enrageais, il n'est pas besoin de le dire. Je pensai en faire une maladie.

« Et cependant, j'étais de l'avis de Léonard, que ce n'était que partie remise, et que Victor me reviendrait.

« Je n'eus donc plus qu'une idée, doubler ma fortune pendant qu'il mangerait la sienne. Et ce ne devait pas m'être difficile, ayant au nombre de mes amis Coutanceau, le banquier, qui me faisait jouer à la Bourse à coup sûr, et le baron Verdale, qui spéculait pour moi sur les terrains.

Autant Raymond avait maudit d'abord l'obscurité, autant il la bénissait, à cette heure.

Il n'avait du moins pas à laisser paraître sur son visage l'expression d'insurmontable dégoût que lui inspirait cette nauséabonde photographie d'intérieur.

Il n'avait pas à dissimuler l'épouvantable colère dont il était transporté en songeant que ce misérable, dont l'abjection lui était révélée, osait prétendre à la possession de Mlle de Maillefert, de sa Simone bien-aimée.

Arrivé à l'extrémité de l'avenue de l'Impératrice, et ne recevant pas d'ordres, le cocher avait tourné bride, et revenait au pas vers Paris ; mais Mme Misri ne s'en apercevait pas.

Avec une véhémence toujours croissante, elle poursuivait :

– En fait d'argent, les premiers cent milles francs seuls sont difficiles à mettre de côté. Gagner un million quand on en a déjà un, est une véritable plaisanterie. En moins de dix-huit mois, j'avais la paire. D'un seul coup de filet, sur des maisons situées près du Théâtre-Français, le baron Verdale m'avait fait rafler quatre cent mille francs. C'est un bon homme que ce gros réjoui-là, toujours prêt à obliger ses amis... Bref, j'avais mes cent mille livres de rentes, quand, au commencement de 1869, un soir, je vis reparaître mon Victor, pâle, maigre, piteux, penaud, rafalé, décavé...

« – Plus le sou, me dit-il en se laissant tomber sur un fauteuil, plus de crédit, plus rien !...

« Il y avait près d'un an qu'il n'était pas venu me voir, le brigand ; mais Léonard m'avait toujours tenue au courant de ses faits et gestes.

« Je savais que ses huit cents milles francs avaient fondus entre ses mains comme une poignée de neige, et qu'il lui avait fallu promptement se remettre à vivre d'industrie et d'expédients.

« Les huissiers le traquaient, son hôtel était saisi, un à un ses tableaux avaient pris le chemin de l'hôtel des Ventes.

« S'il gardait encore quelques vestiges de splendeur, il le devait à Léonard, qui avait pris à son nom les chevaux et les voitures, et à moi, qui de temps à autre lui faisais secrètement avancer cent louis, parce qu'il n'entrait pas dans mes vues qu'il tombât au-dessous d'un certain cran.

« En le voyant chez moi, je fus un peu émue.

« Mais depuis deux ans que je rageais, j'avais eu le temps de me préparer à cette revanche, et c'est de mon plus grand air que je lui dis :

« – Ah ! vous êtes ruiné !... Eh bien ! allez vous plaindre à ceux qui vous ont donné les huit cents mille francs qui vous ont décidé à rester garçon...

« On lui eut versé une carafe frappée dans le dos qu'il n'eût pas fait une pire grimace.

« – Et toi aussi, me dit-il, parce que je suis malheureux, tu m'abandonnes !...

« Et là-dessus, le voilà à s'accuser et à s'excuser, à me dire que c'est vrai, qu'il s'est conduit comme le dernier des gueux, mais qu'il m'aime tout de même, qu'il n'a jamais aimé que moi...

« Il croyait que j'allais me pâmer d'aise. Plus souvent !

« Je partis d'un grand éclat de rire, et, faisant une pirouette :

« – Trop tard, mon bonhomme ! lui dis-je.

« Et tandis qu'il me regardait d'un air hébété, je me mis à lui expliquer gaiement que j'avais réfléchi, que je tenais à mon indépendance, que si je venais à être reprise de mes lubies de mariage, je choisirais entre cinq ou six hommes bien autrement posés que lui, qui m'offraient leur nom, que ma fortune valait bien un titre de duchesse, puisque, grâce à mon économie et à mon habile administration, je possédais non plus un million, mais deux.

« – Deux millions ! s'écria-t-il, en levant les bras au ciel, tu possèdes deux millions !...

« Mâtin !... il me toisait avec des yeux si luisants que j'aurais eu peur si je n'avais pas su que je n'avais qu'à tirer ma sonnette pour faire monter mes domestiques.

« – Et tu ne m'aimes plus, répétait-il, tu ne m'aimes plus !...

« Je ne répondis pas. Je ne voulais pas le décourager tout à fait. Il comprit que mon dernier mot n'était pas dit, et avec un art que seul il possède, il entreprit de me conquérir. Ah ! c'est le dernier des derniers, mais pour connaître les femmes, oui, il les connaît. Ce n'est pas un naïf d'honnête homme qui saurait jouer la comédie que ce monstre-là m'a jouée pendant un mois. Je savais qu'il mentait, j'en étais sûre ! Eh bien ! parole d'honneur, il y avait des moments où je me laissais presque prendre.

« Du reste, ma résolution étant arrêtée de céder à ses instances, je cédai, notre mariage fut décidé.

« Le pressé, alors, c'était lui, et c'est lui qui, pour préparer l'opinion, comme il disait, fit annoncer dans les journaux que M. de Combelaine épousait Mme Misri.

« Moi, de mon côté, pour qu'il pût retourner à son cercle, je lui donnai de quoi payer ses dettes de jeu, une soixantaine de mille francs, et je distribuai plus du double à ses créanciers, qui auraient pu le mener en police correctionnelle...

« Tout était si bien convenu que je ne m'inquiétais aucunement lorsque, dans le courant de novembre, Victor me demanda de retarder notre mariage en se disant certain de déterminer une très grande dame à y assister... Au mois de décembre, je le vis faire un voyage avec son ami Maumussy et le papa Verdale, sans en prendre le moindre ombrage...

« J'avais un bandeau sur les yeux, quoi ! lorsqu'un matin on me remit une lettre anonyme où on me disait :

« Tu n'es qu'une bête, ma petite Flora. Avec l'argent que tu lui donnes, ton Victor fait sa cour... Avant un mois il aura épousé une héritière aussi jeune que tu es vieille, aussi noble que tu l'es peu, adorablement jolie et quatre fois riche comme toi... Mlle Simone de Maillefert, enfin. »

Après des semaines, en parlant de cette lettre anonyme, Mme Misri tressaillait encore et sa voix se troublait.

Ma première idée, continuait-elle, fut qu'un mauvais plaisant voulait se moquer de moi. Comment imaginer, en effet, qu'une grande famille pût consentir jamais à donner son héritière, une jeune fille, belle, sage et riche à millions, à un homme tel que M. de Combelaine, ruiné d'honneur et d'argent, perdu de dettes, méprisé, taré, fini ?...

« Ce n'est qu'après que des doutes me vinrent.

« Je songeai à l'étonnante habileté de Victor, à son hypocrisie savante, à l'art merveilleux qu'il possède de se transformer.

« Je réfléchis que c'est un homme très fort, après tout, intrigant comme pas un, à qui ses pires ennemis même reconnaissent une forte tête, le génie de la duplicité et un toupet infernal.

« Je me rappelais que, lors du voyage de Combelaine en Anjou, c'était au château de Maillefert qu'il avait passé trois jours.

« Donc, je résolus d'en avoir le cœur net.

« Et le soir même, m'étant trouvée seule avec Victor, sans préparation, et du ton le plus dégagé qu'il me fut possible :

« – Qu'est-ce que Mlle de Maillefert ? lui demandai-je.

« Il faut vous dire, monsieur Delorge, que je n'ai jamais connu d'homme aussi complètement maître de lui que ce brigand-là.

« Quand son intérêt est en jeu, voyez-vous, on lui appliquerait un fer rouge sur la nuque, qu'il ne se détournerait pas, qu'il ne sourcillerait pas, qu'il ne cesserait pas de sourire.

« Mais s'il peut tromper les autres, il ne saurait m'en imposer. Je sais, moi, où saisir la preuve de son émotion ou de son trouble ; sa moustache tressaille et ses oreilles, habituellement très rouges, blanchissent.

« Or, comme en le questionnant je le guettais du coin de l'œil, je vis sa moustache frissonner et ses oreilles devenir plus blanches qu'un linge, tandis que tranquille comme Baptiste en apparence, il me répondait :

« – Mlle de Maillefert est l'héritière de la famille de ce nom.

« Moi qui ne suis pas de la force de Victor, quoique d'une jolie force pourtant lorsqu'il s'agit de se tenir, j'eus du mal à cacher mon saisissement.

« – Tu la connais ? demandai-je, cette demoiselle ?

« – Je l'ai aperçue dans le monde...

« – Est-elle jolie ?

« – Ni bien ni mal.

« – Et riche ?

« – Ah ! pour cela, je n'en sais rien. Elle a un frère qui est son aîné, et dans ces grandes familles, en dépit de la loi, celui qui porte le nom reçoit toujours la plus grosse part, quand ce n'est pas la totalité de la fortune...

« – Et tu la vois, cette famille ?

« – Jamais.

« Ce dernier mensonge était décisif, il devenait pour moi plus clair que le soleil que mon Victor me trahissait ou tout au moins travaillait de son mieux à me trahir, et que si je ne veillais pas au grain, il allait m'échapper, et qu'une fois encore je serais jouée, dupée, bafouée et volée.

« – Oh ! non, cela ne sera pas, canaille, pensai-je en lui souriant de mon meilleur sourire.

Depuis un moment, Raymond avait sur les lèvres une question d'une importance capitale, et il attendait pour la placer que Mme Misri reprît haleine.

Voyant qu'elle ne tarissait pas, il lui posa la main sur le bras, et ainsi l'interrompant :

– Une question, de grâce, madame, fit-il.

– Quoi ?

– Cette lettre anonyme, vous êtes-vous inquiétée de son origine ?...

– Me prenez-vous pour une bête ?...

– Et qu'avez-vous découvert ?...

– Rien de rien ! Combelaine a tant d'ennemis...

– Mais vous l'avez conservée ?

– Naturellement...

– Et vous consentiriez à me la communiquer ?

– Quand il vous plaira ; ce soir même si vous voulez.

VII

Préoccupés, chacun de son côté, d'un intérêt immense, assis d'ailleurs sur les coussins moelleux d'un bon coupé bien clos, ni Raymond ni Mme Misri ne s'apercevaient du vol des heures.

Il n'en était pas de même du cocher qui, sur son siège, exposé à la fraîcheur pénétrante du soir, trouvait le temps long et la promenade fastidieuse.

Après avoir deux fois successivement descendu et remonté au pas l'avenue de l'Impératrice, l'impatience le gagna.

Revenu à l'Arc-de-Triomphe de l'Étoile, il arrêta court son cheval, et sans façon, ouvrant du dehors, comme tous les cochers savent le faire, la glace de devant de la voiture :

— Ah çà ! est-ce que nous ne rentrons pas ? demanda-t-il d'un ton à mériter un congé immédiat.

— Pas encore, répondit Mme Misri. Allez...

— Où ?

— Où vous voudrez... le long des boulevards extérieurs.

Et elle releva brusquement la glace, tandis que le cocher passait sa mauvaise humeur sur le pauvre cheval.

— Jusqu'à cette lettre anonyme, reprit Mme Misri, j'y allais avec Combelaine bon jeu bon argent. Comme une imbécile que je suis, je me promettais, puisqu'il partageait son nom avec moi, de partager loyalement ma monnaie avec lui. Reconnaissant sa gredinerie, je me promis qu'il ne la porterait pas en paradis. Je me jurai que, si je parvenais à me faire épouser, trois mois après je l'aurais planté là pour reverdir, et sans un sou en poche.

« Comme bien vous l'imaginez, cette idée de vengeance ne me donnait qu'un désir plus enragé de réussir.

« Pour commencer, voulant savoir où en étaient les choses, j'essayai de tirer les vers du nez de Maumussy et du papa Verdale. Peine perdue. L'un me répondit par des plaisanteries, l'autre par des fadeurs. Je compris qu'ils étaient du complot et qu'insister, ce serait avertir Combelaine, qui ne se doutait de rien, car j'étais avec lui aimable comme jamais.

« Je me retournai alors vers Coutanceau, que vous devez bien connaître, l'ancien banquier, qui est à tu et à toi avec Combelaine, mais qui le déteste, au fond. Coutanceau me promit des renseignements exacts.

« Alors moi, en attendant, j'écrivis tout au long la vie de Combelaine, je fis recopier et arranger mon écrit par un journaliste de mes amis, et j'envoyai le poulet à la duchesse de Maillefert, après avoir ajouté au bas : « Pour plus amples renseignements, s'adresser à Mme Flora Misri, telle rue, tel numéro. »

– Mon Dieu ! pensait Raymond, pourquoi n'ai-je pas su tout cela plus tôt !... Pourquoi n'ai-je pas rencontré cette femme le lendemain de mon arrivée à Paris !...

Mais elle ne lui laissait pas le loisir de la réflexion...

Il n'avait pas de trop de toute son attention pour la suivre, d'autant que le cocher, impatienté, avait mis son cheval au grand trot et que bien des paroles se perdaient dans le bruit des roues :

– Vous allez me dire, continuait-elle : Comment Léonard ne vous avait-il avertie de rien ? Voilà ce qui me confondit tout d'abord. Après avoir trahi son maître pour moi, me trahissait-il pour son maître ?

« Brave garçon ! Aux premiers mots que je lui dis, il tomba de son haut.

« Pour la première fois de sa vie, Combelaine avait eu un secret pour son valet de chambre.

« – Eh bien ! ma petite, me dit-il, ce mariage que mitonne le patron n'aura pas lieu. À nous deux, sachant ce que nous savons, nous ne serions que des imbéciles si nous ne l'empêchions pas. Travaillez de votre côté, je vais agir du mien...

« Alors, je lui dis ce que j'avais fait déjà, et quelle lettre j'avais écrite à la duchesse de Maillefert. Il m'approuva, disant que très probablement mon poulet suffirait à tout rompre.

« Aussi, pendant les trois jours qui suivirent, je n'osai pas mettre le nez hors de chez moi. À chaque coup de sonnette, je tressaillais et je me disais : « C'est la duchesse ou un de ses amis... »

« Ce n'étaient jamais que des ennuyeux, des désœuvrés, des emprunteurs.

« Mes révélations avaient-elles donc manqué leur but et laissé à la duchesse de Maillefert sa confiance en Combelaine ? Ce n'est pas là ce que je redoutais. Ce que je craignais, c'était que ma lettre n'eût été interceptée.

« Il est fin, Victor. Faisant la cour à une jeune fille d'une grande famille, il était impossible qu'il n'eût pas établi comme un filet autour de l'hôtel de Maillefert, pour que rien n'y parvînt sans sa permission. J'aurais mis la main au feu qu'il avait acheté le concierge, les valets et les femmes de chambre...

« J'étais en train de chercher le moyen de passer à travers les mailles de ce filet, lorsque le gros père Coutanceau m'arriva.

« – Je suis crevé, me dit-il ; voilà cinq jours que je cours comme un chat maigre, faisant de la police à votre intention...

« – Avez-vous découvert quelque chose au moins ? demandai-je.

« – Eh !... eh !... j'ai appris de drôles de choses...

« – Parlez, lui dis-je.

« Vous avez, sans doute, monsieur Delorge, entendu dire beaucoup de mal de M. Coutanceau. On prétend que c'est un ci, que c'est un l'autre, un usurier sans pitié, un monteur de banques véreuses, un filou qui a pris les millions qu'il possède, sou à sou, dans la poche du pauvre monde... C'est fort possible. Ce qui est sûr, c'est qu'il est encore le meilleur de la bande, point rancunier, n'ayant jamais fait de mal inutilement, et toujours prêt à rendre un service, quand il le peut sans qu'il lui en coûte rien.

« – Tout d'abord, commença-t-il, vous aviez été bien renseignée ; votre infidèle se marie...

« – C'est décidé ?

« – Autant que si le maire y avait passé.

« – Pardon !... Il manque encore quelque chose : mon consentement à moi, Flora Misri. Si j'allais ne pas l'accorder...

« – On s'en passerait, ma chère amie.

« – Croyez-vous ? Croyez-vous que si je fais savoir à Mme de Maillefert ce qu'est exactement le comte de Combelaine, elle l'acceptera pour gendre ?...

« – Parfaitement.

« – Parce qu'elle n'ajoutera pas foi à mes dénonciations, pensez-vous ? Mais j'ai des preuves à l'appui de mes dires, mon cher Coutanceau, des preuves irrécusables, matérielles, que j'amasse depuis plus de quinze ans et que je garde plus précieusement que mes titres de rentes. J'ai des papiers et des lettres à envoyer Combelaine au bagne ou à la place de la Roquette, à mon choix.

« Le père Coutanceau haussait les épaules.

« – Envoyez-l'y donc, me dit-il, car c'est le seul et unique moyen que je vous voie d'empêcher son mariage...

« – Oh !

« – C'est comme cela. Je n'ose pas dire que les Maillefert et votre Combelaine se valent, mais ils sont d'accord, ils s'entendent...

« – Vous êtes sûr de ce que vous dites, papa ?

« – Sûr ?... Vous comprenez, ma belle enfant, que je ne voudrais pas parier ma tête, mais je parierais bien cinq cent louis... Voulez-vous parier cinq cents louis ?... C'est de M. Philippe de Maillefert lui-même que me vient ma certitude. Vous me direz que je le connais à peine ; c'est vrai, je ne lui ai pas parlé quatre fois en ma vie. Mais je connais très bien une demoiselle des Délassements qui lui coûte les yeux de la tête, et à laquelle il ne cesse de promettre, depuis un mois, un huit-ressorts et des chevaux pour le lendemain du jour où sa sœur, Mlle de Maillefert, sera comtesse de Combelaine. Est-ce un fait, cela ? Ce qui n'est pas moins positif, c'est qu'à tous ses créanciers, il répond invariablement qu'il les payera quand sa sœur sera mariée. Que conclure de là ? Que l'illustre famille de Maillefert, au lieu de se ruiner pour doter sa fille, attend une fortune de son gendre.

« Ce me semblait un conte de l'autre monde, que me débitait là le papa Coutanceau, tellement que, persuadée qu'il se moquait de moi :

« – Combelaine enrichir quelqu'un ! m'écriai-je. Et c'est à moi que vous dites cela ! Combelaine !... Mais il lui faudrait dix mille francs pour sauver sa tête, qu'à moins de me voler, il ne saurait où les prendre...

« Là-dessus, le père Coutanceau se leva en sifflant, ce qui est un de ses tics, et allant s'adosser à la cheminée :

« – Eh bien ! ma fille, me dit-il, je suis certain, moi, que votre Combelaine a un compte ouvert chez Verdale. Pas plus tard qu'avant-hier, j'ai vu le caissier lui verser trente-cinq mille francs sur un simple reçu.

« Jamais aussi énergiquement qu'en ce moment, Raymond n'avait fait appel à toutes les facultés de son intelligence.

« Il s'agissait de profiter de cette chance inespérée de salut qui semblait s'offrir à lui. Il s'agissait, parmi tous les fils de cette intrigue embrouillée, de choisir le bon, celui qui pouvait conduire à la vérité.

« Aussi perdait-il toute conscience du temps et de l'heure, et de la singularité de sa situation...

« Dieu sait pourtant si les allures et les mouvements du coupé étaient étranges.

« Mme Misri non plus ne remarquait rien.

« – De tout autre que du père Coutanceau, poursuivait-elle, je me serais défiée. Mais lui !... Je savais qu'il exécrait Combelaine, Maumussy et Verdale, la princesse d'Eljonsen, enfin toute la séquelle. Dame ! vous savez, au moment du coup d'État, Coutanceau ne s'est pas fait tirer l'oreille pour avancer de l'argent. Tout ce qu'il possédait, il l'a prêté. À ce point qu'on l'avait surnommé « l'usurier du 2 Décembre. » Eh bien ! ce surnom était injuste. En fait d'intérêts, il n'avait stipulé ni cinquante, ni vingt, ni même dix du cent. Il n'avait rien demandé qu'une grande situation, en cas de succès, une de ces situations qui donnent les honneurs. On la lui avait promise. On lui avait juré qu'il serait député, gouverneur de la Banque, ministre, que sais-je !... Le moment de tenir venu, Coutanceau fut déclaré ridiculement prétentieux. On trouva qu'il était bien vieux, que son éducation était insuffisante, qu'il manquait de prestige, on eut l'air de découvrir qu'il avait eu des malheurs à la correctionnelle... Je me rappelle de quel ton il criait aux autres : « Vous dites que je suis véreux, eh bien ! et vous, donc !... » Si bien qu'il n'eut pas la place, ce dont il enrage encore tellement que je lui ai entendu dire vingt fois que, pour démolir l'Empire, il donnerait le triple de ce qu'il a prêté pour aider à le fonder.

« Par là, monsieur Delorge, vous pouvez comprendre que j'étais bien sûre que du moment où il s'agissait de nuire à Combelaine, je pouvais compter absolument sur Coutanceau.

« Ayant donc réfléchi un moment :

« – Voyons, gros père, lui dis-je, assez de rébus comme ça, vous devez bien voir que je suis sur le gril.

« – Connu ! ma petite, me répondit-il. Quand j'aurai mis le bout de votre joli doigt dans le pot au rose, vite vous irez le montrer à ce cher Victor, lequel viendra faire du tapage chez

87

moi et me mettra aux trousses ce drôle de Verdale, qui ne m'a jamais pardonné la bêtise que j'ai faite de l'enrichir.

« – Moi, vous dénoncer à Combelaine ? à un misérable, qui me vole et me bafoue, que je méprise, que je hais ?...

« Il éclata de rire, le vieux malin, et me regardant :

« – En ce cas, fit-il, je regrette bien de ne rien savoir de positif.

« Furieuse, je crois que j'allais le battre, quand se reprenant :

« – Seulement, ajouta-t-il, à force de fureter, de regarder, d'écouter, de questionner l'un et l'autre, j'ai fini par apprendre une petite histoire. Attention.

« Il y avait une fois, il y a trois ou quatre mois, en Anjou, une jeune demoiselle bien naïve, bien honnête, bien sage, qui vivait toute seule, au fond d'un grand vieux château. Elle s'appelait Simone.

« Riche, cette demoiselle l'était autant que le défunt marquis de Carabas. Toute la contrée lui appartenait. Ses propriétés étaient évaluées huit ou dix millions, et elle les surveillait et les faisait valoir elle-même, ni plus ni moins qu'un bon vieux propriétaire.

« Ce n'était pas l'affaire de sa maman ni de monsieur son frère, lesquels, ayant depuis longtemps avalé leur saint-frusquin, grillaient de croquer celui de la pauvre demoiselle.

« Ils avaient bien essayé de tous les moyens pour la déposséder, mais elle avait tenu bon, et ils enrageaient, tirant le diable par la queue, quand une idée leur vint.

« C'était de marier Mlle Simone – de gré ou de force – à un homme qui s'engagerait à partager avec eux le gâteau, c'est-à-dire la dot.

« Pour ce, ils cherchaient un gaillard aimable et peu scrupuleux, lorsque Mme la duchesse de Maumussy leur offrit le comte de Combelaine...

« Ils étaient faits pour se comprendre.

« Sur un mot de madame la duchesse, votre Victor partit pour l'Anjou en compagnie de Maumussy et du baron Verdale.

« Il vit les Maillefert, on s'expliqua et en trois jours tout fut entendu, convenu, conclu. On échangea les paroles comme il convient entre gentilshommes. On prit aussi des sûretés et on se procura de l'argent, grâce à l'honorable M. Verdale, lequel, pour rentrer dans les fonds que lui doit Combelaine, s'est constitué le banquier de l'association. Restait à obtenir le consentement de la jeune fille. Ce n'était pas aisé. Elle avait un amoureux, et elle y tenait encore plus qu'à ses propriétés. Ce fut la duchesse de Maumussy qui imagina un expédient. J'ignore comment elle s'y prit, ce qu'elle dit ou fit ; ce qu'il y a de sûr, c'est qu'à la fin de l'année, Mlle Simone quitta son vieux château et vint s'installer rue de Grenelle chez sa mère. Si bien qu'aujourd'hui tout est arrangé, elle a donné son consentement...

Cent questions, d'une importance décisive, se pressaient sur les lèvres de Raymond. Mme Misri ne souffrit pas qu'il en formulât une seule.

– Ah ! attendez que j'aie fini, interrompit-elle d'une voix rauque, attendez !...

C'est qu'à remuer tous ces souvenirs irritants, ses nerfs s'exaspéraient. La colère chassait à flots le sang à sa gorge.

– Le père Coutanceau, reprit-elle, avait vidé son sac du premier coup. Une heure durant, je le tournai et retournai comme un gant, je ne lui arrachai pas un détail de plus.

« Je lui fis jurer de veiller au grain et d'accourir dès qu'il apprendrait quelque chose de neuf, et je le congédiai.

« J'avais hâte d'être seule, pour ne me plus contraindre, pour rager à l'aise, pour trépigner, crier et casser tout ce que j'avais sous la main.

« C'est que, voyez-vous, si j'ai mon amour-propre tout comme une autre, je me connais, moi, et je ne me monte pas le coup. Moi, Flora Misri, née Cochard, ancienne figurante des Délass, âgée de trente-cinq ans, sans compter les mois de nourrice, pouvais-je lutter avec une jeune fille de vingt ans, sage, jolie, et noble comme une reine !...

« Si elle eût été dans la misère, seulement !... Mais elle était riche, si riche, que moi, avec mes deux millions, je me faisais l'effet d'une pauvresse. Donc, c'était clair comme le soleil en plein midi, j'étais une fois de plus trahie, filoutée, lâchée...

« – Oui, pensai-je, à moins d'un de ces coups qui relèvent une partie...

« Je reconnaissais que tout espoir était perdu, et perdu sans retour, du côté des Maillefert, et que je n'avais plus à compter que sur moi seule. Je sentais aussi que le temps pressait, et que, si je m'amusais aux bagatelles de la porte, je trouverais la pièce jouée, un beau matin.

« Montée comme je l'étais, je me décidai sur-le-champ à jouer mon va-tout et à attaquer directement Combelaine...

« Le soir même, il arriva chez moi, sur les dix heures, fumant son cigare, comme d'ordinaire, souriant et insolent comme toujours. J'avais préparé dans ma tête ce que je lui dirais, mais sa vue me fit oublier mes belles phrases ; la colère m'emporta, et sans le laisser seulement me souhaiter le bonsoir, lui sautant à la gorge :

« – Lâche, m'écriai-je, misérable, brigand ! Ose donc me dire encore que tu ne te maries pas !...

« Si vous croyez qu'il fut décontenancé, qu'il essaya de nier, c'est que vous ne le connaissez guère. Il se dégagea, et froidement :

« – Justement, me dit-il, je venais t'annoncer mon mariage...

« Il me poussait à bout, j'éclatai.

« – Eh bien ! m'écriai-je, ce mariage n'aura pas lieu !

« – Parce que ?...

« – Parce que moi, Flora, je ne le veux pas !...

« La voix de Mme Misri atteignit un tel diapason, que le cocher certainement l'entendait, et que par moment Raymond le voyait se pencher vers les glaces de devant, partagé qu'il était entre l'attention à donner à son cheval et la curiosité de savoir ce qui se passait dans le coupé.

« – Depuis vingt ans, poursuivit-elle, que notre existence est commune, nous n'en étions pas, Victor et moi, à notre première dispute. Et vous ne savez pas, monsieur Delorge, ce que peut être une dispute entre un homme tel que lui et une femme comme moi.

« Mais jamais la situation n'avait été tendue comme ce soir-là.

« – Ah ! tu ne veux pas que j'épouse Mlle Simone, fit-il.

« – Non.

« – Et pourquoi, s'il te plaît ?

« – Parce que, répondis-je, tu es à moi. Parce que j'ai payé de ma jeunesse le droit d'être ta femme. Parce que j'ai ta parole et que je t'ai donné des arrhes ; que notre mariage est annoncé partout ; que je suis lasse d'être dupe et que je ne veux pas être ridicule ; enfin, parce que je ne supporterais pas de te voir à une autre...

« Monsieur ricanait.

« – Serais-tu donc jalouse ? fit-il.

« – Pourquoi pas !...

« Là-dessus, son visage changea brusquement, et de dur et menaçant qu'il était, il devint doux et bon comme à nos meilleurs moments.

« – Eh bien ! là, vrai, tu as tort d'être jalouse. Voyons, franchement, puis-je te préférer, à toi, qui es le sourire de ma vie, à toi si gaie, si facile, si dévouée, cette vierge larmoyante qui a nom Simone de Maillefert !... Est-ce qu'elle me comprendrait ? est-ce que nous parlons seulement la même langue ! Le mariage est un sacrifice à mes projets d'avenir, à mon ambition, à notre bonheur... Nous vieillissons, ma pauvre Flora, il nous faut une fin digne de nous. Je rencontre des millions qui ne demandent qu'à entrer dans ma poche : faut-il que je les repousse ! Tu ne le voudrais pas. Tu es trop forte pour avoir des scrupules de sentiment. Ah ! si on pouvait avoir l'argent sans la femme ! Mais ce n'est pas l'usage. Pour palper la dot, il faut épouser. Avalons donc cette pilule amère. Flora Misri, jalouse ! c'est de la folie. Tu ne la connais pas cette pauvre Simone de Maillefert. Combien crois-tu qu'elle ait encore à vivre ? Avant la fin de l'année je serai libre, et j'aurai gagné, à aliéner six mois de ma liberté, une fortune énorme, de grandes alliances, un regain de considération que mes fredaines rendent nécessaire, et le titre de duc. Alors je reviendrai, et ce ne sera plus le titre de comtesse, mais celui de duchesse que je mettrai dans ta corbeille. Alors, en unissant nos deux fortunes, nous aurons une des maisons les plus considérables de Paris et tout le monde à nos pieds... Oui, tu as raison, je suis à toi, mais quand il y va d'un si grand intérêt, tu peux bien me prêter pour quelques semaines à une pauvre fille qui se passe une fantaisie de malade...

« Voilà, monsieur Delorge, ce que me dit Victor, non comme je vous le rapporte, mais longuement, doucement, avec toutes sortes de caresses dans la voix et de tendresse dans les yeux.

« – À tout cela, dis-je, quatre mots de réponse suffisent : Je-ne-veux-pas !...

« Il parut surpris.

« – Voyons, voyons, fit-il d'un ton dédaigneux, je ne suis pourtant pas, que je sache, votre propriété, ma belle !...

« – Si ! m'écriai-je.

« Et hors de moi, je me mis à lui reprocher, avec des torrents d'injures et d'insultes, sa vie tout entière, tout ce que je savais de ses hontes, toutes les infamies dont j'avais été la complice volontaire ou forcée...

« Et quand j'eus fini :

« – Alors, ricana-t-il, c'est ta note que tu me présentes ?

« – Oui, et je prétends être payée.

« Il haussa les épaules, et sentant grandir son irritation :

« – Tiens, me dit-il, brisons... Ce n'est pas un caprice absurde qui me fera revenir sur ma détermination.

« Mais moi j'avais décidé que j'irais jusqu'au bout.

« – Prends garde, Victor, dis-je.

« Il tressaillit.

« – Que veux-tu dire ? fit-il.

« – Rien, sinon que je ne me laisserai pas bafouer sans essayer une revanche. Tu oublies quelque chose...

« – Quoi ?

« Je me rapprochai de la cheminée pour être à portée de mon cordon de sonnette, et le regardant bien dans le blanc des yeux, je dis :

« – Et les papiers !...

« Son visage positivement se décomposa, et c'est cependant d'un ton calme qu'il répondit :

« – Quels papiers ?...

« J'allais jouer ma dernière carte.

« – Tu le sais aussi bien que moi, répondis-je. Un homme comme toi qui, depuis vingt ans, se mêle à toutes les intrigues et se salit à tous les tripotages, est bien forcé de garder par devers lui des tas de paperasses qui le compromettent terriblement, c'est vrai, mais qui à un moment donné, aussi, peuvent être des armes. Toi qui es prudent, et qui connais tes amis de la rue de Jérusalem, tu n'as jamais rien conservé chez toi. On pouvait, en ton absence, fouiller ta maison, comme on a fouillé celle du père Coutanceau, quand on lui a si subitement enlevé les pièces dont il menaçait de se servir. C'est à moi que tu confiais tout ce que tu jugeais dangereux. Tu me disais : « Tiens, serre, ce n'est rien, mais j'y tiens. » Moi je serrais fidèlement ; seulement, comme j'aime à connaître la valeur de ce que je garde, j'examinais. Je ne suis qu'une bête, mais je sais lire. J'ai lu... cela te suffit-il ?

« Il se contenait encore, mais à peine, oh ! à grand'peine.

« – Et si je te demandais de me rendre ces papiers ? interrogea-t-il.

« – Je te répondrais, dis-je, que je ne les rendrai qu'à mon mari.

« – De sorte que si j'épouse Mlle Simone...

« – Je les utiliserai...

« – Toi !

« Cette fois, bien ostensiblement, je pris le cordon de la sonnette.

« – Oui, moi, répondis-je. Et si tu veux savoir ce que j'en ferai, je vais te le dire. Je commencerai par les trier et les classer. J'adresserai les uns au procureur impérial ; les autres à n'importe quel député de l'opposition ; d'autres encore à l'empereur lui-même. Il y en a que je donnerai à ma sœur, Mme Cornevin, qui les remettra à Mme Delorge, la veuve du général. Quant à ceux que tu m'as confiés dernièrement, et qui viennent de Berlin, j'aviserai.

« Ah ! je croyais bien qu'il allait se jeter sur moi, et essayer de m'étrangler...

« Eh bien ! non...

« Posément, il reprit son chapeau, et ouvrant la porte :

« – Vous devez comprendre, prononça-t-il, que de ma vie je ne vous reverrai. Ce que j'ai dit sera... Vous croyez pouvoir me perdre ? Essayez... Et il sortit.

Arrivée à ce paroxysme où la colère ne trouve plus d'expression, Mme Flora Misri riait d'un rire nerveux et strident qui, en ce moment, semblait sinistre, et eût presque fait douter de sa raison.

Se penchant vers Raymond, jusqu'à lui effleurer le visage de son haleine :

– Eh bien ! interrogea-t-elle, qu'est-ce que vous dites de cela ?...

Raymond ne répondit pas. Il était ébloui des perspectives que lui ouvrait le ressentiment de cette femme, et haletant d'espérance et de crainte, il tremblait, par un mot imprudent, de la rappeler à la prudence ou de déranger le cours de ses idées.

– Vous êtes stupéfait du toupet de Victor, reprit-elle. Que serait-ce donc si vous connaissiez les papiers que j'ai en ma possession, si vous saviez où ils le mèneront si je les livre !...

« À la réflexion, cependant, je m'expliquai sa conduite.

« C'est qu'il me connaît, voyez-vous, et qu'il me sait, avec lui, faible comme une enfant, lâche autant que le chien qu'on bat et qui revient en rampant lécher la main qui l'a battu.

« J'ai tant de fois tenté inutilement de briser ma chaîne, de m'enfuir, de me reconquérir !... Tant de fois je l'ai menacé de me venger, et terriblement, de tout ce qu'il m'a fait endurer !...

« – Ce sera cette fois comme les autres... devait-il penser en sortant de chez moi. Flora est bien trop bête pour faire ce qu'elle dit...

« Il est vrai que, de mon côté, je pensais :

« – Chante, mon bonhomme, chante bien haut, redresse la crête, fais le fier... Avant la fin de la semaine, ne voyant pas venir de lettre de moi, tu commenceras à avoir la puce à l'oreille...

« Ne pas donner signe de vie, je le pouvais sans danger, certaine que Victor ne passerait pas outre sans une dernière explication. Alors, s'il s'obstinait, il serait temps d'agir.

« Cependant, pour n'être pas prise sans vert, il m'importait d'être informée jour par jour des faits et gestes de Combelaine. J'envoyai chercher Léonard.

« Je lui trouvai l'air fort abattu.

« – Je conçois que vous vous fassiez de la bile, me dit-il, nous sommes volés, le patron épousera Mlle de Maillefert.

« – Comment ! à nous deux, et avec les armes que nous avons !...

« – Nous n'empêcherons rien. Si l'affaire eût pu être rompue, elle l'eût été, entendez-vous, par les Maillefert.

« – Des gens qui s'entendent avec lui...

« – Qui s'entendaient, c'est possible ; qui sont brouillés, c'est sûr. Ils se voient, ils se visitent, ils sortent ensemble, mais ils se haïssent. Allez, je sais ce que je dis. Pas plus tard qu'avant-hier, voilà M. Philippe de Maillefert qui tombe chez nous, demandant à parler à monsieur, sur-le-champ. Comme de juste, je vais prévenir monsieur, qui me répond : « Que le diable emporte l'imbécile !... Enfin, qu'il entre. » Je le fais entrer, je me retire. Seulement, j'avais flairé quelque chose. Je restai l'oreille collée contre la porte. Mes deux individus étaient à peine seuls, que voilà une discussion qui commence, oh ! mais une discussion si abominable, que deux chiffonniers n'en auraient pas une pire. M. Philippe réclamait à monsieur de l'argent qu'il l'accusait de lui avoir volé, de très grosses sommes et aussi des billets, et à tout moment, monsieur répétait : « Tant pis pour vous ! Chacun pour soi ! Adressez-vous aux tribunaux... »

« Vous devez le comprendre, monsieur Delorge, je tombais de mon haut...

« – Ce que vous me contez là est invraisemblable, dis-je à Léonard...

« – C'est cependant vrai.

« – Et le mariage n'est pas rompu ?

« – Il tient plus que jamais...

« – C'est absurde !...

« Léonard haussa les épaules.

« – C'est-à-dire, me répondit-il, que cela me surpasse. Il faut qu'il y ait là-dessous quelque diablerie du patron, que nous ne soupçonnons pas. Laquelle ?... Je me suis donné la migraine à force de chercher, et j'ai fini par jeter ma langue aux chiens.

« De plus en plus, la situation se compliquait, si bien que j'en arrivais à ne savoir plus que penser ni que croire, et que malgré toutes les raisons que j'avais de me fier à Léonard, je l'observais en dessous, essayant de reconnaître si, acheté par Victor, il ne se moquait pas de moi.

« – Peut-être, demandai-je, Mlle de Maillefert aime-t-elle quelqu'un ?...

« – Parbleu ! répondit Léonard.

« Et alors, monsieur Delorge, il me raconta que celui que cette pauvre jeune fille aimait, c'était vous, que tout le monde le savait bien, qu'elle l'avait d'ailleurs avoué hautement, et que même vous deviez l'épouser, lorsque Victor était survenu, protégé par Mme de Maumussy.

« J'étais toute saisie de cette fatalité, moi, qui me rappelais la mort de votre père, et je me disais :

« – Eh bien ?... en voilà un qui ne doit pas être le cousin de Combelaine.

95

Mme Misri supposait-elle qu'il était besoin d'attiser la haine de Raymond avant de lui offrir un sûr moyen de se venger ?

Et dans le fait, pourquoi non ?

Elle ignorait ses tortures et sa résolution désespérée lorsqu'elle l'avait invité à prendre place dans son coupé.

Et depuis ce moment, il était resté impénétrable, devenant de plus en plus froid et réservé, à mesure qu'elle s'enivrait de sa colère.

C'est qu'il était une considération qui lui commandait le sang-froid qui observe, prévoit et calcule :

Autant il avait foi en la sincérité actuelle de Mme Misri, autant, pour l'avenir, il se défiait d'elle.

Sans être un grand grec en matière de passion, il était trop intelligent pour ne pas comprendre qu'en dépit de ses serments de haine et de vengeance, Mme Misri, plus que jamais, aimait – si ce n'est pas profaner ce mot sacré – le comte de Combelaine.

Elle était en pleine révolte ; mais que fallait-il pour qu'elle reprît sa chaîne et qu'elle revînt à ses habitudes d'aveugle soumission ? Une visite de Combelaine évidemment, un mot, un regard...

Donc, il fallait profiter de l'occasion pour en tirer tout ce qu'elle savait encore, pour lui arracher surtout les papiers qu'elle possédait...

Après un moment de silence :

Et ensuite ? interrogea-t-il.

À cela, monsieur Delorge, reprit Mme Misri, se bornaient les renseignements de M. Léonard. Il fut convenu que nous resterions alliés, poursuivant le même but, moi ouvertement, lui en secret.

« Et j'attendis les événements, tenue au courant tous les jours, tantôt par le père Coutanceau, plus animé que moi, certainement, contre Combelaine, tantôt par Léonard.

« Selon Coutanceau, tout espoir était définitivement perdu, et j'avais tort de ne pas utiliser immédiatement mes armes.

« Selon Léonard, au contraire, je devais patienter, parce que, me disait-il, M. de Maillefert et Victor, de plus en plus irrités, ne pouvaient manquer, au premier jour, de vider leur querelle sur le terrain.

« Malheureusement, c'est à Coutanceau que tout semblait donner raison.

« Le mariage de Combelaine et de Mlle de Maillefert était annoncé de divers côtés, et tout en le trouvant inouï, incompréhensible, absurde, on le considérait comme certain.

« En cette extrémité, je songeai à agir sur Combelaine par ses anciens amis.

« Parmi les papiers, il s'en trouvait qui compromettraient terriblement plusieurs personnages haut placés, et entre autres, et plus que tous les autres, le duc de Maumussy.

« C'est donc à lui que je m'adressai d'abord.

« Après lui avoir exposé la situation, qu'il devait d'ailleurs connaître aussi bien sinon mieux que moi je lui écrivais carrément :

« Il m'est impossible de frapper Victor sans vous atteindre vous-même, je le regrette, mais c'est ainsi. Usez de votre influence sur lui pour le déterminer, non pas à m'épouser, je n'exige pas tant, mais à rompre un mariage que je suis résolue à empêcher à n'importe quel prix. »

« Je m'attendais à voir arriver Maumussy, tout courant. Je comptais, à tout le moins, sur une réponse immédiate... Rien.

« Furieuse, j'écrivis successivement la même chose au baron Verdale et à la princesse d'Eljonsen... Rien toujours.

« On riait de ma colère, on se moquait de mes menaces ; c'était si clair que j'aurais douté de la valeur des pièces que j'avais entre les mains, sans le père Coutanceau, qui les avait examinées, et qui même avait profité de la circonstance pour s'emparer de tout ce qui le concernait.

« Ce silence, prétendait-il, était inouï, inexplicable, et très certainement cachait quelque embûche.

« – Défiez-vous, me répétait-il sans cesse, prenez garde !...

« Et moi, qui, mieux que lui, sait ce dont Victor est capable, je frémissais et j'étais travaillée de si affreuses terreurs, qu'il me semblait trouver un goût étrange à tout ce que je mangeais, que le jour j'osais à peine sortir, et que la nuit je me barricadais dans ma chambre comme dans une forteresse.

« Ah ! ces papiers maudits !... Vingt fois je les ai mis sous enveloppe pour les adresser à qui de droit, vingt fois j'ai eu horreur de ce que j'allais faire, et je les ai resserrés en me disant :

« – Je ne peux pas, décidément, je ne peux pas...

Alors, monsieur Delorge, alors, lâche et indigne créature que je suis, pauvre bête, misérable dupe, savez-vous ce que je fis ?

« J'écrivis à Victor pour lui demander une entrevue, lui disant que notre brouille venait d'un malentendu qu'une explication dissiperait.

Si Mme Flora Misri pensait surprendre Raymond, elle se trompait.

Cette défaillance, il l'avait devinée, prévue, et il n'avait qu'à s'applaudir de sa pénétration et de sa réserve.

– Oui, voilà ce que je fis, continua-t-elle, et, allégée de mes angoisses et de mes luttes intérieures, pleine d'espoir, j'attendis.

« Oh !... je n'eus pas à attendre longtemps ! Le soir même, Victor me retournait ma lettre avec ces mots au crayon rouge, en travers :

« Assez !... ou je serai forcé de prier le préfet de police de me délivrer d'obsessions et de menaces également ridicules. »

« Il me menaçait de la police, lui !... Quelle amère dérision !...

« – Et j'hésiterais encore, m'écriai-je, à le perdre lorsque je le puis !...

« Eh bien ! oui, j'hésitai encore.

« – Il faut, me dis-je, que je le voie, que je lui parle, qu'il m'entende... C'est une dernière chance de salut que je lui offre : s'il la dédaigne, c'est fini, j'agis...

« Et voilà pourquoi, monsieur Delorge, vous m'avez vue, ce soir, à la grille du comte de Combelaine, mendiant la faveur d'un entretien.

« Et vous avez entendu !... Il me ferme sa porte, le misérable qui me doit tout, que j'ai disputé jadis à cette police dont il me menace aujourd'hui, qui a vécu de moi, des hontes qu'il me reproche, qui m'a volée, pillée, ruinée, qui me doit jusqu'à l'argent qu'il donne à ses valets par lesquels il me fait insulter.

« Et Léonard qui n'est plus là.

« Comment, tout à coup, sans me prévenir, a-t-il quitté Combelaine qu'il sert depuis tant d'années, et qui lui doit, il me le disait encore avant-hier, une vingtaine de mille francs ?

« Qu'est-ce que cet Anglais, qui lui donne, à ce qu'on prétend, des gages fabuleux ?...

98

Durant dix secondes, Mme Misri reprit haleine, puis tout à coup, et avec une violence convulsive :

Voilà ce que je me disais, monsieur Delorge, poursuivit-elle, pendant qu'on me refusait la porte. La mesure était comble, cette fois, et je me demandais comment frapper sur-le-champ le misérable, lorsque je vous ai aperçu et reconnu.

« Et maintenant que je vous ai tout raconté, je vous dis :

« – Je ne suis qu'une femme, je ne saurais peut-être pas me servir des armes mortelles que j'ai entre les mains ; voulez-vous que je vous les confie ? Voulez-vous me venger en vous vengeant vous-même ? Êtes-vous prêt à me jurer que vous frapperez impitoyablement Combelaine, que vous l'écraserez !...

Jamais occasion si décisive ne s'était offerte à Raymond, et il n'avait pas trop de toute sa volonté pour garder son calme.

– Ainsi, vous me donnerez ces papiers qui sont en votre pouvoir ? demanda-t-il.

– Je vous les donnerai.

– Quand ?

Si imperceptible que fût l'indécision de Mme Misri, elle n'échappa pas à Raymond.

– Demain, répondit-elle, dans la matinée...

– Pourquoi pas ce soir ?...

– Ce soir !...

– Oui, tout de suite. Dites à votre cocher de rentrer, je monte à votre appartement, vous me remettez ces papiers, je passe la nuit à les examiner et à voir quel parti on peut en tirer, et dès demain j'ouvre le feu...

Une brusque secousse lui coupa la parole.

Le coupé venait de s'arrêter court au milieu de l'avenue d'Eylau.

Le cocher, comme la première fois, rabattit sans façon la glace, et d'un accent inquiet :

– Madame ! appela-t-il, madame !

Assurément, elle était à mille lieues de la situation présente, et il lui fallut un instant pour s'en rendre compte. Alors, elle crut que son cocher allait de nouveau se permettre des observations sur la longueur de la promenade.

– Qu'est-ce que ces façons ! répondit-elle. Ne vous ai-je pas dit de marcher ?...

Elle voulait relever la glace, le cocher l'en empêcha.

– C'est bien, je vais marcher, fit-il, mais avant je dois dire à madame que nous sommes suivis...

Elle tressauta, et, par un mouvement instinctif, se rapprochant de Raymond :

– C'est impossible !... s'écria-t-elle.

– Oh ! j'en suis sûr comme de mon existence, insista le cocher. Monsieur et madame n'ont donc pas remarqué les drôles de détours que je leur ai fait faire, et la singulière façon dont je les menais ? C'est que je voulais m'assurer de la chose. J'ai commencé à m'en défier dès les Champs-Élysées. Voyant une voiture qui allait du même train que moi, toujours tournant à la même distance, tournant à droite quand j'allais à droite et à gauche quand je tournais à gauche, je me suis dit : « Bien certainement on épie madame. » Alors, je me suis mis à circuler au hasard, de ci et de là, tantôt au pas, tantôt au galop, la voiture ne me lâchait toujours pas, et maintenant que je suis arrêté, elle est arrêtée en arrière à cent pas.

Trop profonde était l'obscurité pour que le cocher, du haut de son siège surtout, pût juger de l'impression que produisait son rapport.

Pendant qu'il parlait, Mme Misri, plus tremblante que la feuille, s'était peu à peu blottie tout contre Raymond.

– Vous entendez ? bégaya-t-elle.

– Parfaitement.

– C'est Combelaine qui nous suit, reprit-elle.

– Combelaine ou un autre...

– Non, ce ne peut être que lui. Je sais ses façons, voyez-vous, et combien il est traître. Pendant que je parlementais avec son domestique, il était au guet derrière ses persiennes. Il nous a vus causer et monter ensemble dans mon coupé. Il a demandé qui était cet homme à qui je parlais, on le lui a dit, et aussitôt, sautant en voiture, il s'est lancé sur nos traces...

Raymond sentait la victoire lui échapper, une victoire sûre, décisive, et dont il avait déjà, au dedans de lui-même, escompté la joie.

Car il n'avait pas besoin d'y voir clair pour reconnaître que Mme Flora retombait invinciblement sous l'influence de Combelaine, qu'elle était terrifiée de son audace, que le plus extrême anéantissement succédait à son exaltation nerveuse.

— Peut-être avez-vous raison, lui dit-il, mais que nous importe !...

— Malheureux !... Vous ne comprenez donc pas que si Combelaine nous a épiés, il est trop fin pour ne pas avoir deviné ce qui s'est passé entre nous ! S'il nous a suivis, il sait, à cette heure, que je vous ai tout dit, que je vous ai offert les papiers que j'ai en ma possession, que nous avons signé un traité de vengeance...

Il importait de prendre un parti, évidemment, mais il était bon aussi, avant tout, de vérifier les assertions du cocher. Raymond n'y ajoutait pas absolument foi, l'estimant fort capable d'avoir imaginé cette histoire de poursuite pour déterminer Mme Misri à rentrer.

Revenant donc à cet homme :

— Et où est-elle, maintenant, demanda-t-il, cette voiture qui nous « file » si obstinément ?

Le cocher se dressa sur son siège pour regarder.

— Toujours au même endroit, répondit-il, près d'un café très éclairé. En mettant l'œil au petit carreau du fond, monsieur peut l'apercevoir.

Ainsi fit Raymond et, en effet, à une soixantaine de mètres, il distingua les lanternes d'une voiture immobile. Mais qu'est-ce que cela prouvait ?

— Mon brave, dit-il au cocher, il ne faut pas toujours se fier aux apparences. Vous allez marcher, pendant que j'observerai, et faites assez de tours et de détours pour lever tous mes doutes !...

— Soit ! répondit le cocher.

Et il fouetta son cheval, qui partit au grand trot...

— Eh bien !... demandait de temps à autre Mme Misri à Raymond.

— Eh bien, le cocher ne s'était pas trompé. Voici la voiture suspecte qui se met en marche à son tour... Elle tourne où a tourné la nôtre... Elle se maintient toujours à une cinquantaine de mètres...

Sûr de son fait, Raymond commanda au cocher d'arrêter.

— Ma conviction, dit-il à Mme Misri, est qu'il n'y a que M. de Combelaine pour nous épier ainsi... Cependant, il faut s'en assurer.

— Que voulez-vous faire ?

– Je vais descendre et aller demander à la personne qui est dans cette voiture de quel droit elle me suit...

Déjà il ouvrait la portière ; Mme Misri le retint.

– Vous ne ferez pas cela ! s'écria-t-elle, je ne veux pas rester seule, j'ai peur. Ensuite, si c'est Victor qui est dans la voiture, qu'arrivera-t-il ?...

Était-ce pour Raymond qu'elle craignait si fort, ou pour M. de Combelaine ? Il eût été hardi de prétendre le décider.

Lui commençait à perdre son sang-froid.

– Que voulez-vous alors ? dit-il en jurant. Avez-vous une idée ?

– Oui.

– Dites.

– Voilà : mon cheval est fatigué, c'est vrai, mais il a beaucoup de sang, c'est une bête de quatre mille francs, et en le poussant un peu, on obtiendra tout ce qu'on voudra. Il faut le pousser, tout droit, toujours tout droit, sur une grande route, l'autre voiture ne nous suivra pas une lieue...

– Et après ?...

– Après, nous reviendrons par un autre chemin, et je rentrerai chez moi, ou j'irai coucher chez une de mes amies...

Ce plan offrait à Raymond cet avantage de ne pas quitter Mme Misri, et cette perspective de l'accompagner chez elle, et d'en obtenir les papiers.

– Oui, c'est une idée, fit-il.

Et, s'adressant au cocher :

– Il faut distancer cette voiture, reprit-il. Vous allez prendre l'avenue de la Grande-Armée, puis l'avenue de Neuilly, et vous lancer à fond de train sur la route de Saint-Germain.

– C'est que le cheval est un peu fatigué...

– Crevez-le, s'il le faut, interrompit Mme Misri...

Le cocher haussait les épaules.

– Drôle de fantaisie, grommela-t-il.

Pourtant, il se mit à rouer de coups son cheval, qui partit dans la direction indiquée.

– Nos espions en seront pour leurs frais, dit Raymond.

Mme Misri ne répondit pas. Il n'y avait plus à en douter, elle se repentait amèrement de ce qu'elle avait fait, et certainement, elle eût donné bonne chose pour reprendre les confidences échappées à sa colère. Était-ce frayeur de Combelaine,

102

ou regret d'avoir compromis cet homme qui avait su faire d'elle sa chose ? Il eût été malaisé de le dire. Les relations de gens tels que Mme Misri et M. de Combelaine échappent à l'analyse. La passion s'y complique de circonstances mystérieuses, étranges, inavouables. Ce devient à la longue une association dont les complices se trouvent liés par un lien de honte plus difficile à rompre que ceux que nouent les conventions sociales.

— Nous ne gagnons pas, murmurait-elle.

Raymond regarda ; c'était vrai. Les lanternes de l'ennemi brillaient invariablement à la même distance.

Les larmes venaient aux yeux de Mme Misri.

— Maintenant, gémissait-elle, comme si elle eût répondu aux objections de son esprit, maintenant je m'explique la sécurité et le silence de Combelaine et de ses amis. Ils sont puissants, voyez-vous, très puissants, ils ont des relations partout et à la préfecture de police plus qu'ailleurs. Du jour où j'ai menacé de me servir des papiers, j'ai été entourée d'espions. Ah ! ils sont forts, les brigands. Voici que je doute de tout. Qui sait si mes domestiques, mon cocher, ma femme de chambre même, à qui je dis tout, ne sont pas payés pour me surveiller ? Et Léonard ? Ne me trahissait-il pas ? Coutanceau lui-même ne se moquait-il pas de moi ?

Littéralement, elle s'arrachait les cheveux.

— À cette heure, continuait-elle, je comprends l'obstination de Victor à nous suivre ; il sait que, si je vous remets les papiers, il est perdu et il ne veut pas que je vous les remette. Ah ! folle que je suis, de m'être attaquée à lui ! Folle surtout de l'avoir prévenu ! On ne menace pas des hommes comme lui, on frappe d'abord...

Ainsi, de plus en plus, Raymond sentait lui échapper cette nature de fille, inconsistante et fantasque. Pourtant il ne perdait pas tout espoir.

Arrivé à la minute des résolutions suprêmes, il se jurait qu'il aurait les papiers le soir même, lui fallût-il menacer Mme Misri, lui fallût-il même recourir à la violence.

Mais il fallait dépister la voiture maudite.

— Arrêtez ! cria-t-il au cocher.

Il ouvrait la portière, il allait sauter à terre ; Mme Misri le retint.

– Que voulez-vous encore ?...

– Voir si je ne saurai pas, mieux que votre cocher, pousser votre cheval.

Elle n'osa pas s'y opposer, et l'instant d'après, Raymond, installé sur le siège, s'emparait des rênes.

– Nous échapperons, soyez tranquille, cria-t-il à Mme Misri.

C'est qu'il venait de changer son plan. Au lieu de suivre droit l'avenue de Neuilly, il se jeta à gauche, dans l'avenue de Longchamp, qui traverse en biais tout le bois de Boulogne.

L'autre voiture en avait fait autant, mais il ne s'en inquiétait guère. Habilement poussé et sur un terrain exceptionnellement favorable, le cheval de Mme Misri filait avec une prestigieuse rapidité.

– Une demi-heure de ce train, et la pauvre bête est fourbue ! grommelait le cocher.

– Oui, mais dans une demi-heure, nous serons loin...

Et, ce disant, Raymond éteignait les lanternes du coupé en murmurant :

– Voilà toujours qui va rendre la poursuite plus difficile !

Il ne devait pas s'en tenir là.

Parvenu à l'endroit où l'allée de la Reine-Marguerite croise l'allée de Longchamp, brusquement, il tourna court dans une allée réservée aux piétons et, en dépit de l'obscurité profonde, au risque de tout briser, il maintint longtemps encore le cheval au galop.

Il s'arrêta pourtant. Et alors, pendant près de cinq minutes, et prêt à reprendre sa course, il prêta l'oreille et regarda dans toutes les directions.

Rien. On n'apercevait pas une lanterne de voiture, on ne percevait pas le moindre bruit de roues.

– Nous l'emportons donc !... s'écria Raymond, en sautant à terre pour annoncer à Mme Misri cette heureuse nouvelle.

Mais c'est en vain qu'il appela, en vain qu'il étendit les bras dans l'intérieur...

Le coupé était vide, Mme Misri avait disparu.

VIII

Stupéfait, furieux, Raymond refusait en quelque sorte d'admettre cette disparition étrange, et c'est avec des imprécations de rage qu'au milieu de l'obscurité profonde du bois il fouillait les alentours...

Le cocher, lui, riait de tout son cœur.

Et tout en bouchonnant avec un lambeau de laine son pauvre cheval, dont les flancs haletaient :

– Monsieur prend une peine bien inutile, dit-il, madame doit être loin, si elle court toujours...

– Loin !... Aurait-elle donc sauté à terre, pendant que nous étions lancés à fond de train ?...

– Oh !... non. Madame n'est pas si imprudente que cela. Mais ici, tout à l'heure, quand monsieur a arrêté le cheval pour écouter, j'ai entendu la portière s'ouvrir et se refermer doucement, si bien que je me suis dit : « Tiens, voilà madame qui brûle la politesse à ce monsieur... »

Il poussait du bois vert aux environs, et la tentation de Raymond était grande d'en caresser les épaules de ce cocher si perspicace. Mais à quoi bon !...

– Soit, interrompit-il. Seulement, à cette heure et par cette nuit noire, où peut être allée Mme Misri ?

– À Paris, donc, et par le plus court. Qui donc, sinon madame, connaîtrait son bois de Boulogne, à toute heure de nuit et de jour, et en toute saison...

C'était une explication.

– Puisqu'il en est ainsi, fit Raymond, rentrons.

Le cocher ne se le fit pas répéter. En un tour de main, il eut rallumé les lanternes, et tandis que Raymond remontait dans le coupé :

– Où dois-je conduire monsieur ? demanda-t-il.

– Boulevard des Italiens, au coin de la Chaussée d'Antin.

La voiture partit, et c'est bercé par son mouvement monotone que Raymond repassait dans son esprit les étranges événements de la soirée.

Que d'émotions poignantes en quelques heures !... Avoir cru toucher au but, l'avoir touché plutôt, puis tout à coup s'en voir éloigné plus que jamais et sans doute pour toujours !...

L'action de Mme Flora, d'ailleurs, l'irritait plus qu'elle ne le surprenait.

À ce trait de bassesse furtive, il reconnaissait la créature qu'il avait tout d'abord devinée, et qui s'était dévoilée ensuite, la fille accoutumée à trembler et à obéir, incapable de résister en face, subissant la volonté du premier venu, mais toujours prête à se dérober et à trahir.

Où était-elle à cette heure ?

Chez elle, peut-être, occupée à réunir ces papiers, qu'elle offrait naguère, pour les porter à Combelaine et obtenir ainsi son pardon.

– Ah !... misérable fille ! pensait Raymond. Créature sans intelligence et sans cœur !...

Encore bien qu'il eût été avec elle d'une réserve extrême, il lui avait laissé voir que, s'il ignorait quelle honteuse intrigue livrait Mlle de Maillefert au comte de Combelaine, il connaissait du moins l'existence de cette intrigue, et qu'il était résolu à lutter jusqu'à la fin. C'était trop.

C'était trop, parce que Raymond se rappelait les paroles de Mme Misri :

« On ne prévient pas des hommes tels que Combelaine ; on frappe d'abord... »

Or, il allait être prévenu. C'est-à-dire qu'il allait plus que jamais se tenir sur ses gardes, veiller à n'offrir aucune prise, et très probablement, de peur d'accident, presser son mariage avec Mlle Simone.

Conclusion : La rencontre de Mme Misri, loin de servir les projets de Raymond, empirait positivement la situation.

Il en était là de ses réflexions, lorsque le coupé s'arrêta tout à coup sur le boulevard, à l'angle de la Chaussée d'Antin, et presque aussitôt le cocher ouvrit la portière en disant :

– Monsieur est arrivé.

Raymond jeta un louis à cet homme, et, descendu de voiture, il resta un moment immobile sur le boulevard. Il n'avait eu aucune raison de se faire conduire à cet endroit plutôt qu'ailleurs, et il se demandait où aller et s'il devait rentrer, quand le souvenir de Mme Cornevin, qui demeurait à deux pas, traversa son esprit.

– Il faut que je la voie, se dit-il, que je lui parle !...

Ainsi, brusquement, sans réflexions, se prennent souvent les plus graves déterminations de la vie, celles dont l'influence doit être le plus décisive.

Il y avait des mois déjà que Raymond, la franchise même, se condamnait à une dissimulation de tous les instants pour cacher à sa mère et à ses amis le secret de sa vie, son amour pour Mlle de Maillefert, et voici que, ce secret, il allait le livrer peut-être, ou tout le moins l'exposer à a subtile pénétration d'une femme.

Cette considération ne devait pas l'arrêter. Un seul fait l'éblouissait jusqu'à l'aveugler.

Mme Cornevin était la sœur de Mme Misri.

Mme Cornevin, jadis, avait eu sur cette sœur une certaine influence et avait même essayé d'en user lors de la mort du général Delorge, lorsqu'on en était encore à rechercher ce qu'était devenu Laurent Cornevin.

Alors, c'est vrai, elle avait échoué.

Mais combien les temps étaient changés, depuis !

Flora Misri, à cette époque, était dans tout l'éclat de la jeunesse et de la beauté, à cet âge où le vice doré a encore de décevantes poésies, ivre de la soudaine et prodigieuse fortune de l'audacieux aventurier auquel elle avait associé sa vie.

Tandis que maintenant !...

Vieillie, trahie, délaissée, ayant vidé toutes les coupes jusqu'à la lie, elle devait être accessible à des considérations qui jadis ne l'eussent guère touchée.

Pourquoi donc ne subirait-elle pas l'ascendant de sa sœur, tentant près d'elle une dernière démarche ?

C'était cette démarche que Raymond allait demander à Mme Cornevin.

Il comptait lui dire simplement :

— Je sais, à n'en pouvoir douter, que Mme Flora Misri a entre les mains les papiers de Combelaine. Si nous les possédions, le misérable serait perdu, nous tiendrions enfin la preuve de son infamie, de ses intrigues, de ses crimes : mon père et votre mari seraient vengés. Voyez votre sœur et tâchez d'obtenir qu'elle vous les remette.

C'est avec ces idées que Raymond s'en allait à grands pas le long de la rue de la Chaussée d'Antin.

Il se faisait tard, toutes les boutiques étaient fermées, les passants se faisaient rares, et les cafés mêmes commençaient à se vider.

Depuis le matin, Raymond n'avait rien pris, mais il ne s'en apercevait pas. Il était dans une de ces crises où toutes les exigences physiques se taisent, où les nerfs, exaltés outre mesure, suffisent à tout.

Ce qu'il craignait, c'était que Mme Cornevin ne fût couchée.

– Et cela pourrait bien être, lui répondit le concierge, qu'il interrogea, car toutes les ouvrières sont parties de très bonne heure ce soir.

N'importe ! Il grimpa l'escalier quatre à quatre, et d'une main fébrile sonna...

Rien. Personne ne vint.

Pourtant, en se penchant à une des fenêtres du palier, il voyait de la lumière à des fenêtres qu'il savait être celles de la chambre à coucher de Mme Cornevin.

Elle ne dormait donc pas.

Il sonna une seconde fois, puis une troisième, tirant le cordon plus violemment à chaque fois, et comme c'était toujours en vain il allait renoncer, lorsque enfin il entendit des pas...

Presque aussitôt, à travers la porte, une voix demanda :

– Qui est là ?

– Moi, Raymond Delorge.

La porte s'ouvrit, et Mme Cornevin se montra, tenant une bougie.

– Vous, à cette heure ! dit-elle. Serait-il arrivé un accident chez vous ?

– Non, madame, Dieu merci !...

Elle était pâle et fort troublée, cela eût sauté aux yeux d'un homme moins ému lui-même que ne l'était Raymond, et c'est avec cette volubilité dont on voile d'ordinaire son embarras qu'elle reprit :

– Vous m'excuserez de vous avoir fait attendre si longtemps ; mais j'ai renvoyé toutes mes ouvrières à six heures, ma domestique et mes filles sont couchées, j'allais moi-même me mettre au lit...

Elle n'avait pas, néanmoins, commencé à se déshabiller, car elle était aussi correctement vêtue que dans la journée pour recevoir ses clients.

108

– Il faut que je vous parle, interrompit Raymond.
– Ce soir ?
– Oui, tout de suite ; il s'agit d'une affaire très grave...

L'embarras de Mme Cornevin fut alors si manifeste, qu'il ne put faire autrement que de le remarquer.

– Mais je vous gêne peut-être beaucoup, commença-t-il.
– Moi !... fit-elle. Et pourquoi, grand Dieu ! Vous ne me gênez pas plus que ne me gênerait Jean et Léon, s'ils étaient ici. Entrez, entrez.

Il entra ; seulement, au lieu de le faire passer dans son appartement particulier, c'est dans l'atelier qu'elle l'introduisit.

Posant sa bougie sur un meuble, elle s'assit lourdement, et non sans une nuance très saisissable d'impatience :

– Je vous écoute, dit-elle.

L'attention de Raymond était éveillée. Il observait ces détails et s'en étonnait.

Cependant, c'est de la façon la plus claire qu'il raconta les événements de la soirée, omettant toutefois ce qui concernait Mlle de Maillefert, mettant tout sur le compte de sa haine contre Combelaine.

Il s'attendait à des objections de la part de Mme Cornevin. Elle ne lui en fit pas une.

– C'est bien, dit-elle. Je verrai ma sœur...
– Dès demain !...
– Avant midi, je vous le promets...
– Et quand connaîtrai-je le résultat de votre démarche ?
– Venez me le demander demain, à cette heure-ci.

C'était plus que n'osait espérer Raymond. Et pourtant :

– J'aurais encore quelque chose à vous demander, madame, commença-t-il.

– Quoi ?...
– Si vous étiez assez généreuse pour me garder le secret, pour ne parler de rien à ma mère...
– Je vous garderai le secret.

Quand on a hâte de se débarrasser de quelqu'un, c'est ainsi qu'on agit ; on répond *Amen* à tout, et cela abrège. Raymond le comprenait bien, et les plus étranges conjectures lui passaient par la tête, d'autant qu'il lui avait semblé distinguer dans la pièce voisine un bruit de chaise renversée...

– Si nous avions ces papiers, pourtant ! reprit-il.

– Oui, ce serait un grand bonheur ! acheva Mme Cornevin...

Et elle se levait en disant cela, et c'était une si positive invitation à se retirer, que Raymond n'osa pas rester davantage.

– À demain soir donc, dit-il, en se levant à son tour...

– Oui, oui, dit Mme Cornevin, c'est convenu.

Et elle avait repris sa bougie, et, précédant Raymond, elle lui ouvrit la porte. Et il n'était pas sur le palier que la porte se refermait vivement...

En vérité, s'il se fût agi de toute autre femme, Raymond eût été assailli de doutes singuliers et pénibles. L'inconduite, en définitive, n'a pas d'âge. Mais Mme Cornevin était de celles que ne saurait effleurer l'aile sombre du soupçon.

– Et pourtant, se disait-il en descendant l'escalier à pas comptés, son trouble était manifeste, elle m'a mis dehors littéralement. Puis, qu'est-ce que ce bruit que j'ai entendu ? N'était-elle donc pas seule ?

Pas seule !... Mais qui donc, à pareille heure, et dans l'appartement où dormaient les trois jeunes filles, pouvait-elle recevoir qu'elle eût intérêt à cacher ?

Son mari, Laurent Cornevin ?...

À cette idée, traversant son esprit comme un éclair, Raymond tressaillait.

Et pourquoi non ? murmurait-il.

Laurent Cornevin, certes, était un homme d'une prodigieuse énergie, mais c'était un homme, après tout. Qui pouvait garantir qu'il n'y avait pas eu une heure où son courage avait faibli ? Qui disait qu'à cette heure d'attendrissement il ne s'était pas révélé à sa femme, à la mère de ses enfants, et qu'il ne venait pas parfois la visiter en secret ?...

Plus Raymond étudiait cette hypothèse, plus il la trouvait logique, vraisemblable, probable et répondant à tout.

À ce point qu'il était presque tenté de remonter chez Mme Cornevin, de sonner jusqu'à ce qu'elle lui ouvrît, et de lui dire brusquement :

– Votre mari est ici, je le sais, il faut que je lui parle à l'instant, il y va de mon honneur et de ma vie...

S'il devinait juste, Mme Cornevin étourdie n'aurait pas la présence d'esprit de nier...

Oui, mais s'il s'abusait, aussi !...

– Je ne puis risquer cela, pensait-il, je ne le puis absolument pas.

Mais, tout en remontant la rue Blanche :

– Demain, se disait-il, en venant chercher la réponse de Mme Cornevin, je serai bien malheureux ou bien maladroit si je ne parviens pas à saisir quelque indice qui dissipe ou confirme mes présomptions...

Bien qu'il fût plus de minuit lorsqu'il rentra, harassé, l'âme et le corps brisés, sa mère et sa sœur n'étaient pas couchées et l'attendaient.

– J'étais inquiète, lui dit Mme Delorge. Ce tantôt encore Me Roberjot me disait que la résistance s'organise contre l'Empire... Fais ce que tu crois être ton devoir, mais sois prudent. Plus qu'un autre tu dois être surveillé. Songe à la joie de nos ennemis si tu leur fournissais le prétexte de t'impliquer dans quelque procès.

Il rassura sa mère, mais il ne trouva rien à répondre, lorsque sa sœur, lui serrant la main, murmura à son oreille :

– Pauvre Raymond !... Pourquoi te défier de moi !...

Les horribles fatigues de cette journée eurent du moins cela de bon, qu'elles lui procurèrent un sommeil de plomb.

Il dormait encore lorsqu'à dix heures le vieux Krauss entra dans sa chambre tenant deux lettres que le facteur venait d'apporter.

À la seule vue de l'une d'elles, Raymond frémit.

Il avait reconnu l'écriture chérie de Mlle de Maillefert.

Ses mains tremblaient tellement qu'il eut quelque peine à rompre l'enveloppe, et c'est comme à travers un brouillard qu'il lut :

« J'avais perdu toute conscience de ce qui se passait autour de moi, lorsque – me dit ma mère – vous vous êtes emporté en menaces terribles contre le comte de Combelaine.

« Il faut donc, ô mon unique ami, que je vous répète ce que je vous ai déjà dit : la violence, à cette heure, rendrait inutiles mes souffrances et ne nous sauverait pas.

« Je viens de promettre à la duchesse de Maillefert que vous sauriez vous résigner à notre douloureuse destinée. C'est un horrible sacrifice, je le sais, mais c'est à genoux que je vous le demande, au nom du passé. Me le refuserez-vous ? Ai-je eu tort de compter sur votre affection ? Répondez-moi.

111

« SIMONE »

Des larmes brûlantes comme du plomb fondu jaillissaient des yeux de Raymond.

– Voilà donc, pensait-il, ce qu'elle en est réduite à écrire. Et moi, je me rendrais à ces prières qu'on lui a dictées !... Ah ! plutôt la mort mille fois, la plus affreuse et la plus cruelle !...

L'autre lettre lui venait de cette société des Amis de la justice à laquelle, sur la présentation de Me Roberjot, il avait été affilié et qu'il avait fort négligée depuis quelque temps.

« Ce soir, à neuf heures précises, lui écrivait-on, soyez rue des Cinq-Moulins, à Montmartre. Il s'agit d'une communication de la plus haute gravité. »

Puis venaient les formules connues des seuls sociétaires et qui garantissaient l'authenticité de la lettre.

À neuf heures !... Et c'était seulement vers onze heures que Raymond avait rendez-vous avec Mme Cornevin.

– C'est bien, se dit-il, j'irai...

Et à huit heures et demie, en effet, il se mettait en route, à pied.

Le temps était humide et incertain. Il faisait du brouillard et la boue était épaisse et tenace.

Les boulevards extérieurs n'en avaient pas moins leur animation de tous les soirs.

Cafés, cabarets et brasseries regorgeaient de clients ; de partout jaillissaient des cris et des chocs de verres. Et à chaque moment, sur le terre-plein, passaient en riant des groupes de femmes et de jeunes gens, quelque grisette furtive courant au bal ou à un rendez-vous, ou un ivrogne qui regagnait son logis en trébuchant et en mâchonnant un refrain populaire.

Hélas !... cet ivrogne même, Raymond en était presque à l'envier. Ses soucis du jour il les avait laissés au fond des litres frelatés, rien ne le préoccupait plus, tandis que lui !...

– En ce moment, pensait-il, selon que la démarche de Mme Cornevin près de Flora Misri a réussi ou échoué, ma dernière chance de salut me reste plus sûre que jamais ou m'a échappé sans retour.

C'était là sa préoccupation, et non certes cette communication si grave pour laquelle il était mandé rue des Cinq-Moulins.

Il n'y songea qu'en arrivant à la petite maison où se réunissaient les Amis de la justice.

Elle était éclairée. Des rayons de lumière s'échappaient des fentes des volets.

Ayant donné le mot de passe au « frère » qui veillait à la porte, Raymond entra.

Une quinzaine d'affiliés, déjà, étaient réunis dans la salle des séances, et l'un d'eux, un médecin, un gros homme courtaud et rougeaud, plus connu pour ses opinions avancées que pour ses cures, faisait, à grand renfort d'épithètes terribles, un tableau aussi exact, jurait-il, que sinistre, de la situation morale et matérielle de Paris.

Mais déjà, à cet orateur, un autre succédait, qui, une douzaine de journaux des départements à la main, prétendait démontrer, par la lecture de quantité d'articles, que la province n'attendait que le signal de Paris pour se lever comme un seul homme et en finir avec le régime impérial.

Immédiatement divers membres se levèrent pour émettre des vœux ou donner des avis. On discuta, les propos devinrent vifs, on faillit se prendre aux cheveux, malgré les efforts du président, l'ancien représentant du peuple, lequel désespérément tapait sur un timbre...

Alors Raymond demanda à dire quelques mots, et la parole lui ayant été accordée :

— Citoyens, commença-t-il, je vous ferai remarquer que dix heures viennent de sonner, et qu'il serait peut-être temps de nous occuper de cette communication si grave...

— Quelle communication ? interrompit le président d'un air surpris.

— Mais... celle pour laquelle j'ai été convoqué...

— Vous avez été convoqué...

— Ce matin même, par une lettre...

Toutes les conversations particulières avaient cessé ; on regardait le président, dont la physionomie trahissait une certaine inquiétude.

— Vous avez reçu une lettre, dit-il à Raymond, et de qui ?...

— De vous, j'imagine, monsieur le président.

— L'avez-vous conservée ?

Raymond la tira de sa poche en disant simplement :

— Voilà !...

Pas un mot ne fut prononcé après que le président eut pris cette lettre.

Il commença par en examiner attentivement le papier, le cachet et le timbre ; après quoi, l'ayant ouverte, il resta plus d'une minute à en étudier la contexture et les caractères.

Enfin, d'une voix légèrement altérée :
– Voilà qui est prodigieux, s'écria-t-il.

Vingt questions à la fois partirent de tous les coins de la salle, mais il n'y répondit pas, directement du moins.

– Il n'a été question ces jours-ci, poursuivit-il, d'aucune communication. Ni moi, ni notre secrétaire, ni aucun des membres du bureau n'a écrit...

– Non personne !

– Et cependant, voici une lettre qui présente tous les caractères de celles que nous adressons dans les cas extraordinaires. Oh ! rien n'y manque. Voici en haut les signes de reconnaissance. Voici autour du paraphe qui remplace la signature les traits de convention connus de nous tous...

Le président avait remis la lettre à son plus proche voisin qui la passa à un autre ; elle circula de main en main et chacun, après l'avoir regardée, murmurait :

– C'est incroyable, j'y aurais été pris.

– Oui, tout le monde y eût été pris, s'écria le président, et c'est ce qu'il y a d'inquiétant.

Il n'avait, parbleu ! pas besoin de le dire ; il était visible que chacun le comprenait comme lui.

– D'où donc vient cette lettre ? poursuivit-il. N'est-elle qu'une criminelle plaisanterie ? Je ne puis le croire. Est-ce un faux frère, un traître glissé parmi nous, qui l'a écrite ? Impossible ! quel serait son but ? Faut-il donc supposer qu'elle est l'œuvre de la police ?...

Ce mot tomba sur la réunion comme une douche d'eau glacée. Des visages blêmirent, bien des regards effarés cherchèrent la porte et la fenêtre, une issue quelconque par où fuir. Plus d'un Ami de la justice crut entendre grincer sur ses gonds la porte de Mazas.

– La police, continuait le président, aurait donc surpris le secret de notre association. Pour plusieurs d'entre nous, ce serait la prison et l'exil. Mais, voyons, est-ce admissible ? Que se serait proposé la police en écrivant cette lettre ?...

114

Cette dernière phrase devait être le signal de la plus violente discussion, chacun émettant un avis qu'il s'efforçait de faire prévaloir : les uns, rares, demandant qu'on brusquât le mouvement ; les autres, nombreux, proposant de dissoudre la société jusqu'à des temps plus heureux...

À minuit et demi, l'assemblée n'avait rien résolu, sinon qu'on se réunirait en aussi grand nombre que possible pour délibérer.

Après quoi, deux membres ayant été envoyés à la découverte, et étant revenus dire qu'ils n'avaient rien aperçu de suspect aux environs, on décida qu'on allait se séparer un à un, en prenant plus de précautions encore qu'à l'ordinaire.

Une heure sonnait à l'église Saint-Bernard, quand le tour de Raymond vint de sortir.

La nuit était noire et lugubre. Les réverbères dans la brume ne projetaient pas plus de lueurs que le feu d'un cigare.

Regarder autour de soi, essayer de reconnaître si on était épié ou suivi, eût été une pure folie. Raymond n'y songea seulement pas...

Et cependant, s'il n'avait pas les incertitudes qui troublaient ses amis politiques, il avait de bien autres raisons de se défier.

Il reconnaissait à ce coup, il l'eût juré, la main traîtresse de Combelaine. Un de ces pressentiments qui montent du fond de l'âme lui criait que c'était à lui seul qu'on en voulait, et que cette lettre cachait un piège.

Que voulait-on ? Se débarrasser de lui, sans doute.

Après les confidences de Flora Misri, il devenait trop dangereux pour ne pas troubler le sommeil de Maumussy, de la princesse d'Eljonsen, du baron Verdale et des autres.

Et alors quoi de plus simple que de faire prendre en flagrant délit de société secrète, que de le faire arrêter, juger et expédier à Cayenne ?...

Mais cette connaissance qu'il avait des événements lui imposait des obligations, et il était trop loyal pour s'y soustraire.

Avant que ne fût levée la séance, il avait dit à ses amis politiques tout ce qu'il pouvait dire pour les mettre sur la voie de la vérité, sans livrer des secrets qui n'étaient pas uniquement les siens.

On n'avait pas trop fait attention à ses avertissements. Il n'était dans la Société des Amis de la justice qu'un assez petit

115

personnage, et on le trouvait quelque peu outrecuidant de prétendre que c'était pour lui seul que la police avait été mise en mouvement et qu'on avait fabriqué cette fausse lettre de convocation.

On croyait même si peu qu'il courût un danger quelconque que personne ne lui avait offert de le raccompagner...

Mais il ne songeait pas au danger.

Et, tout en suivant les boulevards extérieurs, silencieux et déserts, il ne pensait qu'à Mme Cornevin, qui l'aurait attendu inutilement, et au supplice qu'il allait endurer jusqu'à l'heure où, décemment, il lui serait possible de se présenter chez elle...

Il arrivait à l'extrémité du boulevard de la Chapelle, cheminant sur le terre-plein, quand, à la hauteur de la rue de la Goutte-d'Or, trois ou quatre hommes le dépassèrent en courant...

Il n'y fit aucunement attention.

Tout ce qu'il avait d'attention, il l'appliquait à évaluer les chances de succès de la démarche de Mme Cornevin.

Évidemment, elles dépendaient de ce qu'était devenue Mme Flora Misri après sa fuite.

Avait-elle, oui ou non, revu, dans la soirée ou la matinée du lendemain, le comte de Combelaine ?

Si oui, plus d'espoir.

Si non... dame, tout pouvait dépendre de l'adresse de Mme Cornevin.

Il marchait lentement, et cependant il était à la moitié du boulevard Rochechouart, lorsque des plaintes assez faibles arrivèrent jusqu'à lui.

Il s'arrêta.

Elles semblaient venir d'un large banc double à dossier très élevé, planté à quelques pas, sur le terre-plein.

Et en regardant de tous ses yeux, il lui semblait, en dépit de l'obscurité, discerner à terre quelque chose de noir, comme un corps qui s'agitait.

Il fit un pas en avant ; les plaintes redoublèrent, avec une expression plus déchirante...

La plus vulgaire prudence lui commandait, sinon de passer outre, du moins de n'avancer pas sans d'extrêmes précautions. Il n'est pas un Parisien qui ne sache que c'est là une des ruses qu'emploient les redoutables rôdeurs des barrières et des quartiers excentriques pour attirer leurs victimes.

Mais Raymond n'était pas prudent.

Il s'approcha. C'était bien un homme qui se roulait dans la boue, en proie, eût-on dit, aux effroyables convulsions d'une attaque d'épilepsie.

Saisi de pitié, il se pencha...

Et, à l'instant même, un coup terrible, un coup d'assommoir à jeter bas un bœuf, l'atteignit au cou, un peu au-dessus de la nuque.

Un pouce plus haut, et c'en était fait de lui.

Mais il n'était qu'étourdi. Il se redressa et recula en jetant un appel terrible :

– À moi ! Au secours !...

La lettre lui était expliquée... Il se vit perdu...

Ceux-là seuls que la mort a approchés de si près savent quel monde de pensées peut tenir dans la seconde suprême...

– Pauvre mère !... murmura-t-il, songeant à cette femme malheureuse qui sans doute l'attendait pendant qu'on l'assassinait, et à qui, au petit jour, on rapporterait son cadavre...

Puis :

– Ô ma Simone bien-aimée ! pensa-t-il...

Mais il avait dans sa poche une lettre de Mlle de Maillefert, la dernière, celle qu'il avait reçue le matin même...

Il songea qu'on allait le fouiller, qu'on la trouverait, qu'elle serait lue, commentée, profanée, que Mlle Simone serait peut-être compromise, appelée en témoignage...

Alors, il la prit, cette lettre, et vivement la porta à sa bouche pour l'avaler...

Ce fut son dernier mouvement, le dernier acte de son intelligence. Trois hommes l'entouraient. Chancelant du coup qu'il avait reçu, il ne pouvait se défendre.

– À moi ! cria-t-il encore. À...

Un effroyable coup de couteau lui coupa la parole... Il sentit entre les épaules un froid terrible, mortel, qui lui glaça le cœur, et il tomba raide, en avant, la face contre terre...

Quand il reprit ses sens, après un évanouissement dont il ne pouvait évaluer la durée, il se trouvait dans un endroit inconnu, dans un café, étendu sur un billard.

117

On lui avait mis le torse à nu, et un homme de son âge, à la physionomie intelligente et sympathique, lui donnait des soins avec cette sûreté et cette dextérité de mains qui trahissent l'ancien interne des hôpitaux.

Trois hommes se penchaient curieusement pour voir de plus près sa blessure.

De l'autre côté, le garçon de café, reconnaissable à sa veste et à son tablier, éclairait le médecin.

Près d'une table, une grosse petite femme taillait en bandes étroites une vieille serviette.

Tout cela, Raymond le vit comme en songe, à travers un brouillard, et si vaguement que bien vite il referma les yeux.

Sa première perception nette était un étonnement profond, immense, de se trouver encore de ce monde.

Si, comme il avait tant de raisons de le croire, si, comme tout le prouvait, il avait été assailli par des assassins payés par le comte de Combelaine, comment ces misérables ne l'avaient-ils pas achevé une fois à terre ?

Savaient-ils assez mal leur métier pour l'avoir cru mort ?

Car, sans savoir au juste la gravité de sa blessure, il sentait – cela se sent – que sa vie n'était pas en danger. Il entendait d'ailleurs le médecin dire, tout en lui ceignant les reins de bandes de toile :

– Il en reviendra... Avant quinze jours il sera sur pied... On lui a allongé un coup de couteau à traverser un bœuf, mais la lame a glissé sur un os...

Décidément Raymond reprenait possession de soi. Il sentait n'avoir plus à craindre, s'il parlait, de se trahir, de révéler ce qu'il voulait taire à tout prix.

Péniblement, et non sans une vive souffrance, il se dressa sur son séant, balbutiant d'une voix affaiblie des remerciements et interrogeant du regard.

En peu de mots on le mit au courant.

Ce café où il se trouvait était le *Café de Périclès*, fondé et géré par le plus doux des Prussiens, le sieur Justus Putzenhoffer avec le concours de son épouse et d'un sien cousin surnommé Adonis.

Les assistants étaient des clients : le docteur Valentin Legris d'abord, un brave et digne rentier, M. Rivet, et enfin un journaliste irréconciliable et méridional, M. Aristide Peyrolas.

Ces trois messieurs, insoucieux des règlements de la police, achevaient un whist, lorsqu'ils avaient entendu un cri de détresse, – un cri très effrayant, après minuit, sur les boulevards extérieurs.

Ils s'étaient précipités dehors. Trop tard... Raymond gisait à terre, et des gens fuyaient dont on entendait, dans le lointain, la course précipitée...

Raymond écoutait, et n'en revenait pas.

S'était-il donc trompé ? Les misérables qui l'avaient attaqué n'étaient-ils que de vulgaires rôdeurs de barrières ?...

On chercha dans ses vêtements. Sa montre et son porte-monnaie avaient disparu. Il avait été dépouillé...

S'ensuivait-il que les assassins n'étaient pas aux gages de M. de Combelaine et de ses amis ?... Pourquoi ? Dépouiller l'homme qu'on tue, pour égarer les investigations de la police, c'est l'A B C du métier.

Puis Raymond se rappelait ces gens qui, au boulevard de la Chapelle, l'avaient dépassé en courant, sans doute pour aller en avant dresser une embuscade...

N'importe ; sa certitude était quelque peu troublée.

– Étaient-ce donc des voleurs ! dit-il à demi-voix.

C'était peu. C'était assez pour éveiller l'attention d'un esprit subtil.

Aussi, lorsque Raymond eut brièvement raconté comment les choses s'étaient passées :

– Eh bien, lui dit le docteur Legris, d'un ton trop désintéressé pour ne pas dissimuler une intention, eh bien ! voilà la déclaration qu'il va falloir faire au commissaire de police.

– Oh ! pour cela, s'écria Raymond, non, mille fois non !... En effet, comment déposer une plainte, et contre qui ?...

Provoquer une enquête sans nommer Combelaine, c'était égarer sciemment la police.

Le nommer, c'était mettre en cause la duchesse de Maillefert, M. Philippe, Mlle Simone elle-même ; c'était provoquer, sans armes pour se défendre, le duc de Maumussy, M. Verdale, Mme Flora Misri...

D'un autre côté, dès les premiers mots d'une plainte, le commissaire demanderait à Raymond :

– Où aviez-vous passé la soirée ? D'où veniez-vous ?

Nommer la rue des Cinq-Moulins ne serait-ce pas livrer les Amis de la justice ? Et bien que la police connût et surveillât cette association, la fausse lettre de convocation le prouvait, ne serait-ce pas s'exposer à passer pour un traître ?...

Toutes ces considérations, d'une logique inexorable, se présentaient à l'esprit de Raymond. Aussi, est-ce du ton dont on demande un grand, un immense service, qu'il conjura ceux qui venaient de le sauver de lui garder le secret, un secret absolu, de l'odieuse agression dont il venait d'être victime.

C'était demander beaucoup, – surtout sans explications. Tous pourtant, habilement encouragés par le docteur Legris, jurèrent de garder le silence.

Alors Raymond respira plus librement. Et après avoir donné son nom et son adresse, et promis de revenir, sitôt rétabli, il annonça que, se sentant mieux, il allait rentrer chez lui.

Tant bien que mal, il remit ses vêtements. Mais lorsqu'on l'eut aidé à descendre du billard et que ses pieds touchèrent terre, il se sentit défaillir, et il serait tombé sans la prévoyante assistance du docteur.

– Je vois bien qu'il me faudrait une voiture, balbutia-t-il.

À toute heure de nuit, il en circule sur les boulevards extérieurs, qui regagnent leur dépôt ou se rendent au chemin de fer. Justus, étant sorti, ne tarda pas à en ramener une, dont le cocher avait été séduit par la promesse d'un large pourboire après une course de trois ou quatre minutes.

Lorsque Raymond s'y fut hissé, le docteur s'y installa près de lui, protestant qu'il ne le laisserait pas rentrer seul dans l'état où il était.

De tout autre, Raymond n'eût peut-être pas souffert cette insistance. Mais outre qu'il se sentait instinctivement attiré vers ce médecin, au visage à la fois si ouvert et si fin, n'allait-il pas avoir besoin de lui !...

Résolu à cacher à Mme Delorge son accident, il se proposait de feindre un gros rhume ou une courbature.

Mais qui le soignerait, si, ainsi qu'il le prévoyait, il était forcé de garder le lit quelques jours ? Le docteur Legris, parbleu !

Et pour le reste, il n'était pas inquiet, comptant sur l'inviolable discrétion du vieux Krauss.

Aussi tout était-il convenu lorsque le fiacre s'arrêta rue Blanche.

Raymond descendit.

L'air, la fièvre qui le prenait, la nécessité où il allait se trouver, croyait-il, d'abuser sa mère par sa contenance, lui donnaient des forces factices. Il s'excusa donc près du docteur de ne pas l'inviter à monter. À pareille heure – quatre heures venaient de sonner – c'eût été donner trop de soupçons à Mme Delorge.

– La rampe est là, dit-il, qui me soutiendra !

Et, après une dernière poignée de main au docteur, il entra...

Mais autre chose est de traîner les pieds sur un terrain plat, que de lever et de plier les jambes pour gravir un escalier. Dès les premières marches, il s'en aperçut. Mais il fit à son énergie un appel suprême, et maîtrisant une douleur atroce, il continua à monter, lentement, par exemple, et en s'arrêtant à tous les étages.

Seul, par bonheur, le vieux Krauss attendait, et quand, à la lueur de la lampe de l'antichambre, il vit s'avancer Raymond, plus blanc qu'un spectre et les vêtements souillés de boue, il leva les bras au ciel, et d'une voix étranglée :

– Blessé !... fit-il.

Épuisé par les prodigieux efforts qu'il venait de faire, Raymond ne put que répondre d'un signe de tête :

– Oui.

– Par Combelaine ou par Maumussy ? interrogea le fidèle serviteur.

– Par des gens à eux, sans doute.

Prenant son jeune maître sous les bras, Krauss le portait plutôt qu'il ne le soutenait jusqu'à sa chambre, et tout en le déshabillant :

– Que de sang sur vos habits ! grondait-il... Ah ! votre pardessus et votre paletot ont été traversés par la lame d'un couteau. C'est dans le dos que vous avez été frappé... Je reconnais là ceux qui ont tué mon général !...

Mais il venait de découvrir l'appareil placé par le docteur Legris.

– Vous avez donc vu un médecin ? reprit-il... Ma foi, oui ! et un bon, je m'y connais !... Voilà des bandes serrées comme il faut. Notre major, dans le temps, n'aurait pas fait mieux...

Raymond fut obligé de le prier de se taire, puis de se retirer pour le laisser dormir...

– Cache mes vêtements, lui recommanda-t-il, et quand ma mère sera levée, dis-lui que je suis rentré brisé de fatigue, et qu'il faut me laisser reposer. Mais toi, à neuf heures, viens, et si je dors, éveille-moi. J'ai une commission à te donner, très importante, dont tu ne parleras à personne, pour Mme Cornevin... Allons, va-t-en, tu vois bien que cette blessure n'est rien.

Sa blessure, c'est vrai, ne présentait aucun danger, seulement elle était assez douloureuse pour l'empêcher de clore l'œil.

Et seul, dans le silence et les ténèbres de la nuit, il appliquait toute sa pénétration à tirer de l'événement qui venait de se produire ses dernières conséquences.

Comment M. de Combelaine, cet homme de tant de prudence et de duplicité, qui disposait de tant de ressources, avait-il pu recourir à une attaque à main armée, sur la voie publique, en plein Paris !...

Certes, c'est un expédient décisif que l'assassinat pour se débarrasser d'un ennemi, mais dangereux en diable, qui laisse une terrible pièce de conviction – le cadavre – qui exige des démarches, des complices, et qui enfin, neuf fois sur dix, échoue, et tourne contre son auteur.

– Il faut, concluait Raymond, que sa situation, que je croyais inattaquable, soit horriblement compromise, qu'il se sente menacé, perdu...

Et c'est en un tel moment que Raymond se voyait cloué sur le lit, et pour une semaine, au moins, hors d'état d'agir !...

Que ne ferait pas Combelaine, pendant ces huit jours de répit et de sécurité, alors qu'il devait avoir tout préparé pour un rapide dénouement !

Huit jours !... Il ne lui fallait pas plus pour épouser Mlle de Maillefert sans que Raymond pût s'y opposer, comme il se l'était juré, même par la violence, même au prix d'un crime.

Une sueur froide lui perlait aux tempes, à cette pensée affreuse, et la fièvre faisant son œuvre, le délire s'emparait de son cerveau et il lui semblait voir se pencher vers lui, en ricanant, la duchesse de Maumussy, Mme de Maillefert, le baron Verdale et jusqu'à Flora Misri...

Le jour qui se levait dissipa cependant les visions de la fièvre, et Raymond commençait à s'assoupir, lorsque Krauss, esclave de la consigne, entra dans sa chambre sur la pointe du pied.

— J'ai conté à madame, dit le vieux soldat, que vous aviez pris froid cette nuit, et comme elle m'a cru, elle ne s'étonnera pas de vous voir rester au lit. Maintenant, comment allez-vous ?

Raymond souffrait beaucoup.

Il n'en répondit pas moins qu'il se sentait bien mieux, et s'étant fait donner une feuille de papier et un crayon, il écrivit à Mme Cornevin :

« Une circonstance imprévue et bien indépendante de ma volonté m'a empêché, chère madame, de me trouver hier soir au rendez-vous que vous aviez bien voulu me fixer. Aujourd'hui, retenu au lit par une courbature, il m'est impossible d'aller vous demander le résultat de votre démarche près de Mme M... Qu'est-il arrivé ? Répondez-moi, je vous en conjure. Vous devez comprendre mes angoisses. Je compte toujours sur la promesse que vous m'avez faite de me garder le secret ; il est plus indispensable que jamais. »

Ayant plié et cacheté ce billet :

— Il faut, dit-il à Krauss, que tu cherches un prétexte pour te présenter chez Mme Cornevin.

— Oh ! j'en ai un tout trouvé. J'ai à lui reporter des échantillons qu'elle avait envoyés à mademoiselle.

— Très bien. Cela étant, tu t'arrangeras pour remette cette lettre à Mme Cornevin sans que personne ne te voie. Tu attendras la réponse. Surtout, dépêche-toi...

Cependant, Krauss ne sortait pas.

— Si je suis là que je reste, commença-t-il, c'est qu'il est une chose que je crois devoir dire à monsieur...

— Laquelle ?...

— Hier soir, vers minuit, un homme en blouse, un fort homme, très rouge, est venu chez le concierge demander si vous étiez à la maison. Il s'est donné pour un ancien piqueur des ponts et chaussées.

— Qu'a répondu le concierge ?

— Que vous étiez sorti, naturellement. L'homme a paru très vexé et a dit qu'il repasserait. En effet, vers une heure du matin on a sonné à la porte ; le concierge, qui venait de se coucher, a tiré le cordon, et tout de suite après il a entendu la voix de ce soi-disant piqueur, qui criait en parlant de vous : « Eh bien, est-il rentré ? » Comme de juste, le portier s'est mis en colère. « Ah çà ! a-t-il répondu, est-ce que vous vous fichez de moi ! Est-ce à cette heure-ci qu'on vient demander les gens ? Non, M. Delorge n'est pas rentré... et vous, tâchez de filer plus vite que ça !... » Sur quoi l'homme a décampé...

Accoudé sur ses oreillers, Raymond écoutait :

– Dans mon idée, reprit Krauss en hochant gravement la tête, ce lapin-là devait être un espion, un complice des brigands qui vous ont si bien arrangé.

– Peut-être, fit Raymond.

Il disait cela ; c'était juste le contraire de ce qu'il pensait.

Éclairé par les événements, il lui semblait discerner, s'agitant autour de lui, dans l'ombre, deux intrigues rivales.

À diverses reprises il avait constaté qu'il était épié et suivi. Était-ce par des espions poursuivant un même but ? Non. La surveillance dont il était l'objet était double. L'une, protectrice, lui avait sauvé la vie à Neuilly et à la Villette. L'autre, ennemie, avait préparé le guet-apens où il avait failli périr.

Évidemment, Combelaine soldait une de ces surveillances.

Mais l'autre... qui donc l'eût payée, sinon Laurent Cornevin ?

Et en lui-même, il songeait que ce prétendu piqueur pouvait fort bien être Laurent en personne. Ce devait être lui, si c'était lui qui, l'autre soir, se trouvait chez Mme Cornevin.

– Il m'attendait, pensait Raymond, et sachant l'immense intérêt que j'avais à être exact, il se sera étonné de ne pas me voir à l'heure dite.

Tout cela lui paraissait si plausible, que brusquement :

– Rends-moi la lettre, dit-il à Krauss.

Et le vieux soldat la lui ayant rendue :

« Je sais, madame, ajouta-t-il, en post-scriptum, la cause de votre trouble, avant-hier ; je vous jure que je la sais. Au nom du ciel, confiez-vous à moi ; là est le salut... »

Qu'il s'égarât ou non en conjectures, il ne voyait nul inconvénient à écrire ainsi qu'il le faisait.

Mais que le temps lui semblait long !

Krauss n'était pas encore certainement à la place de la Trinité, que Raymond s'étonnait qu'il ne fût pas de retour et se disait, énervé par l'impatience :

– Dieu ! que ce vieux est donc lent !

Un léger bruit, heureusement, vint le distraire.

C'était Mme Delorge qui, tout doucement et avec mille précautions, dans la crainte d'éveiller son fils, entrebâillait la porte et allongeait la tête.

– Je ne dors pas, mère, lui cria-t-il.

Elle entra, et après avoir un moment considéré son fils :

– Comme tu es pâle ! lui dit-elle. Tu souffres. Peut-être serait-il prudent d'envoyer chercher le médecin...

– À quoi bon ! interrompit-il vivement. Ce que j'ai n'est qu'une indisposition. Trois jours de repos et je serai sur pied.

Tristement, Mme Delorge hocha la tête.

– Qu'il soit fait selon ta volonté ! prononça-t-elle.

Mais elle disait cela d'un tel accent, que Raymond en fut troublé jusqu'au fond de l'âme. Pour la première fois, le soupçon lui venait que sa mère n'était pas dupe, et que sa facilité à se payer du premier prétexte venu n'était qu'une de ces délicatesses dont les mères ont le secret.

Que supposait-elle donc ?

Mais déjà Mme Delorge avait repris sa physionomie impassible.

– Songe, mon fils, murmura-t-elle en se retirant, que je n'ai que toi ici-bas et que sur toi seul reposent toutes mes espérances...

Avec sa sœur, avec Mlle Pauline, Raymond devait avoir de bien autres appréhensions encore.

Ayant regardé son frère d'un œil si perspicace qu'il en détourna la tête :

– Est-ce encore la politique, fit-elle, qui te rend malade ?...

On l'appelait, elle sortit, laissant Raymond décidément irrité.

– Il me faut bien reconnaître, pensait-il, que je ne suis qu'un piètre comédien !

Le docteur Legris, dont on annonçait la visite, ne devait pas modifier son opinion.

– Eh bien ? demanda-t-il, lorsqu'il fut près du lit de Raymond.

– Docteur, je souffre atrocement.

La porte était fermée, il n'y avait pas d'indiscrétion à craindre.

– Est-ce bien de votre blessure ? demanda M. Legris.

– Eh ! de quoi donc serait-ce ?...

Le docteur ne répondit pas directement.

– On ne saurait croire, dit-il, comme s'il eût émis un axiome d'utilité générale, l'influence que le moral exerce sur les blessures...

De tout autre, Raymond eût peut-être fort mal pris cette réflexion. Mais M. Legris lui inspirait déjà cette confiance qui précède l'amitié.

– Que ne donnerais-je pas pour pouvoir me lever ! soupira-t-il.

Le docteur, attentivement, l'examinait.

– Il n'y faut pas songer avant cinq ou six jours, prononça-t-il, et encore, et encore...

Il s'était assis et il rédigeait une ordonnance avec le crayon dont Raymond s'était servi pour écrire à Mme Cornevin, lorsque, la porte s'ouvrant brusquement, Krauss parut...

Le vieux soldat croyait Raymond seul, et il avait déjà tiré de sa poche une lettre qu'il y refourra bien vite en apercevant un étranger.

– Est-ce que monsieur n'a pas sonné ? demanda-t-il, croyant utile d'expliquer son entrée.

– Non, répondit Raymond, mais tu arrives à propos... Monsieur est un de mes amis, un médecin qui va te dire ce qu'il y a à faire.

C'était peu de chose... Et le docteur, qui était bien trop fin pour ne pas reconnaître qu'il gênait, ne tarda pas à se retirer, en promettant de revenir le lendemain.

Dès qu'il fut dehors :

– Eh bien ! mon vieux Krauss, interrogea Raymond, tu as remis ma lettre à Mme Cornevin ?

– Dès que je me suis trouvé seul avec elle.

– L'a-t-elle lue devant toi ?

– Oui.

– Pendant qu'elle lisait, quel air avait-elle ?

Au regard que le vieux soldat jeta à Raymond, on eût pu croire qu'il lui venait une idée, à lui aussi.

– En commençant, répondit-il, elle avait son air ordinaire ; mais voilà que tout à coup, sur la fin, elle a tressauté...

– Tu es sûr ?

– Parbleu ! et en même temps elle devenait plus blanche que sa collerette.

– Et elle n'a rien dit ?...

– Non. Elle a seulement fait : « Ah ! » en regardant autour d'elle d'un air effrayé... Puis, tout de suite, elle s'est mise à écrire la réponse que voici...

Raymond ne sentait plus sa blessure.

Il avait pris la lettre des mains de Krauss, et il la tournait et la retournait, hésitant à l'ouvrir, persuadé qu'il allait y trouver l'arrêt définitif de la destinée.

« Fidèle à ma promesse, mon cher Raymond, écrivait Mme Cornevin, hier, dès neuf heures, je me suis présentée chez Mme Misri. Je l'ai trouvée à moitié folle, désespérée et s'arrachant les cheveux. Elle venait de rentrer, et pendant la nuit, qu'elle avait passée chez une de mes amies, tous les papiers qu'elle possédait lui avaient été volés... Ma visite n'ayant ainsi plus de but, je me suis retirée.

« VEUVE CORNEVIN »

« P. S. Je ne comprends rien, je l'avoue, à votre étrange post-scriptum. Que voulez-vous dire ? Il n'y avait de troublé, l'autre soir, que vous, mon pauvre enfant !... »

Depuis le temps que Raymond voyait s'évanouir une à une toutes les chances sur lesquelles un autre eût compté, il s'était fait une habitude du malheur et une loi de s'épargner les déceptions en mettant tout au pis.

La lettre de Mme Cornevin ne le surprit pas outre mesure.

– Elle se défie de moi ! pensa-t-il.

Et sa conviction n'en demeurait pas moins pleine et entière. Autant et plus qu'avant, il restait persuadé de la présence de Laurent chez sa femme.

Mais quelle raison avait Mme Cornevin de se défier ? Était-ce son mari qui lui avait dicté cette réponse ? Et si oui, pourquoi s'obstinait-il à cet impénétrable incognito ? Quelle revanche terrible préparait-il dans l'ombre ?...

Ces préoccupations rendaient Raymond presque insensible à l'événement, si grave pourtant, que lui annonçait Mme Cornevin.

Les papiers de Mme Flora Misri avaient été volés.

Que le voleur fût M. de Combelaine, Raymond n'en doutait pas. Et cependant, une fois maître de ces papiers si dangereux, c'est-à-dire le danger conjuré, comment M. de Combelaine avait-il pu recourir à un assassinat !...

– Enfin, se disait Raymond épuisé de tant de conjectures inutiles, je verrai Mme Cornevin dimanche et il faudra bien qu'elle s'explique...

Vains projets !... Pour la première fois depuis dix-huit ans, Mme Cornevin ne vint point passer son dimanche avec Mme Delorge.

– Donc elle me craint, conclut Raymond, donc mes soupçons étaient fondés. Ah ! quand donc me sera-t-il permis de sortir !...

Ce ne devait pas être avant cinq à six jours, encore bien qu'il allât beaucoup mieux, et que les visites de M. Legris fussent celles d'un ami désormais, et non plus d'un médecin.

Il était clair que ce docteur à l'œil si fin avait flairé un mystère, et qu'il eût été ravi de le pénétrer. Mais Raymond ne lui en voulait pas de sa curiosité. Après tant de mois de solitude absolue, il éprouvait un soulagement réel à s'entretenir avec un homme de son âge, d'un esprit évidemment supérieur, d'un rare bon sens pratique, et qui avait de la vie en général, et de la vie de Paris en particulier, cette expérience que donnent certaines professions.

L'heure que M. Legris passait tous les matins près de son lit était pour Raymond la meilleure de sa journée, la seule où il fût un peu distrait de ses sombres préoccupations.

Le reste du temps, il se consumait d'impatience.

Tout le monde cependant avait cru ou paru croire à la maladie qu'il feignait, et Me Roberjot et M. Ducoudray se relayaient, en quelque sorte, pour qu'il ne fût jamais longtemps seul.

Par M. Ducoudray, il savait tous les cancans du boulevard.

Me Roberjot, lui, le tenait au courant des événements politiques et lui rapportait les mille et mille on-dit de l'affaire Pierre Bonaparte.

Mais c'est d'une oreille distraite que Raymond écoutait. Que lui importait le prince Pierre ? que lui importait la politique ?...

C'est rue de Grenelle, à l'hôtel Maillefert, que s'envolait sa pensée.

Où en étaient les événements ? Qu'était-il advenu de cette querelle qu'il avait vue près d'éclater entre M. Philippe et le comte de Combelaine ?

Et personne à envoyer aux renseignements.

Il avait bien eu l'idée de charger Krauss de la commission, ou même de se confier au docteur Legris, mais à qui les adresser ? à miss Lydia Dodge ? Elle refuserait de les recevoir, ou, s'ils parvenaient jusqu'à elle, ne répondrait pas.

Raymond, enfin, s'inquiétait de cet appartement qu'il avait loué sous le nom de Paul de Lespéran et dont la portière, ne le voyant plus reparaître, devait se répandre dans le quartier en cancans saugrenus.

Malgré tout le temps passait...

Le vendredi, Raymond se leva quelques heures. Le samedi, il resta debout toute la journée. Le dimanche, il se sentait assez remis pour sortir, lorsque, vers les onze heures, Krauss lui remit une lettre qui avait été apportée par un commissionnaire.

L'enveloppe malpropre, l'écriture, l'orthographe, l'encre d'un bleu passé, ces mots écrits dans les angles : « *personnel très précé* », tout trahissait si bien la lettre anonyme, lâche, honteuse, dégoûtante, que Raymond fut sur le point de la jeter au feu sans la lire.

Mais il était dans une situation à ne rien négliger. Il rompit donc le cachet.

C'était bien une lettre anonyme.

Un inconnu, qui se disait son ami, l'adjurait de se trouver, le soir même, à minuit, au bal de la *Reine-Blanche*. Là, un homme viendrait le prendre, qui le conduirait à un endroit où devait avoir lieu une scène à laquelle il était indispensable qu'il assistât.

– Ce n'est qu'une mystification stupide ! murmura Raymond, en froissant la lettre anonyme et en la jetant à terre avec un geste de dégoût.

Mais cinq minutes ne s'étaient pas écoulées, qu'il en était à se demander s'il ne s'était pas trop hâté de porter un jugement définitif.

Il ramassa donc la lettre, la lissa, l'étala sur le marbre de la cheminée, et se mit à l'étudier attentivement.

Des choses étranges s'y trouvaient, qu'il n'avait remarquées sur le premier moment, et qui, maintenant, le frappaient d'étonnement.

Ceci d'abord :

L'inconnu qui lui donnait rendez-vous à la *Reine-Blanche* devait, en l'abordant, lui dire, en manière de reconnaissance : « Je viens du jardin de l'Élysée. »

Était-ce le hasard seul qui avait amené cette phrase si terriblement significative au bout de la plume du correspondant anonyme ?...

Quelques lignes plus bas on lisait :

« Que M. Delorge vienne pour Elle, sinon pour lui... »

Elle !... Qui, Elle, sinon Simone de Maillefert ?

Il eût fallu que Raymond fût frappé de cécité, pour ne pas voir que celui qui lui écrivait n'ignorait rien de son existence, et savait ses angoisses, sa haine et son amour.

Et à qui, parmi ceux qui connaissaient sa vie, eût-il attribué cette lettre anonyme, sinon à Combelaine ?... Oui, à Combelaine, ou à Laurent Cornevin.

Si elle était de Laurent, Raymond avait tout à espérer.

Il avait tout à craindre si elle venait du comte de Combelaine.

– N'importe, se dit-il, j'irai.

Pourtant, faible comme il l'était encore, se rendre seul à ce singulier rendez-vous, n'était-ce pas, comme on dit vulgairement, se jeter dans la gueule du loup, et d'une témérité qui frisait la niaiserie ?

Mais de qui se faire accompagner ?

De Krauss ? C'était certes un rude compagnon encore, malgré son âge.

Il y avait encore le docteur Legris...

– Et pourquoi pas ! songea Raymond.

En conséquence, le docteur étant survenu comme tous les jours, sans préambule, il lui donna la lettre à lire.

M. Legris en fut stupéfié, et sa première pensée, qu'il exprima très énergiquement, fut que ce rendez-vous était un guet-apens.

Raymond avoua loyalement que cette idée lui était venue.

Seulement il se hâta d'ajouter qu'il n'en était pas moins inébranlablement résolu à se rendre à la *Reine-Blanche,* et à s'y rendre seul, qui plus est.

Pour n'être pas directe, l'invitation n'en était pas moins positive.

Le docteur l'accepta, et il y eut d'autant plus de mérite que nulle explication ne lui fut donnée, et qu'il n'en demanda aucune.

À minuit donc, Raymond et M. Legris entraient à la *Reine-Blanche*, où il y avait bal masqué, et ils y étaient abordés par un homme qui, après avoir prononcé la phrase sacramentelle : « Je viens du jardin de l'Élysée, » les engageait à le suivre.

Ils le suivaient.

Par lui, ils étaient introduits dans le cimetière de Montmartre, et à la clarté douteuse de la lune, ils assistaient à cette scène étrange de cinq personnes – quatre hommes et une femme, que les autres appelaient madame la duchesse, escaladant audacieusement les murs du champ des morts, et violant une sépulture pour constater qu'un cercueil était vide.

Leur guide, cependant, les abandonnait, s'enfuyait, et tous leurs efforts pour le rejoindre, pour découvrir sa personnalité, échouaient. Si bien que, nulle explication ne leur étant donnée, ils demeuraient en face d'un problème véritablement effrayant.

Jamais la curiosité du docteur Legris n'avait été à ce point excitée.

Mais si subtile que fût sa pénétration, ignorant le passé de Raymond, il ne pouvait que s'égarer en conjectures folles.

Et l'eût-il connu, ce passé, qu'il n'eût été guère plus avancé.

C'est en vain que Raymond, de son côté, essayait de rattacher cette scène du cimetière Montmartre à quelque circonstance de sa vie.

Mais il ne tarda pas à rougir de garder pour lui seul ses conjectures et ses doutes. Était-il généreux de laisser se débattre dans les ténèbres le docteur Legris, qui venait de s'exposer pour lui ? Accepter le dévouement d'un homme, c'est prendre envers lui des engagements tacites.

Enfin, à l'heure où le dénouement heureux ou tragique devait être si proche, Raymond, plus que jamais, comprenait combien pouvait lui être utile un ami.

Prenant donc son parti, il pria le docteur de venir, le soir même, partager le dîner de sa famille, ajoutant qu'ils causeraient après, et qu'à un homme tel que lui il ne marchanderait pas les confidences.

SIXIÈME PARTIE - LAURENT CORNEVIN

I

Ce n'était pas le premier venu, que le docteur Valentin Legris.

Celui-là n'était pas de ces aimables étudiants qui, après dix ans de bière et d'absinthe comparées, enlèvent leur diplôme d'un coup d'audace ou de hasard.

Fils d'une famille pauvre – son père était un petit menuisier de la banlieue – le docteur Legris devait à son intelligence et à son travail obstiné sa modeste situation.

C'est de ci et de là qu'il avait fait ses études, tantôt externe d'un lycée, tantôt pensionnaire de quelque institution qui lui donnait le vêtement, la pâtée et la niche à la condition expresse de remporter des prix à la fin de l'année. Il était maître d'études, ou plus vulgairement : pion, dans la maison où il fit sa philosophie et où il fut reçu bachelier ès lettres et bachelier ès sciences.

Les années suivantes, c'est avec l'argent qu'il gagnait à donner des répétitions, qu'il se nourrit et se logea, qu'il acheta des livres, qu'il paya ses examens et ses inscriptions à l'École de médecine.

Il eut à souffrir et beaucoup, dans un pays et à une époque où les jeunes imbéciles enrichis par leur famille voudraient bien faire de la pauvreté un vice et un ridicule.

Mais il n'était pas d'une trempe à s'affliger sérieusement des déboires ou des railleries que pouvaient lui valoir l'exiguïté de sa chambre du sixième étage, l'épaisseur de ses souliers ou la coupe arriérée d'un paletot qu'il était allé acheter au Temple.

Loin d'en être altérée, sa gaîté naturelle s'y aiguisa de cette pointe de scepticisme ironique qui sied bien aux hommes qui ont conscience de leur valeur et qui l'ont affirmée en surmontant les obstacles.

Ce n'est pas lui qui jamais eût consenti à affecter une gravité pédantesque bien éloignée de son caractère, ni à se faire, comme d'autres, un élément de succès d'une hypocrisie raisonnée et patiemment soutenue...

Il aimait le plaisir, et volontiers le prouvait, lorsque, par grand hasard, quelque louis inattendu tombait dans le vide de son escarcelle et que ses études n'en devaient pas souffrir.

Quelques-uns de ses professeurs même lui trouvaient par trop d'indépendance, et lui reprochaient un certain esprit d'indiscipline et de contradiction.

Ses examens et sa thèse ne lui furent pas moins l'occasion d'un de ces triomphes que la Faculté enregistre et qui font espérer un maître pour l'avenir.

Malheureusement, le diplôme ne lui donnait pas de rentes, et, avant comme après le parchemin, il se trouvait en face de ce problème irritant et inquiétant : vivre...

Les quelques semaines qui suivirent furent des plus pénibles de sa vie.

On le rencontrait alors, la démarche lente et le front soucieux, errant un peu comme une âme en peine sous le portique de l'École de médecine, ou arrêté devant ce tableau qui se trouve à droite en entrant, et où s'affichent les demandes et les offres...

Les formules ne varient guère.

Du côté des demandes, c'est un navire baleinier qui, prêt à mettre à la voile, désire un chirurgien pour une expédition de trois ans dans les mers du pôle ; – ou un riche étranger très vieux et très souffrant, qui souhaiterait les soins incessants d'un savant docteur ; – ou encore une commune de mille sept cent âmes qui, ayant perdu son médecin, en désirerait un autre.

Du côté des offres, c'est cinq, dix, quinze jeunes gens qui, diplômés de la veille et sans fortune, proposent tout ce qu'ils savent, aussi bien pour accompagner en Italie quelque jeune et intéressante poitrinaire, que pour donner des consultations dans l'arrière-boutique de quelque pharmacie suspecte.

Il faut manger, n'est-ce pas !...

C'est ce que se répétait avec une amertume croissante le docteur Legris, et il était bien près de se décider pour le baleinier, où du moins le couvert serait mis deux fois par jour, lorsqu'un de ses camarades le présenta au célèbre médecin anglais Harvey.

Établi en France pour l'hiver, le docteur Harvey achevait alors son livre fameux et si effrayant : *Des poisons*.

Il avait besoin d'un aide, le docteur Legris lui plut, il le prit.

Et il s'y attacha si fortement, qu'il voulait absolument, à la fin de l'année, l'emmener avec lui à Londres, lui affirmant qu'il répondait de son avenir, de sa réputation et de sa fortune.

Bien que fort touché de l'offre, Legris refusa.

Tout en apportant tout ce qu'il avait d'intelligence aux travaux si remarquables d'Harvey, il avait travaillé en vue des concours, et quelques mois plus tard, il était interne à la Pitié.

Les années qu'il y passa ne furent, selon son expression, qu'un coup de collier continu.

Il apportait à l'exercice de sa profession cette passion obstinée qui seule fait les hommes supérieurs.

Il dépensait toute son énergie à ces luttes poignantes contre la maladie, la souffrance, la mort, et il y déployait une sagacité et une fécondité de ressources, une hardiesse parfois, qui étonnaient les plus vieux praticiens.

Ce n'était pas une raison pour que tous ses maîtres fussent ses amis.

Ils l'étaient, cependant.

Le sachant pauvre, ils cherchaient des occasions de lui faire gagner quelques honoraires, soit en le signalant à des malades qu'ils ne pouvaient voir, soit même en le faisant appeler en consultation.

Jamais l'illustre professeur B... ne rencontrait dans sa pratique un cas difficile, douteux ou nouveau, sans faire appeler son interne.

Cette situation, près d'un des maîtres de la science, devait valoir et valut en effet au docteur Legris de nombreuses relations, les unes flatteuses simplement et agréables, les autres assez puissantes pour aider sa fortune le jour où il quitterai la Pitié.

C'est ainsi qu'il connut le duc de Maumussy lorsqu'on le crut, lorsqu'il se crut lui-même empoisonné en 1866 ; la princesse d'Eljonsen lors de son accident de voiture, aux courses de La Marche, et Mme Verdale, après ce fameux bal du baron, où un incendie se déclara et où la pauvre dame fut si cruellement brûlée qu'elle faillit en mourir.

Mais toutes ces relations, le docteur Legris ne sut pas, au dire de ses amis, les utiliser.

La vérité est qu'il ne le voulut pas.

134

Un de ces amours funestes dont les hommes les plus forts ne savent pas se garer venait de bouleverser son existence.

Follement épris d'une jeune ouvrière d'une rare beauté, la voyant parée comme de juste, puisqu'il l'adorait, de toutes les qualités du cœur et de l'esprit, il voulut l'associer librement à sa vie.

Elle se joua de lui indignement.

Il était pauvre et elle voulait des toilettes, des diamants, des voitures, tout ce luxe brutal et scandaleux qui trouble la cervelle des pauvres filles, et qui les conduit par le plus court à Saint-Lazare ou à l'hôpital.

Le docteur aimait, il essaya de lutter. Son existence, pendant les derniers mois de son internat, fut un enfer.

Menaces et prières échouaient également. On le railla, il tint bon, descendant jusqu'à cette lâcheté suprême de la passion : paraître ne rien voir...

Jusqu'à ce qu'enfin, sentant sa dignité compromise, il rompit...

Mais il conçut un si noir chagrin, et tant de honte aussi de sa faiblesse, qu'il disparut, il se cacha...

Il avait un millier de francs d'économies, il en emprunta autant et vint s'établir à Montmartre, place du Théâtre.

Moins de six mois après, il ne pouvait plus suffire à sa clientèle, – peu aisée, il est vrai, maussade, d'autant plus exigeante qu'elle payait plus mal, mais telle quelle suffisant amplement à ses besoins.

Et le travail et le temps faisant leur œuvre, peut à peut il se remettait de l'horrible secousse, le passé s'effaçant et, ses ambitions d'autrefois le reprenant, il était résolu, dès qu'il aurait économisé quelques billets de mille francs, à renouer ses relations et à transporter son cabinet au centre de Paris.

Tel était l'homme auquel Raymond, en sa détresse extrême, venait de décider qu'il se confierait sans restriction.

Et après l'avoir quitté, en lui répétant : « À ce soir six heures, n'est-ce pas ? » tout en regagnant la rue Blanche, il découvrait mille raisons de s'applaudir de sa décision.

Cette fois encore, grâce à la complicité de Krauss, Mme Delorge ignorait que son fils eût passé la nuit dehors, et elle l'accueillit comme s'il fût sorti de grand matin, avant qu'elle ne fût levée.

135

— Je me suis permis, ma chère mère, lui dit-il en l'embrassant, d'inviter à dîner un de mes amis pour lequel je te demande un bon accueil.

C'était la première fois, depuis qu'il était de retour à Paris, qu'il amenait un convive ; aussi Mme Delorge en parut-elle un peu surprise.

— Le connais-je, cet ami ? interrogea-t-elle.

— Je ne crois pas, ma mère, mais je pense qu'il te plaira ; c'est un homme très distingué, de quatre ou cinq ans plus âgé que moi, le docteur Legris...

— Tu ne m'en as jamais parlé, fit Mme Delorge.

Et sonnant :

— N'importe, ajouta-t-elle avec un bon sourire ; il est ton ami, cela suffit. Et comme il est médecin aussi, c'est-à-dire un peu gourmand, je vais m'entendre avec Françoise pour le bien recevoir.

Françoise, c'était la cuisinière. Elle ne tarda pas à paraître, et pendant que Mme Delorge lui donnait ses ordres, Mlle Pauline s'approcha de son frère.

Arrêtant sur lui son beau regard clair :

— Le docteur Legris, demanda-t-elle avec une feinte bonhomie, n'est-ce pas ce monsieur qui est venu te voir tous les jours pendant que tu gardais le lit ?

— Précisément.

Alors, tout s'explique.

— Tout, quoi ?

— On comprend, je veux dire, que ce gros rhume qui t'a tant fait souffrir et si peu tousser ait été si promptement guéri.

Raymond dissimula mal un mouvement d'impatience.

— Que cette petite fille est agaçante ! pensa-t-il, mécontent de se voir pris, et ce n'était pas la première fois, en flagrant délit de mensonge.

Puis tout haut :

— Qu'y a-t-il d'extraordinaire, fit-il, à ce qu'un de mes amis, qui est médecin, vienne me voir lorsqu'il me sait souffrant ?

Il se levait, en disant cela, pour regagner son appartement.

— Comment ! tu nous quittes ? reprit Mlle Pauline.

— J'ai à travailler.

Déjà il gagnait la porte, mais elle :

– Oh ! tu nous accorderas bien un moment encore, nous avons de grandes nouvelles à te donner...

– Des nouvelles !...

– Oui, de Jean...

Raymond se rassit, observant à son tour sa sœur, qu'il lui avait semblé voir tressaillir.

– Ce matin même, continua la jeune fille, Mme Cornevin a reçu de son fils une longue lettre...

– Et elle est venue vous la communiquer ?

– Non ; elle nous l'a envoyée à lire. Elle a tellement d'ouvrage, et si pressé, qu'il lui est impossible de s'absenter un quart d'heure de ses ateliers.

Les plus singuliers soupçons traversaient l'esprit de Raymond.

– Il faut, en effet, reprit-il en baissant la voix pour n'être pas entendu de sa mère, toujours en conférence avec Françoise, il faut que Mme Cornevin soit écrasée de travail. Déjà, l'autre dimanche, elle n'est pas venue dîner avec nous, elle n'a pas davantage paru hier, aujourd'hui elle se prive de la joie de lire en famille, au milieu de nous, une lettre de Jean... Est-ce que tu ne trouves pas cela extraordinaire, toi ?...

Visiblement, Mlle Pauline rougissait.

– Mais non, je t'assure, répondit-elle...

– Tu sais donc quelles sont ces commandes si importantes qui la retiennent ?

– Certainement. Est-ce que nous ne sommes pas en plein carnaval ? est-ce que ce n'est pas demain le mardi-gras ! Ne faut-il pas des toilettes, des travestissements ?...

Elle s'embarrassait, elle devenait cramoisie, elle eût été peut-être obligée de s'arrêter, sans sa mère qui, Françoise partie, lui vint en aide.

Mme Delorge avait entendu les derniers mots.

– Je suis sûre, dit-elle, que Julie – c'est ainsi qu'elle appelait Mme Cornevin, – a beaucoup à faire ; cependant je suis un peu surprise qu'elle n'ait pas, en huit jours, pu trouver une heure à passer avec nous.

Raymond hochait la tête, tout en observant sa sœur du coin de l'œil.

Il pensait que c'était lui qu'évitait Mme Cornevin, et que Mlle Pauline certainement avait surpris quelque chose.

– Quoi qu'il en soit, mon cher fils, reprit Mme Delorge, j'ai conservé la lettre de Jean, pour te la donner à lire.

Cette lettre, Raymond savait d'avance qu'elle ne lui apprendrait rien.

Dans celle-ci pas plus que dans toutes celles qu'il avait écrites à sa mère depuis son départ, Jean, fidèle aux conventions arrêtées, ne soufflait mot du but de son voyage, ni de ses découvertes, ni de son père.

Il y parlait de M. Pécheira, l'ancien associé de Laurent, mais simplement comme d'un homme charmant, d'un ami dont il avait fait la connaissance à Melbourne, et qui l'avait mis à même de voir, et de voir bien, tout ce qu'il y a de curieux en Australie.

Et il terminait en annonçant que son passage pour Liverpool était arrêté sur un navire qui quitterait Melbourne trois semaines après celui qui emportait sa lettre.

– Ainsi, dit Raymond à Mme Delorge, en lui rendant la lettre de Jean, nous pouvons d'un moment à l'autre voir paraître notre voyageur. Il se peut qu'il n'arrive pas avant un mois, mais rien ne prouve qu'il ne sera pas à Paris demain matin.

– Surtout avec un navire à voiles, objecta Mlle Pauline.

C'est de l'air le plus étonné que Raymond considéra sa sœur, de l'air d'un homme qui, tout à coup, découvre quelque chose d'énorme.

– Comment sais-tu que Jean a pris passage sur un navire à voiles ? interrogea-t-il.

Elle éclata de rire, de ce petit rire nerveux et sec qui ressemble à une quinte de toux, et qui est la ressource de toutes les femmes embarrassées.

– Ne le dit-il pas dans sa lettre ? fit-elle.

– Non.

Elle haussa les épaules, et d'un ton d'insouciance que démentait le nuage de pourpre répandu sur son visage :

– C'est donc, dit-elle, que je l'aurai rêvé.

Mme Delorge put croire cela, mais non pas Raymond.

– Eh ! eh ! pensa-t-il, mademoiselle ma sœur recevrait-elle donc des nouvelles directes de maître Jean !

Il n'y eût vu aucun mal, nul inconvénient, tant était étroite l'intimité des deux familles.

138

Seulement, si depuis son départ Jean était en correspondance réglée avec Mlle Pauline, il avait dû nécessairement lui apprendre tout ce qu'il cachait à Mme Cornevin et à Mme Delorge. Un homme de vingt-six ans ne sait pas avoir de secrets pour la femme qu'il aime.

Cela, jusqu'à un certain point, eût donné à Raymond la clef de la conduite un peu singulière de sa sœur, ses airs d'intelligence, ses mots à double entente, son insistance à lui demander de se confier à elle...

— Il est clair, pensait-il, qu'elle sait tout ce que je sais moi-même de l'existence de Laurent Cornevin, sinon plus...

Cependant ce n'était pas le moment de questionner Mlle Pauline.

Il se faisait tard ; après les épreuves de la nuit, il était accablé de fatigue, le docteur Legris pouvait devancer l'heure du rendez-vous...

Il se réfugia donc dans son cabinet de travail, et il n'y était pas depuis un quart d'heure, allongé dans son fauteuil et les pieds sur la cheminée, qu'il s'endormit, rêvant que le docteur était assis près de lui et lui parlait.

M. Legris, à ce moment même, était chez lui, place du Théâtre, à Montmartre, où il expédiait sa consultation. Expédiait est bien le mot. Il n'était pas habituellement d'une douceur exagérée, mais jamais ses malades ne l'avaient vu si brusque ni si impatient.

Le fait est qu'il se savait attendu, à six heures, rue Blanche, qu'il avait encore, après sa consultation, huit ou dix visites à faire, et qu'il avait hâte de se trouver seul avec lui-même pour réfléchir en toute liberté aux étranges événements qui venaient de tomber dans sa vie.

Oui, bien étranges, pensait-il, car jamais on n'a ouï parler de rien qui approche ce dont j'ai été témoin cette nuit. J'aurais ri au nez de qui fût venu hier me conter une telle histoire ; m'assurer qu'un fait de cette nature était possible, en 1870, à Paris, en pleine civilisation, au milieu de cette armée de surveillants, de gardiens, de sergents de ville, d'agents de la sûreté qui, incessamment, ont les yeux ouverts.

Avec tant de préoccupations, c'était miracle que le docteur, en arrivant au chevet du malade, recouvrât la plénitude de son sang-froid.

C'était ainsi, pourtant, tant est puissante cette faculté que Bichat appelait : « l'habitude professionnelle ».

Mais après chaque visite, consultant son carnet :

– Allons, plus que cinq, murmurait M. Legris, plus que trois... plus qu'une.

Jusqu'à ce qu'enfin, avec un gros soupir de satisfaction :

– C'est la dernière, se dit-il, me voilà libre !...

Il s'était si fort dépêché qu'il n'était guère plus de six heures, et cinq minutes plus tard il arrivait rue Blanche, et Raymond le présentait à sa mère et à sa sœur.

Le docteur Legris plut à Mme Delorge, à qui peu de gens plaisaient. Elle lui trouva, ainsi qu'elle le dit à son fils le lendemain, l'air à la fois très fin et très franc, ce qui est rare : la finesse, en apparence du moins, excluant presque toujours la franchise.

Quant au docteur, il fut très frappé du grand air de Mme Delorge, et plus encore de la beauté de Mlle Pauline.

Le dîner, cependant, eût été triste, sans la puissance d'abstraction de M. Legris, sans cette faculté si précieuse qu'il possédait, de déposer à un moment donné ses plus pressantes préoccupations, comme d'autres déposent leur cigare avant d'entrer dans un salon.

Il avait trop vu, et avec de trop bons yeux pour que sa conversation n'eût pas cette saveur recherchée que donne la connaissance approfondie de l'existence parisienne. Il voulait plaire, il plut.

Si bien qu'il y avait longtemps que le dîner était fini et le café pris, lorsque Raymond, qui ne le voyait pas près de tarir, se leva en disant :

– Vous oubliez nos affaires, je crois, mon cher docteur. Allons, venez, ma mère et ma sœur vous excuseront.

L'instant d'après, ils étaient dans le cabinet de travail de Raymond, un bon feu dans la cheminée et les portes closes.

Le docteur avait allumé un cigare, et il se tassait dans un bon fauteuil, précisément en face de ce portrait du général Delorge qui l'avait tant intrigué avec cette épée scellée de larges cachets rouges accrochée au travers de la toile.

Enfin allait donc lui être révélé le mystère qu'il avait pressenti, la nuit du guet-apens des boulevards extérieurs, et qui, depuis, ne cessait d'occuper sa pensée.

140

– Je vous écoute, mon cher ami, dit-il.

Au dîner, tandis que parlait le docteur Legris, Raymond avait eu le loisir de réfléchir et de chercher dans sa tête comment exposer la situation.

Son récit fut donc ce qu'il devait être, d'une remarquable clarté, et précisément assez concis pour ne laisser dans l'ombre aucun détail d'une certaine valeur.

Et lorsqu'il eut achevé :

– Maintenant, docteur, prononça-t-il, vous connaissez mon existence comme moi-même et, d'un esprit plus libre que le mien, vous pouvez juger si ma partie n'est pas irrémissiblement perdue, et si ce n'est pas folie à moi d'espérer toujours et de prétendre lutter encore...

M. Legris ne répondit pas tout d'abord.

Après avoir commencé par fumer à pleins poumons, il n'avait pas tardé à laisser éteindre son cigare, puis à le jeter. Il était « empoigné », c'était manifeste, irrésistiblement. Il s'était attendu à quelque chose d'extraordinaire, mais la réalité dépassait toutes ses conjectures.

Puis, fatalement, il avait été amené à un retour sur lui-même. Il s'était rappelé qu'il avait aimé, lui aussi, qu'il avait eu ses heures de désespoir et de démence... Et pourtant, quelle différence entre la funeste passion qui avait failli flétrir sa vie et les nobles et pures amours dont il venait d'entendre la douloureuse histoire !...

Cependant, comme Raymond répétait sa question, il tressaillit, et d'une voix qu'altérait l'émotion :

– Sur mon honneur, prononça-t-il, je crois, mon cher Delorge, que jamais, peut-être, votre situation n'a été meilleure, que jamais vous n'avez été si près du triomphe.

Après les événements des derniers jours et tant de déceptions successives, de telles paroles semblaient presque une raillerie.

– Docteur, fit Raymond, d'un ton de reproche, docteur !...

Mais lui :

– Ce n'est pas, d'ordinaire, par l'optimisme que je pèche, fit-il... mais qu'importe un résultat qui est encore le secret de l'avenir ! « L'homme de cœur doit agir comme s'il avait tout à attendre, et se consoler, s'il échoue, comme s'il n'eût rien eu à espérer... » C'est de Maistre qui a dit cela.

141

Il s'était levé, sur ces mots, et était allé s'adosser à la cheminée. L'énergie resplendissait sur sa physionomie intelligente, ses narines battaient, son œil si fin étincelait.

Tel il devait être au chevet d'un malade, aux prises avec quelque mal terrible, épiant le moment de tenter un expédient héroïque.

Et, dans le fait, n'était-il pas en consultation !...

– À nous deux, mon cher Delorge, s'écria-t-il, nous allons donner du fil à retordre à vos ennemis. Il se peut qu'ils nous écrasent, tout est possible. Ils ne nous écraseront pas, sacredieu ! pas sans combat !...

Si la peur est contagieuse, l'assurance n'est pas moins communicative. À entendre le docteur s'exprimer de cet accent de résolution, Raymond croyait voir ses chances doublées.

– Pour commencer, reprit le docteur, quel est l'auteur, l'instigateur de l'intrigue mystérieuse, mais à coup sûr abominable, qui vous a enlevé Mlle Simone pour la livrer à un misérable tel que Combelaine ?... Les faits sont là qui nous crient : C'est la duchesse de Maumussy.

– Je le crois...

Eh bien ! moi, j'en suis sûr. Avait-elle un intérêt à empêcher votre mariage ? Évidemment, et le plus naturel et le plus puissant de tous. Vous lui aviez plu et elle avait eu l'imprudence de vous le laisser voir...

Raymond était devenu cramoisi.

Je ne suis pas un fat, murmura-t-il, et cependant je dois avouer...

Le docteur souriait.

Il est sûr, interrompit-il, qu'un ridicule ineffable s'attache à cette idée d'un homme qu'on aime comme cela, malgré lui... Mais enfin, ici, le fait est patent. Et vous, comment avez-vous répondu à ces avances par trop significatives ?... Comme un imbécile d'honnête homme que vous êtes... Ah ! un gaillard sans préjugés lui eût fait voir du chemin, à cette chère duchesse. Il fallait... Mais baste ! ce qui est passé est passé, et d'ailleurs vous ne la connaissiez pas comme j'ai l'honneur de la connaître !...

La surprise éclatait sur les traits de Raymond.

Vous connaissez Mme de Maumussy ?... interrogea-t-il.

Mon Dieu oui, tout petit médicastre de banlieue que je suis...

142

Et tirant quelques bouffées d'un cigare qu'il venait d'allumer :

Lorsque M. de Maumussy se crut empoisonné, poursuivit le docteur, il y a de cela une couple d'années, j'eus l'honneur insigne de rester trois semaines de planton dans sa chambre. Persuadé qu'on avait essayé de se défaire de lui pour s'emparer de certains documents relatifs aux événements de Décembre, qu'il avait toujours refusé de rendre, ce noble personnage mourait littéralement de peur. Il voyait du poison partout, et suspectait même les œufs à la coque. Ma mission consistait surtout à déguster tous les mets qu'on lui présentait. Quand il me voyait debout et bien portant une heure après l'expérience, il se risquait à manger, en face d'un miroir toutefois, pour s'arrêter s'il se voyait pâlir, et la main sur le ventre pour me demander de l'émétique au plus léger soupçon de colique.

« Au commencement, j'avoue que les frayeurs et les grimaces de ce cher duc m'amusaient considérablement. Mais au bout de quatre jours, j'étais blasé, et j'aurais planté là mon homme si je n'avais été pauvre comme Job, et si mon cher et respecté maître, le professeur B... m'eût stipulé qu'on me donnerait cinq louis par jour.

« À cause des cent francs, je restai, et pour me distraire, je me mis à observer et à étudier la duchesse de Maumussy.

« Elle s'ennuyait, pour le moins, autant que moi. Les frayeurs de son mari l'écœuraient. Elle ne quittait pas le petit salon qui précédait sa chambre ; elle le soignait ; elle dégustait ses plats ; mais elle ne cessait de se moquer et de lui répéter qu'après tout on ne meurt qu'une fois ; ce à quoi il répondait qu'il souhaitait que ce fût le plus tard possible.

« Elle ne me connaissait pas, mais elle n'avait personne à qui causer, et d'ailleurs, un médecin, vous savez, cela ne compte pas. Elle pensait tout haut devant moi, et je vous déclare qu'elle pensait de drôles de choses. Elle m'étonnait, moi qui ai reçu des confidences à faire rougir un agent de la sûreté. Quand elle me parlait de sa beauté, de cette beauté rare et presque fatale que vous connaissez, elle m'effrayait. C'était, disait-elle, une puissance exceptionnelle qui lui avait été départie, et dont elle serait bien folle de ne pas profiter pour récompenser une grande action... ou un crime, selon l'occasion, pour faire tourner la tête des imbéciles, ou tout simplement pour plaire à qui lui plairait.

« De scrupules, jamais je ne lui en ai vu l'ombre. Mais sous cette torpeur langoureuse que vous savez, j'ai deviné une âme de feu, des ardeurs dévorantes et l'imagination excentrique d'un fumeur d'opium.

« Mon cher, voilà la femme qui vous a aimé assez follement pour se jeter en quelque sorte à votre tête... Imaginez maintenant ses sentiments pour vous qui l'avez dédaignée et pour Mlle Simone que vous lui avez préférée...

Raymond se taisait.

N'était-ce pas le langage qu'autrefois aux Rosiers lui tenait M. de Boursonne ?...

– Donc, poursuivait le docteur, c'est à Mme de Maumussy qu'il faut attribuer l'idée du mariage de Mlle Simone, et à elle aussi le choix du mari... Ce dernier trait ne trahit-il pas la haine d'une femme qui s'estime outragée ?... Qui en effet a-t-elle choisi entre tous ? Un misérable, sans foi ni loi, souillé de tous les crimes et de toutes les flétrissures, l'homme du monde qu'elle méprise et qu'elle exècre le plus, Combelaine enfin...

Cette dernière circonstance, Raymond l'ignorait.

– Quoi !... fit-il, Mme de Maumussy déteste M. de Combelaine !...

– Elle me l'a dit, répondit le docteur, en appuyant sur chaque mot. Et savez-vous en quelle circonstance ? Lors de la maladie de son mari. Entre tous les gens que le duc de Maumussy soupçonnait de lui avoir administré du poison, était le comte de Combelaine...

– Est-ce possible !...

– Le duc ne m'avait pas caché ses soupçons...

– Oh !...

– Et il m'était recommandé, les jours où venait M. de Combelaine, de redoubler de précautions...

– Il osait venir !...

– Mais oui, et assez souvent, même...

– Et on le recevait !...

– On ne peut mieux. Est-ce que M. de Maumussy et M. de Combelaine peuvent rompre ouvertement ? Deux amis si intimes ! ce serait scandaleux !

Raymond était confondu.

144

- Cependant, disait le docteur, choisir un mari et choisir précisément Combelaine n'était rien. Le difficile était de trouver le moyen de forcer Mlle Simone à l'épouser, à lui livrer et sa personne et sa fortune. À cette tâche, la duchesse de Maillefert avait échoué. Mme de Maumussy devait réussir...

Brusquement, Raymond s'était levé.

- Oui, elle a réussi, s'écria-t-il, et voilà ce que je ne puis m'expliquer...

Le docteur haussa les épaules.

- Que nous importe ? répondit-il. Nous savons qu'on est arrivé à persuader à Mlle Simone que ce mariage seul pouvait sauver l'honneur de l'illustre maison de Maillefert. Cela nous suffit. Examinons ce qui s'est passé après. Tout d'abord, M. de Combelaine et les Maillefert, éblouis par la magnifique proie qu'ils allaient avoir à se partager, ont été ravis les uns des autres. Lorsqu'il a fallu discuter le partage, la brouille est venue. D'après ce qui vous a été dit, les Maillefert ont été joués. Je n'en suis pas surpris. À cette heure, ils voudraient bien rompre ce mariage, ils ne le peuvent plus. Combelaine le veut, et Combelaine est le maître de la situation.

Le docteur, peu à peu, s'animait.

Il n'en était encore qu'aux conjectures, mais il lui semblait discerner ces lueurs qui annoncent la vérité, comme l'aurore annonce le jour.

- Oui, reprit-il, Combelaine tient les Maillefert. Vous ne pouvez rien contre lui ; il ne craint que médiocrement, soyez-en persuadé, Mlle Flora Misri... Dès lors, pourquoi ne presse-t-il pas un mariage qui lui tient tant au cœur et qui lui assure, à lui, l'aventurier taré, l'alliance d'une des plus vieilles familles de la noblesse ; à lui, ruiné, la possession d'une fortune immense ?... Eh bien ! moi je vais vous le dire. C'est que Combelaine n'est pas aussi complètement victorieux que nous le supposons. C'est qu'entre lui et le but de ses vœux se dresse quelque obstacle qui nous échappe. C'est qu'il voit quelque chose que nous ne voyons pas...

- Je cherche, commença Raymond...

Mais le docteur l'interrompit, et lui frappant gaiement sur l'épaule :

- Moi, je ne cherche pas, s'écria-t-il. L'obstacle, la menace, c'est, ce ne peut être que Laurent Cornevin...

La conclusion pouvait être erronée ; elle était si logique, que Raymond ne trouva rien à répliquer.

– En ce cas, dit-il, Combelaine sait l'existence de Laurent et sa présence à Paris.

– Peut-être, répondit le docteur...

Puis, après un moment de réflexion :

– Ce qui est sûr, poursuivit-il, c'est que Combelaine doit avoir deviné, reconnu un ennemi, et un ennemi puissant et fort, tapi dans l'ombre, prêt à profiter de la moindre de ses fautes pour le perdre. Les aventuriers tels que lui, dont l'existence est un perpétuel défi à la société, ont comme un sixième sens qui les avertit du danger. Il doit avoir senti que le terrain va manquer sous ses pas. Ce valet de chambre, qui depuis si longtemps le servait, qui était son confident, le complice de ses infamies quotidiennes, qu'est-il devenu ? Comment a-t-il quitté un maître qui lui devait tant d'argent ? Mme Misri s'en étonnait. Je m'en étonne, moi, bien davantage. Et encore, qu'est-ce que cet Anglais qui lui donne tout à coup des gages fabuleux ? Cet Anglais ne serait-il pas un Français, comme vous et moi, qui a fait fortune en Australie ? Mais ce n'est rien encore. Les lettres que possédait Mme Misri lui ont été volées. Par qui ?... Est-il sûr que ce soit par M. de Combelaine ? Il me semble, à moi, que, s'il les avait en sa possession, ces fameuses lettres, ces papiers qui pouvaient le perdre, vous n'auriez pas été, vous, Raymond Delorge, assailli l'autre nuit sur les boulevards extérieurs.

Trop de fois, Raymond avait été dupe de décevantes illusions, pour ne pas s'obstiner à douter encore.

– Mais alors, reprit-il, en hésitant à chaque mot, celui qui a réussi à enlever les papiers de Flora Misri, ce serait donc... Laurent Cornevin ?

– Telle est ma conviction...

– Il savait donc leur existence... Comment avait-il pu savoir ?...

M. Legris l'arrêta du geste.

– Vous oubliez donc, fit-il, ce valet de chambre qui possédait tous les secrets de Combelaine et de Flora, Léonard ? Pensez-vous que ce soit d'hier qu'il ait été acheté par cet Anglais en qui nous reconnaissons Laurent ?...

Ah ! cette fois, Raymond eut comme un éblouissement.

– Dieu puissant !... s'écria-t-il, ce serait le salut et la vengeance ! Savez-vous bien, docteur, ce que m'a dit Mme Misri ? Livrés à la publicité, ces papiers perdent non seulement Combelaine, mais encore les misérables qui ont été ses complices, Maumussy, Verdale, la princesse d'Eljonsen...

Mais une soudaine réflexion glaçant son enthousiasme :

– Si M. de Combelaine, reprit-il, ignore l'existence de Laurent, qui donc soupçonne-t-il de s'être emparé de ses papiers ?

– Vous, parbleu !...

– C'est-à-dire qu'il verrait en moi l'insaisissable ennemi qui traverse toutes ses combinaisons...

– Précisément.

– Oh ! alors, s'expliquent les assassins dont vous m'avez sauvé, docteur...

– Et aussi les mouchards dont vous êtes entouré, mon cher ami, puisque Laurent, qui sait votre vie en danger, vous fait surveiller de son côté...

Ainsi le système du docteur répondait à toutes les objections.

– Et pourtant, reprit Raymond, il est une chose qui me dépasse, c'est l'obstination de Laurent à se cacher de moi, à m'éviter, à me fuir...

M. Legris souriait.

– C'est ce que je comprends très bien, au contraire, dit-il. Voyons, n'y a-t-il pas pour Laurent un intérêt énorme à détourner sur vous l'attention des gredins qu'il veut frapper ? Voyant en vous l'ennemi, ils ne soupçonnent pas l'autre, le vrai, celui qui les guette. Tandis qu'ils vous surveillent, Laurent se meut en liberté. Qu'il consente à vous voir, à s'entendre avec vous, et, quarante-huit heures après, c'en est fait de son incognito...

Laissant Raymond méditer ses observations, le docteur se versa et but à petites gorgées une tasse de thé que venait d'apporter Krauss.

Après quoi, allumant un nouveau cigare qu'il ne tarda pas à laisser s'éteindre comme le premier :

– Nous voici, maintenant, reprit-il, à notre aventure du cimetière Montmartre. Cherchons quel peut-être l'auteur de la lettre anonyme. Est-ce Combelaine ?... Non, très évidemment. C'est au moyen d'un faux que nous avons été introduits au cimetière, et Combelaine, avec ses relations à la préfecture, n'avait qu'un mot à dire pour obtenir le laisser-passer dont notre guide n'avait qu'une contrefaçon. Donc, c'est Laurent Cornevin qui vous a écrit, et c'était un de ses agents qui nous a rejoints à la *Reine-Blanche*. Mais il nous a traîtreusement abandonnés... C'est que Laurent, toujours résolu à vous éviter, lui avait bien recommandé de nous faire perdre sa piste...

– Oui, peut-être...

– Parbleu !... Reste à savoir quels sont les gens que nous avons vu escalader le mur du cimetière et violer la tombe de Marie-Sidonie. Sont-ils du parti de Combelaine ?... Non, puisque l'accord était évident entre notre guide et l'homme qui dirigeait cette expédition. Donc, cet homme qui nous a paru un homme du monde, était un agent de Cornevin, sinon Cornevin lui-même...

L'angoisse serrait la gorge de Raymond, au point de l'empêcher presque de respirer.

– Mais cette femme, interrompit-il, cette femme que les autres appelaient madame la duchesse...

– Je déclare, pour ma part, répondit M. Legris, n'avoir pas reconnu la duchesse de Maumussy. Or, comme pour une telle expédition cette femme, quelle qu'elle soit, a dû se déguiser de son mieux, les indices matériels nous font défaut. Reste le raisonnement : Quel peut être le but de la terrible scène dont nous avons été témoins ? J'avoue, sans honte, qu'il m'échappe absolument. Pas plus que vous, je ne découvre rien dans votre passé qui se puisse rapporter à cette violation de sépulture. Et cependant si Laurent vous a convoqué, c'est qu'il jugeait votre présence nécessaire, indispensable. Il n'est pas homme à s'exposer gratuitement. Mais que disait sa lettre anonyme ?... « Venez pour Elle, sinon pour vous. » Donc c'est à Elle, c'est à Mlle Simone qu'il faut rapporter cet événement étrange. Donc, fatalement, nécessairement, cette femme que nous n'avons pas reconnue était la duchesse de Maillefert...

Les plus magnifiques espérances illuminaient le visage de Raymond...

– La destinée se lassait-elle donc !...

Mais déjà le docteur était redevenu pensif, et la contraction de ses sourcils disait l'effort de son intelligence.

– Doucement, fit-il, doucement, ne nous hâtons pas de chanter victoire...

Et comme Raymond le regardait d'un air étonné :

– Je vois encore un point noir à l'horizon, poursuivit-il. Vous êtes, m'avez-vous dit, affilié à une société secrète.

– Oui, et je revenais d'une de nos réunions quand j'ai été attaqué...

– Bien. Mais qu'ont pensé vos amis de cette fausse lettre de convocation que vous avez reçue ?

– Elle les a terriblement inquiétés.

– Savent-ils de quel guet-apens vous avez été victime en les quittant ?

– Je le leur ai écrit le lendemain.

– Et alors ?

– Notre président est venu me demander des détails que je lui ai donnés aussi complets que possible, sans toutefois prononcer le nom de la famille de Maillefert. J'ai été jusqu'à lui dire que j'attribuais le faux au comte de Combelaine...

– Et qu'a dit ce président ?

– Que du moment où c'était là le résultat d'une haine personnelle, il se sentait un peu rassuré, que néanmoins la police ayant évidemment pénétré le secret de notre association il allait prendre ses mesures en conséquence : changer le lieu des réunions, procéder à une sévère épuration des affiliés, donner de nouveaux mots de passe et de nouveaux signes de reconnaissance...

M. Legris semblait exaspéré.

– Ces gens-là sont tous fous à lier, interrompit-il, qui n'ont pas compris encore que les conspirations n'ont jamais été et ne seront jamais que des traquenards organisés par les gouvernements pour prendre les gens qui les gênent. Si l'empire n'avait pas d'autres ennemis il durerait des siècles...

Puis brusquement :

– Eh bien ! mon cher Delorge, prononça-t-il, là est le danger de l'avenir. Votre société secrète, c'est l'arme suprême de M. de Combelaine. Qu'il se voie acculé, il s'en servira...

– Que peut-il ?...

– Peu de choses. Vous envoyer voir à Cayenne si Mlle de Maillefert s'y trouve...

Raymond hochait la tête.

– C'est vrai, répondit-il, mais qu'y puis-je ?...

– Vous pouvez vous cacher.

– Docteur !...

– Est-ce le mot qui vous répugne ? Eh bien ! disparaissez, si vous l'aimez mieux, et ce soir plutôt que demain. Qui vous retient ? Votre mère ? Non, n'est-ce pas ? Vous n'avez qu'à lui dire que vous croyez la police sur vos traces, et elle sera la première à approuver votre détermination. Or, voyez-vous d'ici la figure de M. de Combelaine, le matin où ses espions viendront lui dire : « Plus de Delorge, parti, disparu, envolé !... »

Ce parti, c'était clair, ne souriait pas à Raymond.

– Me cacher, objecta-t-il, n'est-ce pas renoncer à la lutte, me condamner à une impuissance absolue ?

– Que feriez-vous en ne vous cachant pas ?...

– Je ne sais, mais il me semble...

– Il vous semble à tort. Alors même qu'on ne vous arrêterait pas, les événements s'agitent hors de votre portée. C'est entre Combelaine et Cornevin qu'est la lutte désormais. Quel sera le vainqueur ?... Moi je parierais pour Cornevin... Qu'il triomphe, et Mlle de Maillefert est à vous. Mais s'il échoue, croyez-moi, ce n'est pas vous qui eussiez triomphé.

Quand même, l'obstiné Raymond cherchait encore des objections.

– Disparaître, fit-il, ce sera peut-être déranger les projets de Laurent...

– Je prétends, au contraire, que ce sera les servir. Pensez-vous donc ne lui pas être un cruel souci ? Croyez-vous que, sachant votre vie menacée et qu'une fois déjà vous n'avez que par miracle échappé au couteau des assassins, il ne s'épuise pas en combinaisons incessantes pour vous protéger ?...

Que répondre à des raisons si péremptoires ?

– Je n'hésiterais pas, dit Raymond, si l'opinion que nous avons de la situation était basée sur autre chose que des conjectures...

M. Legris l'arrêta.

– Et si je vous apportais, prononça-t-il, l'indiscutable preuve que les papiers enlevés à Mme Misri ne sont pas aux mains de Combelaine ?

– Oh ! alors !... Mais le moyen ?...

– Il en est un, peut-être, répondit le docteur.

Et après un instant de réflexions, d'une voix légèrement altérée :

– Autrefois, dit-il, passionnément, follement, j'ai aimé une femme qui a mal tourné... J'ai eu le courage de rompre, je n'ai pas eu la force de cesser de penser à elle... On ne s'arrache pas un amour du cœur comme on se fait tirer une dent... En dépit de ma raison, je m'intéressais... à cette malheureuse, qui s'est fait un nom dans le monde galant, et tout en l'évitant comme la peste, je n'ai jamais cessé de la suivre de l'œil. Son existence, depuis le jour où j'ai rompu, je la connais, et c'est ainsi que je sais qu'elle est devenue une des intimes de Mme Flora Misri. Par elle, nous avons des chances de connaître la vérité.

– Oh ! docteur, murmura Raymond.

– Il y a un an, affronter cette femme eût été de ma part une imprudence. Je n'étais pas guéri. Aujourd'hui, je suis sûr de moi. La revoir me fera peut-être un mal affreux, mais je me dois de braver cette souffrance... Quoi que je lui demande, je crois qu'elle le fera... Demain donc, avant midi, je serai chez elle, lui demandant de faire parler Flora Misri.

151

II

C'est boulevard Malesherbes, au coin de la rue de Suresnes, à deux pas des Champs-Élysées, que demeurait, sous le galant pseudonyme de Lucy Bergam, la femme autrefois tant aimée du docteur Legris.

Dire que le cœur du docteur ne battait pas un peu quand il monta en fiacre pour se faire conduire chez elle, ce serait beaucoup dire.

Mais il avait promis.

Il remplissait un devoir, pensait-il, et d'autant plus sacré, qu'il n'avait pas tout dit à Raymond...

Il ne lui avait pas dit que cette Lucy Bergam se trouvait être précisément cette actrice fantaisiste des Délassements, qui coûtait les yeux de la tête à M. Philippe de Maillefert, et de qui M. Coutanceau tenait les renseignements qu'il avait donnés à Mme Flora Misri.

– Mme Lucy Bergam, lui dit le concierge, c'est au second, la porte à droite... Seulement, elle doit être sortie.

M. Legris monta, néanmoins, lentement, se préparant à la plus pénible impression, s'armant de la ferme volonté de dissimuler l'émotion qu'il pensait ressentir.

Ce n'est pas à son premier coup de sonnette qu'on vint.

Il avait déjà sonné trois fois et très fort, lorsqu'il entendit des chuchotements et des pas.

L'instant d'après, la porte s'entrebâillait étroitement, avec les précautions que prennent les gens qui redoutent la visite d'un ennemi.

Une sorte de chambrière à la mine futée et à l'œil impudent allongea la tête, et après qu'elle eut toisé le docteur :

– Que voulez-vous ? demanda-t-elle.

– Parler à Mme Bergam.

– Elle est sortie.

Assurément elle mentait, cela se voyait, malgré l'habitude qu'elle devait avoir de mentir.

Cependant, M. Legris ne s'avisa ni d'insister ni de parlementer.

Tirant une de ses cartes de son portefeuille :

152

– Remettez, dit-il, cette carte à Mme Bergam. Je vais descendre assez lentement pour que vous puissiez me rappeler si elle désire me recevoir.

Le calcul était juste.

Il n'avait pas descendu dix marches, que la soubrette s'élançait sur le palier en criant :

– Monsieur, madame y est pour vous...

Il remonta et fut introduit dans un salon très luxueux et du goût le plus détestable, tout encombré de choses incohérentes, les unes précieuses véritablement, les autres tout simplement ridicules.

Ce n'est pas là, cependant, ce qui frappait le docteur.

Ce qui l'étonnait, c'était le désordre de ce salon, où tout trahissait les apprêts d'un départ précipité.

Deux de ces malles immenses que l'on appelle des chapelières étaient là, à demi pleines et entourées de cartons, de nécessaires et de sacs de voyage.

Puis, sur les tables, sur les chaises, sur le tapis, partout s'étalaient et s'empilaient des cachemires et du linge, des robes, des chapeaux, des jupons, enfin tout cet attirail prodigieux qu'une femme à la mode traîne maintenant avec elle.

Mais avant que le docteur Legris eût le temps de réfléchir, une porte s'ouvrit brusquement, et Mme Lucy Bergam en personne parut, vêtue d'un superbe peignoir tout taché, les cheveux en désordre.

– Valentin !... s'écria-t-elle !

Elle avançait, les bras ouverts ; mais le docteur recula et, froidement :

– Moi-même, fit-il.

Le fait est que l'émotion qu'il avait redoutée n'était pas venue. C'était bien fini. Mme Lucy était incapable de faire tressaillir en son cœur un souvenir du passé.

– Je savais bien que vous ne m'aviez pas oubliée, continua-t-elle, et que vous viendriez lorsque vous sauriez le malheur qui m'arrive.

– Il vous arrive un malheur, à vous !...

Elle parut stupéfaite.

– Comment ! fit-elle, vous ne savez pas ?

– Je ne sais rien...

– On ne parle que de cela, cependant, dans tout Paris, et tous les journaux du matin l'annoncent. Philippe est en prison, au secret...

Le docteur tressauta.

– Philippe, répéta-t-il, le duc de Maillefert ?...

– Oui. C'est hier soir qu'il a été arrêté, à cinq heures, ici... Nous allions sortir pour dîner avec des amis, au café Anglais, quand voilà deux messieurs qui se présentent, demandant à dire deux mots à M. le du de Maillefert. Eh bien ! ils étaient jolis, les deux mots ! Naturellement, on les fait entrer, et sitôt dans le salon : « Monsieur, disent-ils, au nom de la loi, nous vous arrêtons... »

– C'est inouï, murmurait le docteur.

– Ah ! si j'avait été à la place de Philippe, poursuivait Mme Bergam, c'est moi qui leur aurais brûlé la politesse, à ces oiseaux-là !... L'escalier de service n'est pas fait pour les chiens, n'est-ce pas ? Mais lui, rien. Il est devenu plus blanc qu'une guenille, et si tremblant que j'ai cru qu'il allait tomber. Il roulait de gros yeux hébétés, en répétant : « Il y a erreur, je vous donne ma parole d'honneur qu'il y a erreur. » Je t'en moque. Les autres ont déclaré qu'ils savaient bien ce qu'ils faisaient, qu'ils avaient un mandat conte lui, et, en effet, ils le lui ont montré...

– Et il les a suivis...

– Oh ! pas tout de suite. Il a commencé par réclamer une voiture. On lui a dit qu'il y avait un fiacre à la porte. Il a demandé à écrire des lettres. On lui a répondu que l'ordre était de ne communiquer avec personne. C'est alors qu'il a dit aux agents : « Eh bien ! partons. » Ils sont sortis, mais une fois dans le corridor, Philippe est rentré, et venant à moi, vivement à l'oreille : « Va-t-en, me dit-il, trouver Verdale et Combelaine, et affirme-leur de ma part que je consens à tout... »

– À tout... quoi ?

– Je n'en sais rien.

– Et vous avez fait la commission ?...

– J'ai essayé de la faire, du moins. Seulement, je n'ai pas trouvé M. de Combelaine, et chez M. Verdale, je n'ai pu parler qu'à un jeune homme, qui est son fils, à ce qu'il paraît, et qui m'a reçue comme un chien dans un jeu de quilles...

154

La stupeur du docteur Legris était immense. Toutes ses prévisions se trouvaient déconcertées par ce nouvel et extraordinaire incident.

– Mais enfin, interrompit-il, pourquoi M. Philippe de Maillefert a-t-il été arrêté ?

– Est-ce que je sais, moi ?... répondit la jeune femme.

Puis, se frappant le front :

– Mais il y a des détails dans les journaux, ajouta-t-elle. Attendez, j'en ai là un qui m'a été envoyé par quelque bonne petite camarade...

Elle le prit et le tendit au docteur, qui, l'ayant ouvert, se mit à lire à demi-voix :

« Hier, à l'heure de la petite Bourse, circulait sur les boulevards la nouvelle de l'arrestation de l'un de nos plus brillants gentilshommes, célèbre par son malheur constant au jeu et ses innombrables chutes sur le turf.

« Renseignements pris, la nouvelle, si invraisemblable qu'elle paraisse, est vraie.

« Arrêté chez une personne de son intimité, le jeune duc de M... a été immédiatement conduit devant M. Barban d'Avranchel, auquel est confiée l'instruction de son affaire, et écroué ensuite à la Conciergerie, au secret... »

– Une personne de son intimité ! grommelait Mme Bergam, visiblement offensée, comme s'il n'eût pas été plus simple de me nommer !...

Le docteur poursuivait :

« Président du conseil d'une très importante société financière, M. de M... aurait, assure-t-on, commis ou laissé commettre les plus graves... irrégularités.

« Nous nous abstiendrons, pour aujourd'hui, de rapporter les versions qui circulent et les détails que nous avons recueillis. Nos lecteurs comprendront notre réserve. Plutôt paraître moins bien informés que certains de nos confrères que d'ajouter à la douleur d'une grande famille, victime peut-être, nous l'espérons encore, d'un fatal malentendu... »

– Quelle aventure ! murmurait le docteur.

Et lentement et pour lui seul, il relisait l'article, cherchant s'il n'y avait rien entre les lignes, sans souci de Mme Bergam, laquelle donnait un libre cours à sa douleur et à sa colère.

– Voilà ma chance ordinaire ! gémissait-elle. Il n'y a qu'à moi que de pareilles choses arrivent ! Philippe arrêté ! Et à quel moment, s'il vous plaît ? Juste quand je suis dans une situation impossible, criblée de dettes et sans le sou. Sous prétexte qu'il allait avoir des millions avant trois mois, Philippe ne payait plus rien ni personne.

Le bruit d'une discussion violente dans l'antichambre l'interrompit.

– Qu'est-ce encore ! fit-elle, en devenant plus rouge.

Elle allait sonner, mais la soubrette à l'air impudent parut, et d'un ton narquois, dit :

– C'est M. Grollet...

– Le loueur de voitures ?

– Oui.

– Qu'il repasse, je suis occupée...

– Eh bien ! que madame aille le lui dire ; moi, je ne m'en charge pas.

Violemment, Mme Bergam frappait du pied.

– Qu'il entre, alors, dit-elle.

M. Legris avait lâché son journal.

Ce nom de Grollet l'avait fait tressaillir.

N'était-ce pas ainsi que se nommait le palefrenier de l'Élysée, qui s'était audacieusement substitué à Laurent Cornevin disparu, et dont le faux témoignage devant M. Barban d'Avranchel, le juge d'instruction, avait tant contribué à sauver M. de Combelaine ?

Il parut à l'instant, type accompli du maquignon enrichi, gouailleur et impudent, vêtu d'habits cossus, le ventre battu par de grosses chaînes d'or, le chapeau sur la tête.

– Est-ce bien vous, monsieur Grollet, commença Mme Lucy d'une voix douce, qui venez me tourmenter ?...

– J'ai besoin d'argent...

– Ne savez-vous donc pas ce qui m'arrive ?

– M. de Maillefert est en prison ?

– Précisément.

Le loueur eut un geste furibond.

– C'est-à-dire que voilà mon argent perdu ! s'écria-t-il. Fiez-vous donc après à tous ces nobles, qui vous traitent de haut en bas... Filous, va ! Enfin, je verrai... Mais en attendant j'arrête les frais, et à partir d'aujourd'hui, plus de voiture...

156

Il tempêtait, il jurait, et cependant sa colère ne semblait rien mois que réelle au docteur Legris.
– Cher monsieur Grollet, supplia Mme Lucy...
– Quoi ?
– Vous me laisseriez bien un coupé, au moins, rien qu'un petit coupé à un cheval...
– Avez-vous de l'argent à me donner ?...
– Hélas !...
– Alors, serviteur...
– Plus de voiture ! Mon Dieu ! comment vais-je faire ?
Grollet ricanait.
– Vous ferez comme les honnêtes femmes, donc, dit-il, vous irez en omnibus.

Peu soucieuse de cette brutale raillerie, Mme Lucy adressait au docteur des regards éplorés.

Peut-être espérait-elle vaguement qu'il allait tirer de sa poche des billets de banque, et les jeter au nez du loueur.

Elle perdait ses peines. M. Legris n'avait d'attention que pour Grollet. Comment cet entrepreneur si riche, qui possédait un des beaux établissements de Paris, venait-il de sa personne réclamer le montant de ses factures et faire des scènes, métier désagréable, que les plus modestes commerçants laissent à leurs employés ou à leurs huissiers ? Était-ce bien de son propre mouvement qu'il agissait ainsi !

– Eh bien ! reprit Mme Lucy, lasse d'attendre en vain un bon mouvement du docteur, soit, j'irai en omnibus. Mais soyez tranquille, je vous revaudrai l'avanie que vous me faites...
– À votre aise, répondit brutalement le loueur. Seulement, qu'on me paye, sinon, gare aux meubles !...

Il sortit là-dessus. Mme Bergam semblait près de tomber en convulsions.

– Et voilà les gens, s'écriait-elle, dès qu'ils vous savent dans le malheur, ils vous tombent dessus. Tapissier, modiste, couturière, c'est comme une procession, ici, depuis ce matin. Je vais être saisie, c'est sûr. Ah ! si Philippe sort de prison, il me le payera. Laisser une femme dans cette position !...

Était-ce bien au seul Philippe que Mme Lucy Bergam adressait ces reproches amers, et n'en devait-il pas rejaillir une part sur le docteur, qui avait eu la vilenie de ne pas intervenir ?

157

Mais il était fermement résolu à ne rien comprendre, et de l'air le plus désintéressé :

– C'est donc à tous ces tracas, dit-il, que je dois attribuer votre départ ?

– Quel départ ?

Du geste, il montra le désordre du salon, les sacs de nuit, les malles...

– C'est vrai, répondit la jeune femme, c'est vrai, j'oubliais. Malheureusement, non, ce n'est pas moi qui pars... Est-ce que j'ai d'aussi belles choses que cela, moi, des cachemires de mille écus, des dentelles de vingt-cinq louis le mètre, des diamants qui valent plus de cent mille francs ?... Hormis mon mobilier, qui n'est même pas complètement payé, je n'ai rien, moi, que de la pacotille, du rebut, du faux, du « toc » !... On disait que je ruinais Philippe, et je laissais dire, parce que c'est tout de même flatteur, mais va-t-en voir s'ils viennent !... Ruine-t-on qui n'a rien ?... Et Philippe n'a rien, que des dettes. Ses quelques louis passaient au jeu. Pour le reste, nous prenions à crédit, toujours, partout... Le lendemain du mariage de sa sœur, nous devions, me jurait-il, rouler sur l'or... Seulement, sa sœur est toujours fille, le voilà en prison, et je suis seule à tenir tête aux créanciers... Ah ! si j'avais su, quand j'étais ouvrière au faubourg Saint-Jacques !

Peut-être y avait-il beaucoup de vrai dans ce qu'elle disait. Peut-être le docteur Legris était-il plus cruellement vengé qu'il ne le supposait. Mais que lui importait !...

– À qui donc tout ce bagage ? interrogea-t-il.

À une de mes amies, à Flora Misri, qui se cache chez moi depuis douze jours...

Le docteur avait tressailli de joie. La partie, décidément, se présentait plus belle qu'il n'eût osé le souhaiter.

– Qui donc craint-elle si fort, la pauvre femme ? fit-il.

– Combelaine, donc ! Ah ! si elle voulait me croire ! Mais non. Cet homme la rend folle. C'est à ce point qu'elle n'ose même pas aller jusque chez elle. Tout ce que vous voyez là, elle l'a envoyé chercher pièce à pièce par ma femme de chambre. Elle qui était si avare et si défiante, qui aurait coupé un liard en quatre et qui croyait toujours qu'on la volait, elle confie maintenant toutes ses clefs, même celle de son secrétaire, à la première venue... Si bien que nous étions en train de faire ses malles quand vous êtes arrivé. Elle compte, ce soir, à la nuit, se faire conduire au chemin de fer et passer en Angleterre, et ensuite en Amérique...

Jusqu'à quel point le récit de Mme Bergam devait être exact, nul mieux que le docteur Legris ne pouvait le savoir.

Et cependant, il souriait d'un air de doute.

— Pas mal imaginé, murmurait-il, pas mal !...

Il voulait piquer Mme Bergam, il y réussit d'autant plus aisément qu'elle se croyait intéressée à lui prouver la réalité de sa détresse.

— Vous croyez que je mens ! s'écria-t-elle. Eh bien ! attendez, vous allez voir...

Et courant ouvrir une des portes :

— Flora ! cria-t-elle, Flora, viens donc, tu n'as rien à craindre.

L'instant d'après Mme Misri entrait.

Elle n'avait plus à nier la quarantaine, désormais. Sa pâleur et les plis de ses tempes disaient ses insomnies, de même que la mobilité de ses yeux et le tremblement de ses mains trahissaient ses perpétuelles frayeurs.

Décidé à brusquer la situation, le docteur s'avança.

— Je suis le plus intime ami de M. Raymond Delorge, madame, prononça-t-il.

À ce nom, une fugitive rougeur colora les joues pâlies de Mme Misri.

— M. Delorge s'est conduit avec moi abominablement, prononça-t-elle.

— Madame !...

— C'est une lâcheté indigne que de trahir une femme comme il m'a trahie... J'avais eu la faiblesse de lui révéler l'existence de certains papiers que je possédais, il en a profité pour s'introduire chez moi et me les voler...

Ce qu'elle disait, elle le croyait, c'était manifeste.

— Vous vous trompez, madame, ce n'est pas mon ami qui vous a enlevé vos papiers ; je vous le jure sur l'honneur.

— Qui donc les aurait pris ?

— Celui qui avait le plus grand intérêt à les posséder, le comte de Combelaine.

C'est la bouche béante, et stupide d'étonnement, que Mme Bergam écoutait.

Elle commençait à soupçonner qu'elle avait été dupe d'une illusion, et que ce n'était pas uniquement pour ses beaux yeux que le docteur était venu.

– Ce n'est pas par Combelaine que j'ai été volée ! déclara Mme Misri.

– Qu'en savez-vous ? fit le docteur.

– Il me l'a dit.

– N'a-t-il donc jamais menti !...

Elle frissonna de souvenir, et vivement :

– Il n'a pas menti en cette occasion, dit-elle, je vous le jure. C'était le lendemain de l'affaire du bois de Boulogne. Désolée de ce que j'avais fait, et craignant d'être relancée par M. Delorge, j'étais venue passer la nuit ici, sur ce canapé...

– C'est la vérité, attesta Mme Bergam.

– Dès huit heures du matin, j'envoyai chercher une voiture, et je me fis conduire chez moi. Mon parti était pris. J'étais résolue à rendre à Victor, sans conditions, tout ce que j'avais à lui. Jugez de ma stupeur lorsque, cherchant ces papiers maudits, je ne les trouvai plus. Et nulle trace d'effraction ! J'interrogeai mes domestiques, ils n'avaient rien vu, rien entendu. J'en perdais si bien la tête que c'est comme d'un rêve que je me souviens de la visite de ma sœur. J'étais comme folle...

– C'est ce qu'a dit, en effet, Mme Cornevin, approuva le docteur.

– Ma sœur venait de partir, continua Mme Flora, lorsque je vis paraître Victor. Il savait ma promenade avec M. Delorge, et était furieux. Fermant à clef la porte de ma chambre : – « À nous deux, me dit-il ; mes papiers, à l'instant !... » Alors, j'espérais que c'était lui qui les avait enlevés. – « Tu sais bien, répondis-je, que je ne les ai plus ! » Il devint livide, et sans mot dire il bondit jusqu'à ma cachette, dont il avait, sans que je puisse deviner comment, surpris le secret. Voyant que je disais vrai : – « Ah ! misérable femme ! s'écria-t-il, tu les as vendus au fils du général Delorge ! » Il était si effrayant que je me laissais tomber à genoux, en murmurant : « Je te jure que non ! » Mais lui, sans m'écouter : « Tu vas voir comment je punis les traîtres ! » cria-t-il. Et me saisissant au cou, il m'eût étranglée, j'étais morte, sans un de mes domestiques, qui, entendant mon râle, fit sauter la porte et m'arracha de ses mains !...

160

Ce n'est pas sans effort que le docteur Legris dissimulait, sous une mine grave et froide, l'immense satisfaction dont il était inondé.

– Et après ? interrogea-t-il.

– Après, je crus que Victor deviendrait fou de rage.

– Je t'ai manquée cette fois, me dit-il, mais tu es condamnée sans appel. » Puis, avant de se retirer : « – Tes amis, Raymond Delorge et tous les misérables qui ont payé ton infâme trahison, triomphent sans doute. C'est trop tôt. Je suis perdu, c'est possible, mais ils ne sont pas sauvés. Je ne périrai pas seul, en tout cas. On ne sait pas ce dont un homme comme moi est capable, une fois acculé au fond d'une situation sans issue... » J'essayai de le détromper, de lui démontrer que j'avais été victime d'un abus de confiance, il refusa de m'écouter : « – Va retrouver ton Delorge, fit-il en ricanant, et qu'il te protège, s'il le peut... » Et il sortit...

Elle s'arrêta ; son état était si pitoyable, que Mme Lucy Bergam, dont la sensibilité n'était pas le défaut, en fut touchée.

– Pauvre Flora ! murmura-t-elle.

Déjà elle poursuivait :

– Victor parti, je tombai comme une masse, évanouie. Lorsque je repris enfin connaissance, je reconnus, penché au dessus de moi, le visage pâle et les lèvres serrées, le docteur Buiron... Peut-être le connaissez-vous ?

Oui, M. Legris le connaissait.

C'était ce médecin, il s'en souvenait bien, qui, dix-huit ans plus tôt, avait été appelé à l'Élysée, près du général Delorge mort et déjà froid.

– M. Buiron est un confrère, répondit-il simplement.

– C'est un homme très savant, à ce qu'il paraît, reprit Mme Flora, très riche, qui est dans les places et dans les honneurs... Et cependant lorsque mes yeux rencontrèrent les siens, je frémis comme si j'avais entrevu la mort même... C'est que je le connais, moi, le docteur Buiron. Il venait chez moi quelquefois passer la soirée. C'est un ami intime de Victor. Il y a une lettre de lui parmi les papiers qui m'ont été volés. Ma première idée fut : « – Cet homme a été envoyé pour m'empoisonner !... »

Pauvre Misri !... De grosses larmes roulaient le long de ses joues.

– C'est que je ne m'abusais pas, disait-elle d'une voix étouffée, c'est que je ne sentais que trop combien il serait aisé de se défaire de moi sans danger. Une femme telle que moi, qui donc s'en soucie ! On se ruine pour elle, on lui donne des diamants, on lui prodigue les flatteries... Mais quant à paraître mêlé à sa vie, à moins d'être un Combelaine, qui donc le voudrait !...

Sans perdre une syllabe du récit de Mme Flora, le docteur Legris, du coin de l'œil, guettait Mme Bergam.

Elle s'était assise et, toute pâle, elle l'écoutait, épouvantée des misères de cette femme dont elle avait envié la vie.

– Cependant, continuait Mme Misri, vous pensez bien que je ne laissai rien voir au docteur Buiron de mes soupçons. – « S'il voit que je me défie, pensais-je, c'en est fait de moi à l'instant. » Je le remerciai bien, au contraire, de s'être tant hâté de venir, et je lui promis de suivre avec la dernière exactitude toutes ses prescriptions. Mais dès qu'il eut tourné les talons, vite je jetai tout ce qu'il avait envoyé chercher chez le pharmacien, les drogues et les potions. Après quoi, sortant du lit malgré ma faiblesse, je me fis habiller et conduire ici. Je savais que Lucy a bon cœur, et que ce n'est pas elle qui abandonnerait une amie dans la peine, et qu'elle ne me trahirait pas, quand bien même on lui offrirait gros d'or comme elle.

– J'aimerais mieux mourir que de trahir une amie, affirma Mme Bergam.

– Oh ! je le sais, se hâta de reprendre Mme Misri, je le sais très bien. Pauvre mignonne, je t'ai bien gênée, n'est-ce pas ? bien ennuyée, bien tracassée, mais sois tranquille, tu n'as pas obligé une ingrate...

– Je ne demande rien, Flora...

– Non certes, mais je n'oublie pas ce que je te dois... Te voici dans l'embarras, par suite de l'arrestation du duc de Maillefert, et tes créanciers abusent de ta position pour te tourmenter... Mais je suis là. Je ne veux pas que mon amie Lucy soit saisie, moi, ni qu'on la fasse pleurer. J'ai de l'argent. Je t'en donnerai pour payer tes créanciers et attendre...

D'un commun mouvement, les deux femmes s'étaient levées et s'embrassaient avec des effusions qui eussent touché le docteur, s'il n'eût compris le sens vrai de cette scène d'attendrissement.

162

Il était clair que Mme Bergam, se voyant sans ressources, avait dû songer à tirer parti des secrets de son amie.

Il était évident que Flora en avait eu le soupçon, et que, par cette générosité soudaine et si contraire à ses habitudes, elle espérait prévenir une trahison...

Dès que Mme Misri se fût rassise :

– Et maintenant, chère madame, interrogea le docteur, y aurait-il de l'indiscrétion à vous demander ce que vous comptez faire ?...

Elle le regarda d'un air soupçonneux.

– Je ne suis pas encore bien décidée, répondit-elle.

Du pied, négligemment, le docteur poussa une des malles.

– Je pensais, fit-il, que vous alliez partir pour un long voyage...

– Peut-être...

Lui, s'attendait à cette réserve.

– Je vous suis inconnu, madame, commença-t-il...

Mais Mme Bergam l'interrompit.

– Oh ! on peut tout dire devant Valentin, s'écria-t-elle, je réponds de lui !

M. Legris ne lui sut aucun gré de cette assistance.

– Madame cessera, je l'espère, de se défier de moi, reprit-il, en se rappelant que je suis l'ami de Raymond Delorge.

– Oui, j'oubliais ; vous êtes l'ami de Raymond...

Le plus intime, madame, ce qui est vous dire que nos intérêts, nos craintes et nos espérances sont les mêmes...

Il fut interrompu par un grand claquement de portes, puis par une voix furibonde qui criait, dans l'antichambre :

– Je vous dis qu'elle y est, moi, sacré tonnerre ! et je vous commande d'aller lui dire que c'est moi qui veux lui parler, moi le baron Verdale !...

Entendant ce nom, Mme Flora Misri était devenue plus pâle encore.

– Verdale !... bégaya-t-elle, c'est Victor qui l'envoie, je suis perdue...

Ce dont M. de Combelaine pouvait être capable, il suffisait pour le comprendre de voir la terreur de cette malheureuse qui le connaissait si bien.

– Vous n'avez rien à craindre, madame, prononça le docteur. Ne suis-je pas là ?

– Ne peux-tu pas te cacher d'ailleurs ? proposa Mme Bergam, aux petits soins désormais pour cette amie qui devait la tirer d'embarras.

Et ouvrant vivement la porte de sa chambre à coucher :

– Va, dit-elle, en y poussant Mme Flora, va et enferme-toi ; nous allons le recevoir, nous, ce monsieur.

Il était temps.

Désespérant de vaincre la résistance obstinée de la chambrière, M. Verdale avait pris le parti de s'annoncer lui-même, et il entrait.

C'était toujours le même gros homme, portant partout l'intolérable despotisme du parvenu. Il était seulement beaucoup plus rouge encore que de coutume.

Sans remarquer le docteur, lequel, discrètement, s'était retiré dans un coin :

– Je savais bien, parbleu ! que vous y étiez ! dit-il grossièrement à Mme Lucy. Depuis quand faut-il violer des consignes, quand on veut vous parler !...

– Vous avez à me parler, monsieur ?...

– À vous, oui.

Ainsi, ce n'était pas pour Mme Misri qu'il venait. Si elle l'entendait de la chambre à coucher, comme c'était probable, elle dut respirer plus librement.

Sans daigner s'asseoir, et toujours du même ton rude :

– Vous vous êtes présentée chez moi, vous, commença-t-il.

– Oui, hier soir.

– Et comme j'étais absent, vous avez demandé à voir mon fils.

– Je n'ai rien demandé du tout. C'est votre domestique qui m'a conduite à un jeune homme...

– Eh bien ! ce jeune homme est mon fils.

Un geste d'épaules fut la seule réponse de Mme Bergam, geste qui, éloquemment, traduisait cette phrase :

– Je m'en moque pas mal !

La mauvaise humeur de M. Verdale en redoubla.

– Savez-vous, reprit-il, que c'est du toupet de s'introduire dans les maisons...

– Monsieur !...

– Pour y colporter des ragots ridicules.

164

Sans avoir précisément l'habitude d'être traitée avec un respect exagéré, Mme Lucy s'indignait de la grossièreté de M. Verdale.

– D'abord, je ne fais jamais de ragots, déclara-t-elle, en prenant son grand air de dignité première.

– Qu'avez-vous donc raconté à mon fils ? Je l'ai trouvé en rentrant aussi mécontent que possible.

Il était évident, et le docteur Legris le reconnaissait bien, que M. Verdale, de même que beaucoup de pères en sa situation, avait en monsieur son fils un censeur incommode, sinon un maître redouté.

– Je ne lui ai rien raconté, répondit Mme Bergam. Ce jeune homme, qui n'est pas poli du tout, ne m'a seulement pas laissé le temps de lui bien expliquer ce que Philippe m'a chargée de faire savoir à M. de Combelaine et à vous, c'est-à-dire qu'il consent à tout...

– C'est fort heureux, en vérité... Et quand vous a-t-il donné cette commission, M. Philippe ?

– Lorsqu'on est venu l'arrêter.

M. Verdale eut un mouvement de dépit.

– Elle est donc vraie, fit-il, cette histoire d'arrestation que je viens de lire dans les journaux du matin ?

– Très vraie, malheureusement. Vous n'avez donc pas vu M. de Combelaine ?...

– Combelaine !... Est-ce qu'on le voit ? est-ce qu'on lui parle ? est-ce qu'on sait ce qu'il tripote et ce qu'il devient ?...

De plus en plus, la colère montait en flots de pourpre au visage de l'ancien architecte. Il ne se contenait plus. Il oubliait qu'il n'était pas seul.

– Il se cache, parbleu ! après le beau coup qu'il vient de faire, poursuivait-il. Faire arrêter le duc de Maillefert !... C'est de la folie, c'est le comble de la démence !... Fourrer le nez de la justice dans nos affaires, comme c'est adroit !... Qu'il aille donc arrêter les poursuites, maintenant, ou limiter seulement les investigations !... Mais c'est bien fait pour moi, je n'ai que ce que je mérite !... Est-ce que je ne connaissais pas Combelaine ?... Est-ce que je ne savais pas qu'il incendierait la maison de son meilleur ami pour se faire tiédir un bain de pieds !... Et ne pas me prévenir, ne me rien dire, m'exposer à tout !...

Si le docteur Legris eût encore eu des doutes, il ne lui en fût plus resté un seul après cette explosion.

Une inspiration audacieuse lui vint. Il s'avança brusquement, et d'un ton dégagé :

– Peut-être ne blâmeriez-vous pas si fort M. de Combelaine, monsieur, dit-il à M. Verdale, si vous connaissiez les raisons de sa conduite.

C'est d'un œil stupéfait que l'ancien architecte considérait cet étranger qu'il n'avait pas aperçu d'abord, et qui lui faisait l'effet de surgir du parquet.

S'étant un peu remis, cependant :

– Vous les savez donc, vous, monsieur, ces raisons ? demanda-t-il.

– Je crois les savoir, du moins.

– Ah !

– Il est arrivé un accident à M. de Combelaine...

– Un accident ?

– Ou un désagrément, comme vous voudrez, qui a dû précipiter ses résolutions. En homme prudent et qui sait combien peu il faut se fier aux faveurs de la fortune, M. de Combelaine s'était de son mieux mis en garde contre les rigueurs de l'avenir. Il avait soigneusement collectionné et mis en un lieu qu'il croyait sûr quantité de documents qui compromettaient gravement plusieurs de ses amis, tous gens influents par leur fortune ou leur situation. C'était la ressource de ses vieux jours...

L'architecte trépignait d'impatience.

– Au fait, monsieur ! s'écria-t-il.

– Eh bien ! monsieur, ces documents si précieux, M. de Combelaine ne les a plus...

– Quoi !... ces papiers qu'il avait eu l'imprudence de confier à Flora...

– Ont été volés !...

Les couleurs si brillantes de l'architecte avaient disparu.

– Voilà ce que je prévoyais, fit-il, d'un accent consterné. Oui, je l'avais prévu !... Le jour où Flora Misri nous a menacés de ces papiers maudits, j'ai dit à Combelaine : Prenez garde, prenez bien garde !... Il m'a ri au nez. Flora, selon lui, était sa propriété, sa chose, et il n'avait rien à redouter d'elle. En voilà la preuve !...

166

Il se tut, mesurant sans doute le péril ; puis s'adressant au docteur :

– Savez-vous aussi, demanda-t-il, par qui ces papiers ont été volés ?

Cette question, le docteur l'attendait, et sa réponse allait, pensait-il, servir puissamment Cornevin.

– On suppose, répondit-il, qu'ils ont été enlevés par Raymond Delorge.

– Le fils du général ?...

– Précisément.

– Dans quel but ?...

– Uniquement pour empêcher M. de Combelaine d'épouser Mlle de Maillefert.

Mais l'ancien copain de Me Roberjot n'était pas homme à se laisser démonter longtemps. Il avait en sa vie tenu tête à trop de bourrasques pour ne pas savoir qu'on revient de loin avec de l'audace.

– M. Delorge n'empêchera rien, déclara-t-il.

– Qui sait ?

– C'est moi qui vous le garantis. Quant à Flora, elle ne portera pas en paradis sa petite infamie, vous pouvez le lui garantir. Sur quoi, madame et monsieur, j'ai bien l'honneur...

Et il s'en alla, sans avoir soulevé son chapeau, haussant toujours les épaules, comme s'il se fût reproché, lui, un personnage sérieux, d'avoir perdu à des futilités quelques minutes de son temps précieux.

– C'est égal, s'écria Mme Bergam, il est dans ses petits souliers...

– On le croirait, approuva le docteur.

– Et j'ai idée qu'il va y avoir une fameuse scène entre Combelaine et lui.

Elle riait de plaisir.

– Et le résultat, continuait-elle, sera de me rendre Philippe. Pauvre garçon ! Je suis bien sûre, moi, qu'il est trop bête pour être coquin...

Elle ne put continuer, Mme Flora sortait de la chambre où elle s'était réfugiée à l'arrivée de M. Verdale. Agenouillée derrière la porte de communication, l'oreille collée contre la serrure, elle n'avait pas perdu un mot de la conversation.

– Ainsi donc, vous me trompiez, dit-elle au docteur Legris, c'est bien M. Delorge qui m'a volée...
– Permettez...
– Vous venez de le dire à M. Verdale, je vous ai entendu.
– Eh oui, je l'ai dit, je ne le nie pas, mais j'avais mes raisons.
Elle l'interrompit violemment.
– C'est-à-dire que vous me trahissiez, s'écria-t-elle, lâchement, comme tous les autres !...
Discuter avec une femme dont la colère et la peur troublaient la faible cervelle, n'était-ce pas perdre son temps ? Mais le docteur Legris s'était juré de conquérir Mme Flora à ses projets.
S'armant donc de patience :
– Moi vous trahir ! reprit-il. Est-ce possible ? Songez-vous bien à ce que vous dites ? Au profit de qui vous trahirais-je ? Au profit de M. de Combelaine, qui est notre plus mortel ennemi, qui a jadis assassiné le père de Raymond, et qui maintenant veut lui ravir la femme qu'il aime et dont il est aimé ?... C'est insensé, vous devez bien le comprendre...
Qu'elle se l'expliquât ou non, ses traits peu à peu se détendaient.
– Par qui votre vie est-elle menacée ? poursuivait le docteur, qui s'animait à mesure qu'il constatait le succès de son éloquence. Par M. de Combelaine. Entre vous et lui, c'est une lutte sans merci qui ne prendra fin qu'à la mort de l'un de vous deux. C'est exactement la situation de mon ami. Donc vous avez, Raymond et vous, des intérêts pareils ; donc vous devez vous entendre, vous soutenir, vous prêter en toute occasion une assistance dévouée...
– C'est vrai, murmurait Mme Misri, c'est vrai, cependant !...
– Vous vous plaignez de n'avoir ni amis ni alliés. À qui la faute ? À vous qui restez indécise entre celui dont vous avez tout à craindre et ceux dont vous avez tout à espérer. On prend un parti, que diable ! résolument.
Mme Lucy Bergam ricanait.
– Vous perdez votre temps, mon cher, dit-elle au docteur. Flora va vous promettre tout ce que vous voudrez, et vous n'aurez pas plutôt le dos tourné, qu'elle écrira à Combelaine pour lui tout dire et lui demander pardon.
Elle ne pensait pas un mot de ce qu'elle disait, Mme Lucy.

Mais elle avait beaucoup réfléchi pendant la visite de M. Verdale, et elle avait reconnu qu'il était de son intérêt de se déclarer contre ces gens qui avaient fait arrêter M. Philippe pour lui prendre sans doute ses millions, – ces millions dont elle avait tant compté avoir sa bonne part...

Sa raillerie, c'était, pensait-elle, le coup de fouet qui déciderait son amie.

Elle ne se trompait pas.

Mme Misri se dressa, la joue en feu, et d'un accent de haine farouche :

– J'ai été lâche autrefois, s'écria-t-elle, c'est vrai, mais ce temps est passé. Il y va de ma peau, maintenant, et j'y tiens. Tant que Victor vivra, je tremblerai. Si je savais quels mots dire pour le faire monter à l'échafaud, je les dirais.

Et, tendant la main au docteur :

– Je suis avec vous, monsieur, dit-elle, avec M. Delorge, avec ma sœur. Vous pouvez compter sur moi. Que voulez-vous de moi ? Parlez.

Un sourire de triomphe glissait sur les lèvres du docteur.

– Avant tout, commença-t-il, je désirerais savoir vos projets.

– Je vais quitter Paris ce soir même, monsieur.

– Quitter Paris ?... Où donc serez-vous plus en sûreté ?

– Là où Combelaine ne saura pas que je suis...

– C'est-à-dire que vous espérez lui faire perdre vos traces, que vous espérez échapper aux espions dont il ne peut manquer de vous avoir entourée...

– Je l'espère, oui, car toutes mes mesures sont prises et toutes les chances sont pour moi. Jugez plutôt. Comme vous le voyez, mes apprêts de départ sont presque terminés. Ce soir, à huit heures, j'envoie chercher une voiture, sur laquelle on charge mes bagages. Dans cette voiture, prennent place ma chère Lucy et sa femme de chambre Ernestine, vêtue et coiffée de façon à ce qu'on la prenne pour moi, et le visage caché sous un voile très épais. Elles se font conduire au chemin de fer de l'Ouest, et là, Ernestine prend un billet pour Londres, où elle se rend pour attendre mes ordres dans un hôtel convenu. Moi, restée seule, je revêts le costume d'Ernestine. Je fais ensuite monter le concierge, et carrément je lui offre dix louis, vingt louis, cent louis au besoin, s'il veut, à l'instant même, me donner le moyen de franchir le petit mur qui sépare la cour de

169

cette maison de la cour d'une maison voisine, qui a son entrée rue de Suresnes. Le concierge refuse-t-il ? Non, évidemment. Je passe donc le mur et me voilà rue de Suresnes, vêtue comme une bonne, et portant tout ce que je possède dans un grossier panier d'osier. La première voiture que je vois, je la prends, et avec cent sous de pourboire, je suis sûre d'arriver à la gare Montparnasse assez à temps pour profiter du train de Brest. Après-demain, part de Brest le paquebot de New-York. J'y prends passage sous un faux nom, grâce à un passeport que m'a procuré le père Coutanceau. Une fois en Amérique, je trouverai bien le moyen de donner de mes nouvelles à Ernestine et de me faire expédier mes malles, sans livrer le secret de ma retraite. Et si je ne le trouve pas, ce moyen, eh bien ! mon saint-frusquin sera perdu, voilà tout. Mon sacrifice est fait. Pour ce qui est de tout ce que je laisse ici, Coutanceau y veillera. Avant-hier, lorsqu'il est venu me voir, je me suis entendue avec lui, et je lui ai signé un pouvoir.

Rien de singulier comme l'ébahissement de Mme Lucy.

– Comment, Flora ! s'écria-t-elle, c'est toi qui a combiné tout cela ?

– Avec l'aide du père Coutanceau, oui.

– Et tu ne m'avais rien dit...

– À quoi bon t'inquiéter !... Ne suis-je pas sûre de toi ! Refuseras-tu un service à une amie qui, avant de te quitter, t'aura tirée de peine !...

– Oh ! non, certes !

– Ernestine hésitera-t-elle à partir pour Londres, si je lui donne cinq ou six billets de mille comme frais de voyage...

– Pour cinq mille francs, Ernestine ferait le tour du monde.

– Tu vois bien que j'ai tout prévu, fit Mme Flora.

Et réprimant un frisson :

– C'est que cela rend ingénieux, ajouta-t-elle, de songer qu'on défend sa peau !

Elle disait vrai : son plan était assez simple et assez bien conçu pour avoir quatre-vingt-dix-neuf chances de succès sur cent.

Il n'avait qu'un tort, aux yeux du docteur Legris, c'était de déranger absolument ses projets.

Son intention, en effet, était de garder Mme Misri sous la main, comme on garde à sa portée une arme chargée.

170

– Ainsi, madame, dit-il, vous nous abandonnez au moment critique ?...
– Parfaitement.
– Est-ce bien... généreux ?
– Peut-être bien que non, répondit Mme Flora, avec la cynique franchise de la peur, mais chacun pour soi. Ici, je ne vis plus. Combelaine m'a dit qu'il m'avait condamnée, je sais ce que cela signifie. Je lui ai entendu dire cela de trois personnes... Un mois après, on les portait au cimetière.

Le docteur vit bien qu'il avait fait fausse route ; aussi, loin d'insister :
– Partez donc, chère madame, fit-il ; seulement...
– Quoi ?
– Seulement, Paris est encore la seule ville où vous puissiez vivre en toute sécurité ; vous allez échapper aux espions de Combelaine qui, vous sachant ici, surveillent le boulevard Malesherbes, et ils vont suivre Ernestine, la prenant pour vous. Mais, avant vingt-quatre heures, ils auront reconnu leur erreur, et, avant deux jours, ils auront retrouvé votre piste. Et lorsque vous arriverez en Amérique, il y aura à vous guetter sur le port quelque détective prévenu par le télégraphe...

Mme Misri était devenue toute pâle.
– Oh !... protestait-elle, oh ! monsieur !
Sûr d'avoir touché juste, le docteur poursuivait froidement :
– C'est un grand et puissant pays que l'Amérique, mais qui a ses mœurs particulières. On y respecte la liberté jusqu'en ses excès. Jamais on n'y tolèrerait une police telle que la nôtre, dont la sollicitude est inquiète jusqu'à la tracasserie...
– De sorte que...
– Si je voulais me défaire lâchement et sans danger d'un ennemi, c'est en Amérique que je tâcherais de l'attirer.

Résolue à servir le docteur, Mme Lucy crut devoir intervenir.
– Ah ! chère Flora, s'écria-t-elle, écoute Valentin, ne vas pas dans cet horrible pays !...

La plus affreuse perplexité se lisait sur le visage blême de Mme Misri.
– Que faire donc, selon vous ? demanda-t-elle au docteur.
– Rester à Paris.
– J'y mourrais de peur...
M. Legris l'arrêta.

– Aussi n'est-ce pas d'y rester ostensiblement que je vous conseille, dit-il.

– Ah !...

– Je vous engage à vous y cacher...

– Hélas ! comment !...

– Le plus simplement du monde. Ainsi vous exécutez la première partie de votre plan qui est, de tout point, excellente. Ernestine part pour Londres, et vous, chère madame, vous franchissez le mur mitoyen. Seulement, rue de Suresnes, au lieu d'arrêter le premier fiacre qui passe, vous allez droit à une voiture où un ami vous attend. Cet ami, homme dévoué et prudent, qui sait son Paris sur le bout des doigts, vous a préparé une retraite sûre, il vous y conduit et vous y attendez les événements.

– Et vous croyez...

– Je ne crois pas, je suis certain que ce parti est le meilleur...

Mme Misri réfléchissait.

– Oui, murmura-t-elle, peut-être, mais ai-je un ami dévoué ?

– Vous avez moi, madame, dont l'intérêt vous répond.

– Ah ! à ta place, Flora, s'écria Mme Lucy, je n'hésiterais pas !

Elle hésitait, cependant, pleurant silencieusement, et le docteur préparait de nouveaux arguments, lorsque tout à coup :

– Alors, monsieur, dit-elle, vous viendrez m'attendre ce soir rue de Suresnes ?

– Ce soir, non, parce qu'il me faut un peu de temps pour vous préparer une cachette telle que je la veux, mais demain...

Elle était décidée.

– Soit ! s'écria-t-elle. À quelle heure ?

– À partir de huit heures, je serai dans un fiacre, arrêté en face du numéro 20. Pour que vous ne puissiez pas vous méprendre, le coin d'un mouchoir blanc pendra de la portière de ce fiacre.

– C'est entendu. Vous le voyez, monsieur, je me confie à vous, absolument...

– Vous n'aurez pas à vous en repentir, madame, je vous en donne ma parole d'honneur...

Lorsque se retira M. Legris, quelques instants après, Mme Lucy voulut le reconduire jusqu'à la porte et, une fois dans l'antichambre, lui prenant le bras :

172

– Ainsi, fit-elle, ce n'est pas pour moi que vous veniez ?
– Je l'avoue, répondit-il en souriant.
Elle soupira, et d'une voix un peu étouffée :
– Vous m'avez donc oubliée ? murmura-t-elle, moi qui jadis...
Et comme il ne répondait pas :
– Baste !... ajouta-t-elle, cela vaut peut-être mieux... pour vous surtout. Mais nous restons amis, n'est-ce pas ? Vous voyez que je suis de votre parti. Allons, adieu !...

III

Tout en descendant l'escalier de Mme Bergam :
– Oui, certes, pensait le docteur Legris, cela vaut mieux pour moi !...

Et cependant, ce n'est pas sans une surprise secrète que, s'examinant, il se trouvait l'esprit si parfaitement libre et le cœur si léger. C'était bien fini. Il n'avait été ni ému ni troublé par les regards et la voix de Mme Lucy. Son unique sensation avait été une sorte de honte d'avoir pu l'aimer jusqu'à l'oubli de soi. Car le prisme étant brisé, il la voyait et la jugeait telle qu'elle était réellement, très belle à coup sûr, mais sotte, vulgaire et banale, sans cœur et inconsciemment perverse.

Voilà donc, se disait-il, ce que deviennent avec le temps ces grandes passions dont on ne croit jamais guérir.

Mais ce n'était ni le lieu ni l'heure de philosopher, et comme il n'aperçut point de voiture aux environs, il se mit en route à pied, se faisant d'avance une fête de la joie de Raymond.

C'est que les résultats étaient immenses, estimait-il, de sa visite à Mme Bergam.

Désormais il lui était prouvé que Laurent seul avait pu s'emparer des papiers de Mme Flora, et il se disait qu'un tel homme possédant de pareilles armes devait être invincible.

Puis, n'était-ce pas un coup de partie, que d'avoir déterminé Mme Misri à rester à Paris !...

D'autant que le docteur n'était nullement embarrassé de tenir la promesse qu'il lui avait faite de lui trouver une retraite inviolable.

Parmi ses clients, se trouvait la veuve d'un sous-officier du génie, à laquelle il avait eu occasion de rendre un de ces services dont on ne s'acquitte jamais. Cette femme, d'un certain âge déjà, intelligente et énergique, habitait, tout au fond des Batignolles, une petite maison isolée.

C'est chez elle qu'il se proposait de conduire Mme Misri, bien certain que personne jamais ne s'aviserait d'aller l'y chercher.

Et la veuve avait précisément le caractère qu'il fallait pour soutenir, pour rassurer, pour défendre, au besoin, de ses propres imprudences, une femme telle que Flora.

Préoccupé autant que s'il se fût agi de ses intérêts et non de ceux d'un ami de quinze jours, M. Legris remontait la pente de

174

la rue Blanche, et il dépassait la rue Moncey, lorsqu'il s'entendit appeler :
— Monsieur le docteur !...

C'était le vieux Krauss qui venait à lui avec des gestes désespérés.
— Qu'y a-t-il ? demanda M. Legris.
— Un grand malheur, répondit le vieux soldat. M. Raymond s'habillait pour sortir, après déjeuner, quand tout à coup arrive à la maison un monsieur que j'y ai vu venir quelquefois. Tout pâle, et d'un air effaré il me demanda à parler à monsieur, à l'instant. Je le fais entrer dans le cabinet de travail, il y reste cinq minutes et ressort tout courant. Alors, M. Raymond paraît, qui nous annonce, à sa mère et à moi, qu'une société secrète dont il fait partie est découverte, que les listes sont saisies et que déjà plusieurs membres sont arrêtés. Ah ! monsieur, quelle femme que madame !... Au lieu de se troubler et de perdre son temps à pleurer : — « Eh bien ! dit-elle à Raymond, il faut fuir, te cacher, passer en Belgique. Heureusement j'ai ici trois ou quatre mille francs, prends-les et pars, ne reste pas ici une minute de plus... »
— Et il est parti ?

Oui, monsieur ; seulement, avant de s'éloigner, il m'a bien recommandé de vous guetter, pour vous empêcher d'aborder la maison, où on a peut-être établi une souricière, et pour vous dire qu'il faut absolument qu'il vous parle, et qu'il vous attend à ce café où vous l'avez si bien soigné, au *Café de Périclès*...

Le docteur Legris avait fait mieux que prévoir, il avait prédit le sort réservé à la Société des Amis de la justice, — et c'était un mince mérite après la fausse lettre de convocation adressée à Raymond.

Ayant une arme, M. de Combelaine s'en servait ; rien de si simple.

Ce qui était moins naturel, c'était qu'on eût laissé ce répit à Raymond, et qu'il n'eût pas été arrêté le premier de tous, bien avant l'éveil donné.
— Voilà ce que je ne m'explique pas, murmurait M. Legris.
— Eh bien ! approuva Krauss, c'est juste ce que disait M. Raymond, quand il a quitté la maison.
— Combien y a-t-il de cela ?

– Une heure à peu près... Mais vous allez le rejoindre sur-le-champ, n'est-ce pas, monsieur ?...
– Oui, sur-le-champ.
La colère faisait trembler la moustache du vieux soldat.
– Alors, monsieur, reprit-il, recommandez-lui bien, je vous en conjure, d'ouvrir l'œil. Qu'il se défie même de son ombre. Avec les lâches, avec des assassins, il n'y a pas de honte à être prudent.
Comptez sur moi, mon brave Krauss, dit le docteur.
Et après avoir serré la main du fidèle serviteur, au lieu de continuer à remonter la rue Blanche, il tourna rue Boursault pour gagner les boulevards extérieurs par la rue Pigalle.
Une sinistre appréhension le faisait précipiter sa marche ; Raymond n'avait-il pas été filé et arrêté ?
– Quelle folie aussi, grommelait-il, de choisir, pour me donner rendez-vous, un établissement où on lui sait des amis !
Mais il allait en avoir le cœur net ; il arrivait.
Comme tous les jours, à pareille heure, le *Café de Périclès* était silencieux et presque désert. Trois clients seulement l'honoraient de leur présence : deux peintres, qui jouaient leur dîner au billard, et le journaliste Peyrolas, assis à une table, un bock à sa gauche et un encrier à sa droite, écrivait avec une sorte de rage.
– Pas de Raymond ! se dit le docteur en pâlissant.
Si doucement qu'il fût entré, le fougueux journaliste avait levé la tête et l'avait aperçu. Aussitôt :
– Docteur !... s'écria-t-il.
Et M. Legris s'étant approché :
– Tel que vous me voyez, lui dit-il, j'achève deux articles qui feront du bruit dans Landerneau. C'est mon journal que je risque, je le sais ; c'est ma liberté que je joue, n'importe !... J'aurai cette gloire, à défaut d'autre, d'avoir élevé la voix quand la peur fermait toutes les bouches.
– Qu'est-ce donc ? demanda le docteur d'un air distrait.
– Peu de chose : les journaux officieux annoncent la découverte d'une grrrande et rrredoutable conspiration.
M. Legris tressaillit.
– S'agirait-il des Amis de la justice ?
– Précisément. On avoue cent cinquante arrestations. Il y en aura mille demain. Avant la fin de la semaine, cinq cents

citoyens seront expédiés à Cayenne, sous ce fallacieux prétexte qu'ils ont essayé de bouleverser l'ordre social. Eh bien ! docteur, savez-vous ce que je prétends, moi, ce que je viens d'écrire, ce que je vais imprimer ?...

Il tapait du poing, morbleu ! à briser le marbre.

– Je soutiens, criait-il, et je prouve que ce complot n'existe pas, qu'il n'y a jamais eu ni amis ni justice, que c'est une grossière invention de la police, une abjecte imagination, un ignoble traquenard...

Le docteur était sur les épines.

– Il faut que je vous quitte, dit-il au terrible articlier.

Mais lui :

– Un instant : j'ai gardé le bouquet pour la fin. Je ne vous ai rien dit de l'abominable scandale d'hier.

– Quel scandale ?

– Ah çà, docteur, de quel hospice d'incurables sortez-vous ? Ignorez-vous vraiment que le duc de Maillefert, un duc pour de bon, celui-là, contrôlé, authentique, vient d'être arrêté ?...

Outre qu'il bâclait des articles farouches, M. Peyrolas avait toutes les qualités de creux et de sonorité qui constituent un remarquable reporter. M. Legris le savait. Aussi, dominant son inquiétude :

– Avez-vous des détails ? interrogea-t-il.

Le fougueux journaliste se redressa.

– Qui donc en aurait sinon moi ! répondit-il, sinon un homme qui a successivement interrogé le concierge de l'hôtel de Maillefert, le portier de la maîtresse de l'accusé, deux employés du greffe et le caissier de M. Verdale !... Je puis vous donner le menu du déjeuner de M. Philippe à la Conciergerie.

– Inutile !... protesta le docteur. Ce que je voudrais savoir, c'est comment le duc de Maillefert, un gentilhomme viveur, a pu se trouver fourré dans des tripotages financiers.

D'un air suffisant, M. Peyrolas remontait son faux col.

– Rien de si simple, rien de si naturel. Depuis un an ou deux déjà, monsieur le duc faisait commerce de l'illustration de ses aïeux. C'était bien connu en Bourse. Quiconque avait besoin pour un prospectus d'un nom sonore et d'un beau titre n'avait qu'à l'aller trouver. Il en coûtait tant, un prix fait comme les petits pâtés. Mais, en somme, ce trafic lui rapportait peu ; le jeu n'en valait pas la chandelle. Si bien qu'à force de respirer le fumet de toutes les cuisines financières, l'envie lui est venue de mettre la main à la sauce. Un beau matin, il a acheté une part de gérance de je ne sais plus quelle société, fondée à un capital considérable par un gaillard adroit dont vous avez entendu parler, un certain baron Verdale, qui est baron comme le garçon qui dort dans ce coin, là-bas...

Ce nom de Verdale, positivement, M. Legris l'attendait.

– Et après ? interrogea-t-il.

– Après, dès que M. de Maillefert se vit entre les mains les clefs d'une caisse bien garnie, il se dit : « Cette caisse doit être à moi. » Et, en effet, il fit comme si elle était à lui...

– Mais comment tout s'est-il découvert ?

– Comme se découvrent tous les vols, parbleu ! Voyant la caisse vide, Verdale s'est écrié : « Où est l'argent ? » Et comme M. de Maillefert seul avait pu le prendre, il a déposé une plainte contre M. Philippe.

Concilier cette version et la surprise de M. Verdale chez Mme Lucy était difficile.

– Êtes-vous sûr de vos renseignements, mon cher Peyrolas ? demanda le docteur.

– Si j'en suis sûr ? Je les tiens du caissier de M. Verdale.

– Et vous n'avez pas entendu dire que M. de Combelaine fût pour quelque chose dans toute cette affaire ?...

Un profond étonnement se peignit sur le visage mobile du journaliste.

– M. de Combelaine, répéta-t-il. J'ai beau chercher, je ne vois pas...

Mais il s'interrompit et, se frappant le front :

– Vous avez raison, docteur, s'écria-t-il, mille fois raison. Est-ce que Combelaine ne doit pas épouser Mlle de Maillefert !... Moi-même, il y a quinze jours, je l'ai annoncé, en ajoutant qu'il faut l'affaissement actuel des caractères, pour qu'une des plus illustres familles de France consente à donner sa fille à un misérable aventurier perdu d'honneur et d'argent...

Il ne parlait pas, il tonnait, à ce point que le garçon, Adonis, en fut éveillé en sursaut.

Reconnaissant le docteur :

– Monsieur Legris ! s'écria-t-il.

Et bien vite, le tirant à part, il lui expliqua que Raymond était arrivé depuis plus d'une heure et l'attendait dans le petit salon du premier.

Il n'en fallait pas plus.

Campant là Peyrolas, qui parut vivement choqué du procédé, le docteur, en trois sauts, fut au petit salon.

Raymond s'y trouvait, en effet, fumant un cigare devant un verre de bière intact.

– Quoi !... lui cria M. Legris, vous savez la police à vos trousses, et vous êtes là, tranquille... Vite, suivez-moi, la maison a une seconde issue que je connais...

Mais Raymond ne bougea non plus qu'un terme.

– Oh ! rien ne presse, fit-il d'un air singulier.

– Malheureux ! cent cinquante de vos amis, déjà, sont arrêtés.

– C'est parce que je le sais que je ne crains rien.

– Oh !...

– Permettez, docteur. N'avez-vous pas trouvé étrange que je n'aie pas été saisi le premier de tous, moi contre qui surtout l'expédition était dirigée ?

– Très étrange, je l'ai dit à Krauss.

– Ce fut ma première impression, quand ce matin un des affiliés, que je ne connais pas autrement, vint me dire : « Tout est découvert, fuyez. » J'ai fui, mais j'ai réfléchi depuis. La police n'est pas si maladroite que cela. Si j'ai été prévenu, c'est qu'elle l'a voulu. C'est à un savant calcul que je dois de n'être pas sous les verrous...

– Cependant, mon cher...

– Calcul que je comprends, docteur, et que je puis vous démontrer. Mon arrestation débarrassait-elle de moi M. de Combelaine et ses honorables associés ? Pas le moins du monde. Elle les exposait, au contraire, à des révélations désagréables, sinon dangereuses. En m'enfuyant, au contraire, en me cachant, je leur laisse le champ libre. Que je passe en Belgique, et les voilà tranquilles...

Le docteur se grattait le front.

– Eh ! eh !... grommela-t-il, je n'avais pas songé à cela, moi !...

– Attendez. Persuadé que c'est moi qui ai enlevé et qui possède les papiers de Mme Flora, M. de Combelaine suppose que je les emporterai avec moi, sur moi. L'idée a donc dû lui venir de me les faire enlever. Très probablement, je suis épié par les mêmes bandits qui, une fois déjà, m'ont manqué. À la première occasion, ils me sauteront à la gorge. Un conspirateur réduit à se cacher est un ennemi dont il n'est pas dangereux de se défaire. Qu'on le trouve un matin mort au coin d'une borne, avec un poignard dans la poitrine, personne ne s'en inquiète...

Il s'exprimait d'un accent de si glaciale insouciance, que le docteur, à la fin, en fut frappé, de même que de sa physionomie...

– Comme vous dites cela ! fit-il.

– Je le dis comme un homme à qui désormais tout est égal, parce qu'il n'a plus rien à craindre ni à espérer de l'existence. C'est un fier service que me rendra M. de Combelaine en me faisant assassiner.

– Comment ! c'est vous qui parlez ainsi ! s'écria-t-il, vous que j'ai quitté hier soir tout enflammé d'espoir et de foi au succès !

Un éclair de rage traversa les yeux de Raymond.

– Que m'importe le succès ! interrompit-il. Ne remarquez-vous pas que je ne vous ai même point demandé le résultat de la démarche que vous venez de tenter !...

Et tirant de sa poche une lettre qu'il jeta sur la table :

– Je l'ai reçue ce matin, ajouta-t-il. Lisez et vous me comprendrez.

C'était une lettre de Mlle Simone :

« Ainsi, écrivait-elle, larmes, prières, supplications ont été inutiles. Vous vouliez agir, vous avez agi, et tout est perdu sans retour. Mon sacrifice, le plus douloureux que puisse consentir une femme, sera inutile. J'aurai donné ma vie, et cependant je n'aurai pas épargné le déshonneur à notre maison, ni au nom de mon père une flétrissure éternelle.

« Et c'est par vous que j'aurai été frappée, par vous, mon meilleur, mon unique ami, prétendiez-vous !... Votre amour si grand et si pur n'était donc que la plus égoïste des passions !...

« N'essayez pas de vous justifier ni de m'écrire. Plus jamais mes lèvres ne prononceront votre nom, pendant les quelques jours qui me restent à vivre. Je saurai bien arracher de mon lâche cœur jusqu'au souvenir d'un amour qui me fait horreur.

« Réjouissez-vous de votre œuvre et, si vous le pouvez, oubliez.

180

« Simone de Maillefert. »
– Eh bien ! demanda Raymond, dès qu'il vit que M. Legris avait achevé.
Mais le visage du docteur ne trahissait ni douleur ni surprise.
– Cette lettre, dit-il, est le résultat final de l'événement d'hier.
– Je ne vous comprends pas...
– Vous comprendrez quand je vous aurai dit que Philippe est en prison, accusé de détournements et de faux.
Comme en une vision, Raymond revit soudain le jeune duc de Maillefert tel qu'il l'avait vu un matin sur le perron de son hôtel, pâle, indécis, ému, se débattant sous les obsessions de M. Verdale et du comte de Combelaine.
– C'est une abomination ! s'écria-t-il. Philippe est un sot, un vaniteux, un égoïste, mais il est incapable de tels crimes.
C'est l'opinion de Mme Bergam.
– Il est victime de quelque machination diabolique...
– J'en ai la certitude, presque la preuve.
La joue en feu, les narines frémissantes, Raymond s'était dressé.
– Tout ne serait donc pas dit ! s'écria-t-il.
Le docteur Legris souriait.
– Je jurerais que nous touchons au triomphe, dit-il, car il me paraît démontré que de l'ombre où il se cache Laurent Cornevin frappe les derniers coups. Écoutez, au surplus, l'emploi de mon temps depuis midi.
Et rapidement il raconta sa visite à Mme Bergam, la survenue de Grollet et de M. Verdale, ses conventions avec Mme Flora, et enfin les détails qu'il tenait de Peyrolas.
C'était pour Raymond comme un étourdissement.
– Oui, murmurait-il, la lumière se fait... Mais Simone reviendra-t-elle jamais sur sa détermination ?...
– Oui, si nous sauvons son frère.
– Hélas ! que pouvons-nous pour lui ?
– Qui sait ?... Ne viens-je pas de vous dire que la discorde est au camp de vos ennemis... car ce n'est pas Verdale qui a dénoncé M. Philippe, c'est évidemment Combelaine... Verdale voulait s'en tenir à la menace. Combelaine, pressé par les événements, l'a exécutée. De là brouille. Maintenant, il nous faudrait un ami ayant sur Verdale une certaine influence. L'avons-

nous, cet ami ? Oui. Un jour que vous vouliez vous battre avec Combelaine, M. Verdale et Me Roberjot se sont trouvés en présence. Qu'est-il arrivé ? Que M. Verdale, en apercevant Me Roberjot, est devenu plus blanc qu'un linge, lui toujours si rouge, et humble jusqu'à la servilité, lui toujours si arrogant. Donc, il y a entre eux quelque chose, une histoire, un secret, que sais-je !... Donc, à l'instant, et sans plus de réflexions, il faut aller trouver Me Roberjot...

Nulle démarche ne pouvait paraître à Raymond plus pénible ni, en un certain sens, plus humiliante.

Aller tout avouer à Me Roberjot, après s'être si longtemps caché de lui, c'était une dure extrémité. Que dirait-il ? Certainement il ne refuserait pas son concours : mais ne raillerait-il pas, lui, qui se moquait de tout ?

Mais comme de Me Roberjot, malgré tout, pouvait venir un secours décisif :

— Allons !... dit Raymond. Je vais être suivi, je le sais, mais qu'importe ? puisque nous savons qu'on ne m'arrêtera pas. Il sera toujours temps ce soir d'essayer de faire perdre ma piste...

Me Roberjot venait de se mettre à table, lorsque son domestique lui annonça que M. Delorge était là, demandant à lui dire quelques mots...

— Qu'il entre ! s'écria l'avocat.

Et lui-même, il accourut, sa serviette à la main.

— Comment, c'est vous ! disait-il à Raymond, vous que votre mère, que je viens de voir, croit sur la route de la Belgique. Perdez-vous la tête ? Tenez-vous absolument à visiter Mazas ?...

— Je ne crois courir aucun danger, monsieur, interrompit Raymond, et quand je vous aurai expliqué ma situation, vous comprendrez ma conduite.

Il se détournait un peu en disant cela, démasquant ainsi le docteur qui était resté dans l'ombre.

— Du reste, ajouta-t-il, mon ami, le docteur Legris et moi, venons vous demander conseil et assistance.

À vrai dire, Me Roberjot ne parut pas précisément ravi de la présence de cet étranger, qu'il n'avait pas aperçu d'abord.

Mais, faisant fortune contre bon cœur, il invita les deux jeunes gens à le suivre dans la salle à manger. L'instant d'après, ils étaient à table, et le docteur Legris, s'emparant de la parole, exposait à Me Roberjot la situation exacte que les événements faisaient à Raymond.

Si vivement était intéressé l'avocat, qu'il restait la fourchette en l'air, oubliant de manger, répétant par intervalles :

– C'est donc cela !... voilà donc l'explication de la mine farouche de mon gaillard !...

Mais lorsque le docteur en arriva à l'arrestation de M. Philippe de Maillefert, et au rôle probable de M. Verdale :

– Ah ! Raymond, s'écria Me Roberjot, malheureux insensé, pourquoi ne vous êtes-vous pas confié à moi !...

Le front du député de l'opposition se rembrunissait.

– Malheureusement, poursuivait-il, ce que je pouvais il y a trois mois, je ne le puis plus à cette heure... Vous souvient-il, Raymond, de cette visite que vous me fîtes à votre retour des Rosiers ?... Elle fut interrompue par le fils de M. Verdale... Évidemment, et quoiqu'il l'ait nié alors, et que je l'aie cru, c'était son honorable père qui me le dépêchait... Savez-vous ce qu'il venait faire ?... Me conjurer de lui rendre, à lui, une lettre que je possédais, qui n'avait que dix lignes, mais qui faisait de Verdale l'esclave de ma volonté... Il est bien, ce jeune homme ; il s'exprimait avec des accents qui me semblaient partir d'un noble cœur ; il me toucha, il m'émut...

– Et ?...

– Et je lui rendis la précieuse lettre...

Il n'acheva pas. Se dressant si violemment que la table faillit en être renversée :

– Mais tout n'est pas perdu encore, s'écria-t-il. Non ! Il me reste peut-être une arme que mon ami Verdale ne soupçonne pas... Décidément, quoi qu'on en dise, il y a un Dieu pour les honnêtes gens.

Raymond et le docteur eussent bien souhaité qu'il s'expliquât plus clairement ; mais, à toutes les questions :

– Patience ! répondait Me Roberjot. Je ne veux pas vous exposer à une déception cruelle. J'espère, mais je ne suis pas sûr de mon fait. Tout dépend du plus ou moins d'ordre d'un de mes amis, qui était agent de change en 1852.

À huit heures, les trois hommes sortaient de table, et, montant en voiture, se faisaient conduire rue Taitbout, où demeurait l'ancien agent de change de Me Roberjot.

L'avocat entra seul chez son ami. Il y resta dix minutes environ, et lorsqu'il sortit son visage rayonnait.

– Victoire ! dit-il aux jeunes gens, qui étaient restés dans la voiture, nous pouvons maintenant affronter Verdale.

Et, s'élançant près d'eux :

– Avenue d'Antin, 72, cria-t-il au cocher, et vivement !...

IV

C'est avenue d'Antin, en effet, au centre de ce quartier de Champs-Élysées, destiné à une si haute et si rapide fortune, que Verdale, au lendemain de son merveilleux coup de bourse, avait transporté ses pénates.

Là, au milieu de vastes terrains acquis à bas prix, il avait bâti le palais de ses rêves, le plus magnifique de tous ceux dont le plan jaunissait dans ses cartons d'architecte incompris...

Il n'avait pas signé son œuvre, mais rien qu'à considérer la façade surchargée d'ornements et de sculptures, le passant se disait :

— Là, certainement, demeure un enrichi d'hier.

Neuf heures sonnaient, lorsque s'arrêta devant cette façade superbe, le fiacre qui amenait Me Roberjot, Raymond et le docteur Legris.

— Monsieur le baron est chez lui, répondit le concierge à Me Roberjot, mais je doute qu'il reçoive... Adressez-vous à un des valets de pied.

Il y en avait plusieurs, en livrée éclatante, dans le vestibule, et l'un d'eux déclara que monsieur le baron était occupé pour le moment, mais qu'il recevrait dans la soirée, et que si ces messieurs voulaient le suivre...

Ils le suivirent.

Il leur fit gravir un long escalier de marbre de trente-six couleurs, et, après leur avoir fait traverser plusieurs salons magnifiquement meublés, il les introduisit dans une petite pièce tendue de velours vert et éclairée par une seule lampe.

— Que ces messieurs s'assoient, leur dit-il. Dès que monsieur le baron sera libre, on viendra les prévenir...

Me Roberjot fronçait le sourcil. Tout ce cérémonial lui prenait aux nerfs.

— S'il se doutait du plat que je lui réserve, grommelait-il, ce cher baron ne nous ferait pas faire antichambre.

Un vif rayon de lumière glissait sous une des portières de velours.

Évidemment, la porte que dissimulait cette portière était ouverte, et quelqu'un venait d'entrer dans la pièce voisine.

— Cette pièce doit être le cabinet de ce cher baron, fit le docteur.

– En ce cas, dit Raymond, il ne va pas tarder à nous envoyer chercher.

Comme pour lui donner raison, un violent coup de sonnette retentit, des pas sonnèrent sur le parquet, et une voix impérieuse s'éleva, qui disait :

– Où est monsieur le chevalier ?

– Chez madame la baronne, monsieur le baron, répondit une voix humble.

– Allez le prier de venir me parler à l'instant.

Me Roberjot se pencha vers le docteur.

– C'est la voix de Verdale, fit-il, je la reconnais.

Un silence de trois ou quatre minutes suivit, puis une porte s'ouvrit et se referma, puis la voix que Me Roberjot affirmait être celle de son ancien copain s'éleva de nouveau ; elle disait :

– Vous savez pourquoi je vous ai fait venir, chevalier ?

– Je le soupçonne, mon père, répondit une voix jeune et bien timbrée.

– Je suis fort mécontent...

– Je ne suis pas fort satisfait non plus...

Me Roberjot riait, et de bon cœur, véritablement.

Maintenant il était bien certain que c'étaient le père et le fils qui se trouvaient dans la pièce voisine, et rien ne pouvait lui paraître plus plaisant que d'entendre M. Verdale appeler sérieusement son fils monsieur le chevalier.

Mais déjà M. Verdale poursuivait, d'un accent irrité :

– Ah !... vous n'êtes pas satisfait, monsieur !

– Pas le moins du monde, mon père.

– Et pourquoi, s'il vous plaît ?

– Parce que, si je n'y prends garde, vous finirez par me marquer d'un ridicule ineffaçable...

– Je vous rends ridicule, moi !...

– Malheureusement.

– Et en quoi, s'il vous plaît, en quoi ?...

– En persistant à m'affubler, comme vous le faites, de ce titre de chevalier qui ne m'appartient pas...

– Monsieur...

– Que vous, mon père, vous vous fassiez appeler baron, je le déplore, mais je ne puis l'empêcher. Mais que vous m'imposiez un titre ridicule, non, je ne le souffrirai pas. Et toutes les fois que, sur des lettres d'invitation, vous m'intitulerez chevalier

Verdale, je ferai ce que j'ai dit hier, j'adresserai partout des lettres de rectification où il sera dit que ce titre de chevalier est une erreur de l'imprimeur.

C'est de l'air le plus surpris que se regardaient Raymond, le docteur Legris et Me Roberjot.

– Monsieur mon fils est philosophe ! continuait M. Verdale, dont la colère, très évidemment, croissait.

– Je m'efforce de l'être, répondait tranquillement le jeune homme.

– Et démocrate aussi, sans doute ?

– À ma manière, oui.

Furieusement, l'ancien architecte frappait du pied.

– Monsieur est fier de notre origine, ricanait-il...

– Pourquoi pas ? Nos parents étaient d'honnêtes gens, cela suffit à mon ambition. Mais si j'avais vos idées, mon père, si je tenais tant à l'oublier, cette origine, je ne prendrais pas à tâche de la rappeler aux autres. Tant que vous avez été M. Verdale tout court, personne ne s'est inquiété de ce que faisaient ou ne faisaient pas vos parents. Du jour où vous avez mis un tortil de baron sur vos cartes de visite, on s'est informé de votre père. On est allé aux renseignements et on a découvert, quoi ? Que ma grand'mère, que votre mère vendait du poisson aux Halles...

– Monsieur !...

– Le nier est impossible. Je connais vingt personnes qui se fournissaient chez elle. Notre nom, d'ailleurs, est encore sur un écriteau. Allez à la halle, et vous y lirez : « Binjard, successeur de Verdale... »

– Personne ne l'eût su sans vous...

– Oh !...

– Vous l'avez crié sur les toits.

– Permettez... Je m'en suis vanté pour qu'on ne me le reprochât pas. Peut-être était-ce un calcul de ma part. Si dînant avec mes amis, je dis : « Passez-moi le poisson, ça me connaît, bonne maman en vendait », personne ne rit, je ne suis pas ridicule. Je serais grotesque, si quelqu'un me disait : « Chevalier, voyez donc le poisson, vous devez vous y connaître. »

Un terrible juron de M. Verdale interrompit son fils.

– Vous me manquez !... s'écria-t-il.

– En quoi ?

– C'est me manquer, que de me faire cette opposition. Vous avez, vos opinions, prétendez-vous, ayez-en le courage. Vous repoussez le titre qu'il me plaît de prendre, soit ! Repoussez aussi la fortune que je mets à votre disposition pour soutenir ce titre.

– Mon père...

– Choisissez-vous un état, gagnez votre vie, et alors vous aurez le droit d'avoir vos idées. Jusque-là...

– Eh ! vous savez bien que, s'il n'avait tenu qu'à moi, je l'aurais, cet état... Vous savez bien qu'en restant près de vous, j'ai cédé à vos sollicitations et aux prières de ma mère... Vous savez bien encore que c'est à peine si j'emploie la cinquième partie du revenu que votre générosité met à ma disposition...

– Dites, pendant que vous y êtes, que si je mourais, vous renonceriez à ma succession.

Il y eut un instant encore de silence, et c'est d'une voix dont l'altération était sensible que le jeune homme répondit :

– Je ne l'accepterais du moins que sous bénéfice d'inventaire.

Décidément la situation devenait très fausse, de Me Roberjot, de Raymond et du docteur Legris, dans ce petit salon où, très évidemment, on ignorait leur présence.

– Descendrons-nous jusqu'à surprendre les secrets de ces gens-là ! murmura Raymond.

– Nous en apprendrions sans doute de belles ! grommela le docteur.

Mais le parti de Raymond était pris. Saisissant une chaise assez lourde, il la renversa bruyamment, en disant :

– Comme cela, ils sauront qu'on les entend...

Presque à l'instant même, la portière de velours qui séparait le petit salon du cabinet se souleva vivement, et la tête intelligente et sympathique de M. Verdale fils apparut...

Il sembla stupéfait d'apercevoir là trois hommes et plus stupéfait encore de reconnaître l'ancien camarade de collège de son père.

– Maître Roberjot !... s'écria-t-il.

À ce nom, ce fut M. Verdale père qui se montra, et durant plus d'une minute, son regard effaré erra de son ancien ami à Raymond Delorge, puis au docteur Legris, en qui il reconnaissait le visiteur de Mme Lucy Bergam.

– Êtes-vous là depuis longtemps ? interrogea-t-il enfin.

– Depuis un quart d'heure environ, répondit le docteur, d'un ton de politesse affectée.

Un juron de charretier trahit la colère de l'ancien architecte.

– Voilà comme je suis servi ! s'écria-t-il. Quelle baraque que cette maison !...

Et en disant cela, il se jetait sur un cordon de sonnette et le tirait avec une telle violence qu'il lui restait dans la main.

Du coup, toutes les portes du salon s'ouvrirent, et à chacune d'elles trois ou quatre domestiques apparurent.

– Qui de vous a reçu ces messieurs ? demanda M. Verdale d'un ton menaçant.

– Moi, monsieur le baron, répondit piteusement un des valets.

– Vous ne leur avez donc pas demandé leurs cartes ?

– C'est la première chose que j'ai faite.

– Alors, comment ne me les avez-vous pas apportées ?

– Monsieur le baron était occupé...

– Et c'était une raison, selon vous, pour introduire des visiteurs dans un des salons d'attente sans me prévenir !

– Cependant, monsieur le baron...

– Il suffit, interrompit M. Verdale, vous n'êtes plus à mon service. Faites-vous régler ce qui vous est dû, plus un mois, et ne soyez plus à l'hôtel demain à midi.

Il était cramoisi, il gesticulait, il criait à faire trembler les vitres, on l'eût cru furieux, hors de lui...

Point.

Me Roberjot, qui connaissait son ancien copain, discernait fort bien qu'il jouissait d'un parfait sang-froid, et que toute cette scène n'était qu'un calcul pour gagner du temps, pour se remettre, pour se préparer à l'assaut qu'il prévoyait.

Aussi, les domestiques sortis, changeant de ton subitement, et s'asseyant avec la désinvolture des grands seigneurs d'autrefois :

– Excusez-moi, messieurs, reprit M. Verdale, mais cette exécution était absolument nécessaire. C'est pitoyable, la façon dont on est servi maintenant.

Et soulevant la portière de velours :

– Mais faites-moi donc le plaisir de passer dans mon cabinet, ajouta-t-il.

Cette pièce, la plus vaste de l'hôtel, était le séjour favori de M. Verdale, et comme le sanctuaire de ses méditations.

Il y recevait, et par suite, tout y était calculé pour éblouir, depuis le tapis jusqu'aux peintures du plafond, et aux splendides rideaux des trois fenêtres.

Le plus gracieusement du monde, il avança des fauteuils à ses visiteurs, puis s'adressant à son fils :

– Je vous rends votre liberté pour ce soir, Lucien, dit-il.

Mais ce n'était pas le compte de Me Roberjot.

Il lui suffisait de ce qu'il avait surpris de la discussion pour être persuadé que le père et le fils ne s'étaient pas entendus, comme il l'avait un instant soupçonné.

Se dressant donc vivement :

– Je tiendrais beaucoup, mon cher... baron, dit-il, à ce que monsieur votre fils assistât à notre entretien...

Difficilement, M. Verdale maîtrisa un mouvement d'impatience.

– Restez donc, dit-il à son fils.

Et se retournant vers son ancien camarade :

– Et maintenant, mon cher, fit-il, à quoi dois-je le plaisir de votre visite ?...

Pendant le trajet de la rue Taitbout à l'avenue d'Antin, Me Roberjot avait eu le temps de préparer, non ce qu'il dirait, il n'en avait pas besoin, mais la façon dont il conduirait cette négociation.

– Voici les faits, commença-t-il d'un ton sec, et je vous ferai remarquer, mon cher... baron, que c'est en mon nom que je parle, tout autant, si ce n'est plus, qu'au nom de M. Raymond Delorge, mon ami.

L'ancien architecte s'inclina cérémonieusement.

– Donc, reprit Me Roberjot en soulignant chacun des mots qu'il prononçait, nous venons... amicalement, vous prier de vouloir bien faire remettre en liberté le duc de Maillefert, arrêté, – oh ! malgré vous, nous savons cela, vous l'avez dit ce tantôt devant M. le docteur Legris, que voici, mais enfin arrêté sur une dénonciation de M. le comte de Combelaine...

Encore bien qu'il dût s'attendre à quelque chose de semblable, M. Verdale était devenu fort pâle.

– Malheureusement, répondit-il, vous vous abusez sur mon influence... Maintenant que la justice est saisie, je ne puis plus rien. M. de Maillefert, innocent ou coupable...
– Vous savez mieux que personne qu'il n'est pas coupable !... interrompit froidement Me Roberjot.
Et du geste, imposant silence à l'ancien architecte :
– Attendez, fit-il, ce n'est pas tout. M. de Combelaine prétend épouser Mlle Simone de Maillefert, qui est aimée de M. Raymond Delorge et qui l'aime... Ce mariage serait la mort de cette malheureuse jeune fille ; nous venons... amicalement toujours, vous prier de l'empêcher.
Peut-être pour dissimuler son trouble, M. Verdale s'était levé.
– Mais c'est de la folie !... s'écria-t-il.
Assis l'un près de l'autre, Raymond et le docteur Legris osaient à peine respirer, tant ils étaient pénétrés de la gravité de chacune des paroles qui s'échangeaient entre ces deux anciens camarades.
C'est à peine s'ils songeaient à observer du coin de l'œil M. Lucien Verdale, lequel, pâle et les dents serrées, se tenait debout adossé à la cheminée.
– Nous comptons sur vous... baron, insista Me Roberjot après un moment de silence pénible.
Un spasme de colère, aussitôt maîtrisé, crispa les traits de l'ancien architecte, et d'une voix sourde :
– Et moi, prononça-t-il, je ne puis que vous répéter ce que je viens de vous dire.
– Quoi ?
– Que c'est de la démence que de venir demander à un homme de se mêler d'affaires sur lesquelles il ne peut rien, et dont il se soucie, en définitive, comme de l'an quarante.
– En vérité !... fit Me Roberjot, d'un ton de menaçante ironie.
Et M. Verdale s'obstinant à se taire :
– Croyez-moi, poursuivit-il, ne gaspillons pas notre temps en propos oiseux. Une intrigue existe, et vous en êtes le plus actif artisan. Ne niez pas. Qui donc est allé aux Rosiers évaluer les propriétés de Mlle de Maillefert ? Qui donc, au retour, a ouvert un crédit énorme à M. de Combelaine, à qui, la veille, il n'eût pas prêté dix louis ? Qui donc a poussé le pauvre Philippe sur la pente de l'abîme où il vient de rouler ? N'est-ce donc pas

vous, monsieur Verdale ? Alors, démontrez-moi qu'il n'existe aucune relation entre le mariage de M. de Combelaine et l'arrestation de M. Philippe.

Trop nettes et trop précises étaient ces accusations, pour que M. Verdale essayât même de nier.

– Et quand cela serait !... fit-il.

– Cela est, et c'est pour cela que je vous dis : Ce que vous avez fait, il faut le défaire. Comment ? C'est à vous d'aviser. Il faut que, sous quarante-huit heures, M. de Maillefert soit en liberté, et que M. de Combelaine ait renoncé à la main, c'est-à-dire aux millions de Mlle Simone...

– Il faut, il faut...

– Oui, absolument...

L'ancien architecte avait pris sur son bureau un coupe-papier d'argent, et passant sur lui sa colère, il le tordait entre ses doigts crispés.

– Eh bien ! vous pouvez rayer cela de vos papiers, maître Roberjot, s'écria-t-il. Si vous êtes l'ami de M. Delorge, je suis, moi, l'ami de M. de Combelaine ; je l'ai soutenu, je continuerai à le soutenir envers et contre tous...

L'avocat s'était à demi soulevé sur son fauteuil.

– Prenez garde, monsieur Verdale, fit-il, réfléchissez...

Ce ne fut pas l'architecte qui répondit.

Depuis un moment, son fils, M. Lucien Verdale, s'était rapproché.

Intervenant tout à coup :

– Et moi, monsieur, prononça-t-il d'une voix frémissante, je vous déclare que je ne souffrirai pas qu'on parle de la sorte à mon père, dans sa maison, devant moi !...

Si menaçante était son attitude, que Raymond et le docteur Legris se dressèrent d'un même mouvement.

Mais Me Roberjot était de ces hommes dont rien ne déconcerte l'imperturbable présence d'esprit, et qui d'un coup d'œil discernent tout le parti qu'on peut tirer de l'incident le plus imprévu.

Satisfait plutôt que mécontent de l'intervention de M. Verdale fils :

– Je n'en serais pas à menacer ainsi, monsieur, fit-il froidement, sans vous qui avez su me décider à me dessaisir d'une lettre qui faisait ma sécurité et celle de mes amis...

192

Troublé par ces seuls mots, le pauvre garçon baissa la tête.

– Avez-vous oublié, poursuivit l'impitoyable avocat, ce qui s'est passé chez moi le jour de votre visite ? Que m'avez-vous dit ? Que vous souhaitiez épouser une jeune fille que vous adoriez, et que votre père vous avait déclaré qu'il ne donnerait pas son consentement tant qu'il ne serait pas rentré en possession de certaine lettre que je m'obstinais à lui refuser. Et sur ce, vous veniez à moi, me juriez-vous, de votre propre mouvement...

– Et c'était vrai, monsieur...

– Alors moi, qu'ai-je fait ? Ému de votre chagrin et touché de vos prières, je vous dis : « Eh bien ! soit, monsieur, je vais vous rendre cette lettre... » Et, en effet, je vous la remis pour la porter à votre père, non tout ouverte, mais sous enveloppe cachetée...

– C'est vrai, murmurait le jeune homme, c'est vrai...

Qui eût connu Me Roberjot eût lu dans ses yeux la certitude du succès.

– Sans doute, continuait-il, vous avez dû vous demander la raison de cette précaution que je prenais. Eh bien ! monsieur, je vais vous la dire. Je voulais, en vous enlevant la faculté de lire cette lettre, vous éviter l'horrible douleur de mépriser votre père...

Il s'arrêta un moment comme pour laisser à sa phrase le soin de produire tout son effet ; puis plus lentement :

– Par ce que j'ai fait, vous devez me juger et comprendre que je n'agis aujourd'hui que sous l'empire d'une inexorable nécessité. Il m'en coûte de vous affliger, mais j'ai des devoirs à remplir. J'ai à sauver l'honneur du duc de Maillefert et la vie de Mlle Simone et de Raymond Delorge. J'ai à défendre le bonheur de tous les gens que j'aime, je parlerai donc...

– Monsieur...

– Demandez à votre père ce que c'était que cette lettre, dans quelles circonstances il me l'avait écrite, et ce qu'elle contenait.

Peu à peu, l'ancien architecte, toujours si rouge d'ordinaire, était devenu livide. Ce n'était pas du sang, c'était de la bile et du fiel que la rage charriait à sa large face.

– Roberjot ! murmura-t-il avec un terrible effort...

– Faites ce que je demande, insista l'avocat.

Une affreuse indécision se lut sur le visage de M. Verdale ; puis, tout à coup :

– Eh bien ! non ! s'écria-t-il. Mieux vaut que mon fils sache que cette lettre contenait l'aveu d'une de ces légèretés que la jeunesse explique...

– D'une de ces légèretés qui ont conduit le pauvre Philippe de Maillefert en prison.

M. Verdale essaya de se révolter.

– Je n'admets pas la comparaison, dit-il.

– Et vous devez avoir raison, fit Me Roberjot d'un ton ironique. Je m'en rapporterais, au besoin, à la façon dont vous vous jugiez à l'époque. Peut-être avez-vous oublié les termes de votre lettre, moi je les ai encore présents à la mémoire.

« Ami Roberjot, m'écriviez-vous, si au reçu de cette lettre, tu la portes au procureur de la République, il s'empressera de décerner contre moi un mandat d'amener...

« Et je serai arrêté, jugé et condamné... Je me suis approprié, grâce à un faux, le titre que tu m'avais confié. »

Et c'était signé de votre nom, en toutes lettres : Verdale, avec votre paraphe...

Écrasé sous cette révélation terrible, le fils de l'ancien architecte, le pauvre Lucien s'était affaissé sur un fauteuil.

Mais M. Verdale n'avait pas de ces faiblesses.

– C'est vrai, dit-il d'une voix rauque, je vous ai, malgré vous, emprunté cent soixante mille francs pour huit jours... Mais vous étiez mon ami. Ne vous ai-je pas remboursé au jour dit ?

– Si.

– Ne vous ai-je pas, de plus, offert la moitié du bénéfice énorme que je venais de réaliser, grâce à Coutanceau ?

– Si.

– Eh bien ! alors, que voulez-vous de plus, que réclamez-vous, et de quel droit venez-vous m'insulter chez moi !

Blême et tremblant l'instant d'avant, M. Verdale avait si soudainement recouvré son arrogance habituelle, que Raymond et le docteur Legris en étaient comme pétrifiés.

La raison était pourtant bien simple, de ce brusque changement.

Ce que redoutait surtout et avant tout l'ancien architecte incompris, c'était que son fils ne vînt à connaître la source ignominieuse de sa fortune.

Lucien sachant tout, qu'avait-il à craindre !...

– À tout autre qu'à vous, maître Roberjot, poursuivait-il, je dirais : « Nous sommes quittes, allez de votre côté, j'irai du mien. » Mais, par le saint nom de Dieu ! nous ne sommes pas quittes, nous deux. Nous avons un compte à régler, mon ancien ami, un compte de dix-huit ans !...

Les couleurs revenaient à ses joues, il se redressait, il enflait la voix...

– Ayant foi en votre amitié, disait-il, sottement, niaisement, je m'étais livré à vous pieds et poings liés, par cette lettre absurde dont vous avez gardé un souvenir si précis. Comment m'avez-vous récompensé de ma confiance ? Pendant dix-huit ans vous avez tenu suspendue au-dessus de ma tête cette preuve fatale. J'avais cessé de m'appartenir, je n'avais plus de volonté. J'en étais arrivé à n'oser plus rien projeter, rien entreprendre. Une idée me venait-elle : avant de l'examiner, de l'évaluer, j'en était réduit à me dire : « Qu'en pensera Roberjot ? » N'étiez-vous pas mon maître ?... Ô rage !... dire que pendant dix-huit ans j'ai vécu avec cette idée atroce, obsédante, qu'il était de par le monde un homme qui était mon maître, un homme qui, d'un seul acte de sa volonté, pouvait renverser l'édifice de ma prospérité, me ruiner d'honneur et me ruiner d'argent, et m'enlever jusqu'à l'affection de mon fils...

M. Lucien Verdale avait relevé la tête :

– Mon père, murmura-t-il, mon père...

Il ne l'entendit seulement pas. S'exaltant de plus en plus, et donnant enfin un libre cours à ses colères si longtemps contenues :

– Et c'est à l'homme, continuait-il, auquel vous avez infligé cet abominable supplice, que vous, maître Roberjot, que l'on dit homme d'esprit, vous venez demander un service !... Vous avez donc perdu la tête ! Vous n'avez donc pas compris que c'est la revanche que vous venez enfin m'offrir !... Ah ! vous vous intéressez à M. Philippe de Maillefert, à Mlle Simone et à M. Raymond Delorge !... Cela suffit pour que je leur voue une haine implacable, pour que je me venge sur eux de vous ! Uniquement parce que vous exécrez Combelaine, je serai son ami fidèle et dévoué, je le soutiendrai de mon argent et de mon crédit... Maintenant, c'est irrévocable, le duc de Maillefert ira au bagne et sa sœur épousera le comte de Combelaine...

Son accent trahissait une si mortelle haine et en même temps une telle conviction, que le docteur Legris et Raymond frissonnaient.

Seul Me Roberjot restait calme.

– Prenez garde, monsieur Verdale, fit-il froidement, prenez garde !...

L'ancien architecte était hors de lui.

– À quoi donc voulez-vous que je prenne garde !... s'écria-t-il. Le temps n'est plus où vos menaces me faisaient trembler. Cette lettre que, pendant dix-huit ans, vous m'avez tenue comme un poignard sur la gorge, elle n'existe plus, je l'ai brûlée...

Me Roberjot s'était levé, craignant peut-être que, dans un accès de rage folle, son ancien copain ne se jetât sur lui.

Accoudé au dossier de son fauteuil :

– Êtes-vous sûr, cher monsieur Verdale, fit-il, que cette lettre fût la seule preuve qui existât contre vous ?...

– Parbleu !

– Eh bien ! permettez-moi de vous le dire, vous vous trompez.

M. Verdale frissonna, ses yeux vacillèrent. Mais, se remettant aussitôt :

– Fou que je suis, s'écria-t-il en ricanant, de ne pas voir que vous cherchez à m'effrayer.

Me Roberjot secoua la tête.

– Oui, vous êtes fou, dit-il, mais c'est de ne pas comprendre que jamais je ne serais venu vous dire : « J'exige, je veux ! » si je n'avais pas eu un moyen de vous contraindre. Non, je n'ai pas perdu la tête, je savais quels étaient vos sentiments à mon égard.

Et, sans laisser à son ancien copain le temps de se remettre :

– La lettre où vous me disiez avoir commis un faux est anéantie, ajouta-t-il, c'est vrai. Mais le faux ? Vous êtes-vous demandé ce qu'il est devenu ?...

– Le faux !... bégaya M. Verdale.

– Oui. Écoutez son histoire. En recevant l'aveu de votre indigne abus de confiance, mon premier mouvement fut de courir chez mon agent de change. Comment avait-il vendu le titre entier que je vous avais confié, alors que je lui donnais l'ordre d'en distraire seulement huit ou dix mille francs que je consentais à vous prêter ? C'était bien simple. Vous aviez fabriqué un autre ordre que l'on me représenta. Ah ! je vous l'avoue, en voyant votre talent de faussaire et avec quelle perfection vous aviez imité mon écriture, ma stupeur fut si grande et si manifeste, que mon agent de change, qui était mon ami, comprit qu'il se passait quelque chose d'extraordinaire. Il le comprit d'autant mieux, qu'il avait été très surpris de me voir vendre à un moment de baisse, et qu'il n'eût pas exécuté l'ordre, sans toutes les raisons que vous aviez accumulées. Comme de juste, il m'interrogea. J'aurais dû vous dénoncer, monsieur Verdale ; je ne le fis pas. Mais je priai mon ami de conserver précieusement votre faux parmi ses papiers, lui disant que j'en aurais peut-être besoin un jour...

– Eh bien ?...

– Je sors à l'instant de chez cet ami. Il a conservé soigneusement le dépôt que je lui avais confié, et il le tient à ma disposition.

De toutes ses forces, l'ancien architecte se raidissait contre les appréhensions sinistres qui commençaient à l'assaillir.

– Vous appelez cela une preuve ! fit-il d'un ton farouche.

– Ce n'en serait peut-être pas une en cour d'assises, si vous n'étiez pas couvert par la prescription... C'en sera une dans un procès civil, où j'appellerai en témoignage M. Coutanceau, votre ancien... protecteur.

L'ancien architecte se taisait.

Il essayait, en dépit de son trouble, de mesurer la portée de ces menaces.

– Le témoignage de M. Coutanceau vous semble-t-il insuffisant ? ajouta Me Roberjot... Il en est un autre que j'invoquerais.

– Lequel ?

– Celui de votre fils.

Violemment, M. Verdale recula, comme s'il eût vu tout à coup se dresser un spectre.

– Et vous croyez, s'écria-t-il, que mon fils élèverait la voix pour accuser son père, pour déshonorer le nom qu'il porte !

– J'ai sa parole, prononça froidement Me Roberjot.

Et s'adressant à M. Lucien Verdale :

– Vous souvient-il, monsieur, de nos conventions, lorsque je consentis à vous remettre la lettre de votre père ?

– Oui, monsieur, balbutia le jeune homme, oui !...

– Je vous dis à peu près ceci : « Votre père me hait ; dès qu'il me saura désarmé, il voudra se venger. » Que me répondîtes-vous ? « Si jamais mon père vous attaquait, vous et vos amis, je serais avec vous contre lui, je vous en donne ma parole d'honneur !...

– J'ai dit cela, c'est vrai.

– Et si je vous sommais de tenir votre parole...

Le jeune homme hésita, puis d'une voix étouffée :

– Je la tiendrais, répondit-il.

M. Verdale, à cette foudroyante réponse, avait chancelé.

Éperdu, la face pourpre, l'œil injecté de sang, il arrachait, d'un geste convulsif, les boutonnières de son gilet et sa cravate ; il étouffait.

– Il tiendrait sa parole ! bégayait-il d'un accent d'horreur indicible, lui, Lucien, mon fils !...

Et comme l'infortuné jeune homme s'avançait vers lui, il le repoussa d'un geste terrible.

– Malheureux !... cria-t-il.

Cependant, grâce à un effort surhumain, il ne tarda pas à maîtriser ses épouvantables angoisses, et s'adressant à Me Roberjot :

– Vous l'emportez, dit-il, à quoi bon lutter ! Je suis à votre discrétion, je le reconnais, vous pouvez me perdre...

Non moins que Raymond et le docteur Legris, Me Roberjot était ému.

Mais ce n'est pas pour en laisser échapper les avantages qu'il avait amené cette situation :

– Vous me connaissez assez, monsieur, reprit-il doucement, pour savoir que je n'agirais qu'à la dernière extrémité. Je n'ai pas de haine contre vous, moi. Faites donc ce que nous vous demandons.

L'ancien architecte eut un geste de découragement.

– Eh ! le puis-je !... s'écria-t-il...

Et après un moment de réflexion :

– Tenez, poursuivit-il, supposons que le jour où vous avez reçu cette lettre maudite, où je me dénonçais moi-même, vous l'eussiez portée au procureur de la République. Que fût-il arrivé ? On m'eût arrêté, et une instruction eût été sur-le-champ commencée. Supposez, maintenant, que le lendemain, ma femme fût venue se jeter à vos pieds en vous conjurant de me sauver, qu'eussiez-vous répondu ?...

– Que, la justice étant saisie, je ne pouvais plus rien.

– Eh bien !... tel est mon cas.

– Mais M. Philippe de Maillefert est innocent, lui !...

– En réalité, oui, jusqu'à un certain point. En apparence, non.

– On lui a tendu quelque piège infâme.

– Je ne dis pas le contraire...

– Vous voyez donc bien...

– Je ne vois rien, sinon que des faux existent, qu'ils ont été fabriqués par M. de Maillefert, et que, par conséquent, M. de Maillefert est un faussaire...

– Oh !...

– Je vous parle comme parlerait le juge d'instruction, M. Barban d'Avranchel.

M. Verdale avait raison, Me Roberjot ne le sentait que trop, et il était aisé de le discerner à son air soucieux. Cependant, après un moment de méditation :

– En fabriquant des faux, reprit-il, M. Philippe savait-il ce qu'il faisait ?

– Oh ! parfaitement !

– Il savait qu'il risquait le bagne ?

– Pardon ! il croyait seulement avoir l'air de le risquer.

Concilier toutes ces réponses était si difficile, que Raymond et le docteur Legris se regardaient d'un air d'ébahissement profond.

Quant à Me Roberjot, comprenant bien qu'à questionner ainsi au hasard, il risquait de passer à côté de la vérité :

– Je ne suspecte pas votre sincérité, monsieur Verdale, fit-il ; cependant, tenez, jouons cartes sur table : laissons-là cet interrogatoire, et dites-nous ce que vous savez.

Durant près d'une minute, l'ancien copain de Me Roberjot demeura indécis. Ce qu'il souffrait de se voir ainsi acculé, il était aisé de le voir à la contraction de ses traits et aux gouttes de sueur qui perlaient le long de ses tempes.

– Il n'y a pas à hésiter, mon père, prononça M. Lucien.

M. Verdale tressaillit à ces mots, et un éclair de fureur brilla dans ses yeux.

– Me sauver de ce côté, murmura-t-il, n'est-ce pas me perdre de l'autre !...

Puis, tout à coup, se décidant :

– Eh bien !... soit, fit-il, du ton désespéré de l'homme qui s'abandonne, soit ! écoutez.

Et s'étant assis :

– Vous savez aussi bien que moi, commença-t-il, la situation de la duchesse de Maillefert et de son fils, en ces dernières années. Ruinés, criblés de dettes, ils n'avaient pour vivre que les générosités de Mlle Simone. Bien loin d'être reconnaissants, ils étaient mécontents ; les revenus ne leur suffisaient pas, c'est le capital qu'ils voulaient. Vingt fois ils avaient essayé de l'arracher à Mlle Simone, toujours ils avaient échoué. Ils avaient fini par en prendre presque leur parti, lorsque la duchesse de Maumussy vint leur suggérer une idée.

« – Supposons, leur dit-elle, que M. Philippe de Maillefert, gérant d'une société financière, ait détourné des sommes considérables et masqué ses détournements par des faux... Est-ce que Mlle Simone ne donnerait pas sa fortune tout entière pour combler le déficit, désintéresser les actionnaires et épargner à son frère la honte de la cour d'assises ?... Évidemment si. Eh bien ! il faut que M. Philippe ait l'air d'avoir fait ce qu'il est incapable de faire. Il faut qu'il soit gérant de quelque société, qu'il simule des détournements et des faux, et qu'il vienne conjurer sa sœur de le sauver... Elle donnera tout ce qu'on lui demandera, et le tour sera fait.

« Étant donné le caractère de Mlle Simone, ce plan présentait de telles chances de succès, que Mme de Maillefert et son fils n'hésitèrent pas à l'adopter.

« Mais ce n'étaient pas eux qui étaient capables de le mener à bien, il leur fallait des complices, et véritablement, pour une telle besogne, il n'était pas facile d'en trouver.

« Ce fut Mme de Maumussy qui les trouva.

« Ayant fourni l'idée, elle fournit encore l'homme le plus capable, selon elle, d'en tirer parti : le comte de Combelaine. Mandé par elle, Combelaine se rendit secrètement à Saumur, où eût lieu sa première entrevue avec Mme de Maillefert et son fils. Dès qu'on lui eut expliqué ce dont il s'agissait, il déclara qu'il se chargeait de tout, et qu'il répondait du succès, à la condition qu'on lui donnerait la main de Mlle Simone avec une dot qu'il fixa.

« Il faut rendre à Mme de Maillefert cette justice qu'elle hésita. La condition lui semblait terriblement dure, non pour sa fille, mais pour elle-même. Elle connaissait M. de Combelaine, et la perspective de présenter un tel gendre lui répugnait singulièrement.

« N'osant, toutefois, refuser carrément, elle objecta des engagements antérieurs, pris par sa fille et par elle. À l'entendre, Mlle Simone, aimant quelqu'un, ne donnerait jamais son consentement, et son caractère était trop absolu pour qu'on pût espérer l'influencer ou la contraindre. M. de Combelaine déclara qu'il se chargeait, le moment venu, d'obtenir le consentement de Mlle Simone. Et le traité fut signé, grâce surtout à la duchesse de Maumussy, laquelle m'a toujours paru avoir voué une haine implacable à Mlle de Maillefert...

M. Verdale allait-il enfin éclairer les profondeurs de cette ténébreuse intrigue ?...

C'est la pâleur au front, que le docteur Legris, Raymond et Me Roberjot écoutaient, oubliant jusqu'à la présence de Lucien Verdale, lequel avait repris sa place devant la cheminée, et semblait l'accusé dont on prononce le réquisitoire.

– Vous devez le supposer, poursuivait l'architecte, Combelaine ne pouvait agir seul. S'il s'était tant avancé, c'est qu'il se savait, dans la banque et dans les affaires, des amis, des relations. Il vint me trouver. Je l'affirme sur l'honneur, la vérité ne me fut pas tout d'abord révélée. Si je l'avais seulement soupçonnée, je n'en serais pas où j'en suis à cette heure. Mais Combelaine me dit simplement qu'il s'agissait de tirer de peine des amis à lui, une grande dame et son fils, un charmant garçon, et aussi de favoriser son mariage avec une jeune fille dont il était très épris... Ce qu'il me proposait n'était sans doute pas très correct, avouait-il, mais il ajoutait que tout ne serait qu'une innocente comédie... Bref, je finis par lui promettre mon concours.

Depuis un instant, Raymond s'était redressé sur sa chaise.

– Vous oubliez votre visite à Maillefert, monsieur, interrompit-il...

Mais un coup de coude de Me Roberjot lui coupa la parole.

N'était-il pas naturel que M. Verdale cherchât à se disculper et à rejeter sur des complices tout l'odieux de l'intrigue !... Et qu'importait qu'il fût plus ou moins coupable !

– Je suis allé à Maillefert, répondit-il, mais uniquement pour m'assurer que M. de Combelaine ne me trompait pas, et que c'était bien une affaire sérieuse qu'il me proposait. Plusieurs fois déjà, il m'avait joué, il me devait beaucoup d'argent, je me défiais de lui. Enfin, je puis bien le dire, jusqu'à un certain point, j'étais à sa discrétion. Il m'avait autrefois engagé dans des spéculations qui avaient nécessité des négociations délicates, j'avais eu l'imprudence de lui écrire, il avait conservé toute notre correspondance, et parfois m'en a menacé.

Il plaidait les circonstances atténuantes, il s'égarait...

– Revenons à Philippe de Maillefert, cher monsieur Verdale, dit doucement Me Roberjot...

L'ancien architecte eut un geste de fureur, mais se maîtrisant :

– La fortune constatée, l'exécution du plan n'était pas difficile. J'étais, comme je le suis encore maintenant, le directeur-gérant d'une société financière, la *Caisse rurale*. Combelaine était et est encore un des administrateurs de cette société. Je fis nommer M. Philippe de Maillefert membre du conseil de surveillance d'abord, puis sous-directeur. Cette situation lui donnant la disposition des titres, le reste allait tout seul. Encouragé par Combelaine, car il hésita au dernier moment, M. Philippe enleva des titres pour trois millions cinq cent mille francs environ, et masqua le détournement par des faux aussi maladroits et aussi authentiques que possible. Était-il pour cela un voleur et un faussaire ? Non, pas dans le sens habituel de ces mots. Sa conviction était qu'il jouait simplement une comédie destinée à tromper sa sœur, et il était bien persuadé qu'il ne courait pas le moindre risque. Il ne disposa, d'ailleurs, d'aucun des titres qu'il avait enlevés. Il les laissa entre les mains de Combelaine. Et quand l'un des deux avait besoin d'argent, je lui en avançais.

« Ces dispositions prises, M. Philippe partit pour Maillefert, jouer la grande scène d'où dépendait le succès et dont je ne me dissimulais pas l'odieux. Mais déjà j'étais trop engagé pour reculer.

« Ayant pris sa sœur à part, M. Philippe lui raconta que pressé par le besoin, tourmenté par des dettes de jeu, conseillé par de faux amis, égaré par la passion, il avait joué à la Bourse et perdu des sommes considérables qui ne lui appartenaient pas. Il ajoutait que tout allait être découvert, et que, préférant la mort au déshonneur, il allait se brûler la cervelle si on ne venait pas à son secours.

« Mlle Simone connaissait son frère... Elle ne douta pas une seconde de ce qu'il lui disait. Se décidant sur-le-champ, elle lui déclara qu'elle arrangerait tout si c'était possible encore, dût sa fortune entière y passer. Et M. Philippe nous revint ravi, en nous disant : « L'affaire est dans le sac, ma sœur sera ici demain. »

À l'attitude seule de M. Verdale, au regard qu'il jetait à la dérobée sur son fils, il était aisé de voir que ce qu'il avait dit n'était rien, près de ce qu'il restait encore à révéler...

Si Combelaine eût été un homme comme les autres, reprit-il, tout allait comme sur des roulettes. Mlle Simone vendait pour quatre millions de propriétés, on remplaçait les titres, et le tour était joué... Mais Combelaine n'était pas d'un caractère à renoncer à la fortune qui, après ce sacrifice, allait rester encore à Mlle de Maillefert. Aussi, quand elle l'envoya chercher, déclara-t-il que l'affaire de M. Philippe n'était pas si simple que cela à arranger. Il consentait bien, disait-il, à user de son influence, mais à une condition, c'est que s'il réussissait, Mlle Simone lui accorderait sa main.

« J'étais présent à cette scène, et rien ne peut rendre l'horreur de la pauvre jeune fille à cette déclaration. C'est pourtant du ton le plus doux qu'elle répondit qu'elle ne s'appartenait plus, qu'elle avait disposé de sa vie...

« Combelaine n'en insista pas moins, et si brutalement et si maladroitement, que Mlle de Maillefert, blessée et indignée, finit par lui dire, d'un ton de mépris écrasant :

« – Je vous entends, monsieur ; les millions qui me restent vous font envie... Eh bien ! soit ! sauvez l'honneur de notre maison, et je vous les abandonne. Quant à devenir votre femme, jamais !...

« Par cette seule phrase, elle venait de se faire un ennemi mortel d'un homme qui jamais n'a rien oublié ni pardonné. Avant, il est certain que s'il tenait prodigieusement à la dot, il se souciait infiniment peu de la femme. Après, la femme plus que l'argent peut-être devint l'objet de ses ardentes convoitises.

« – Je la veux, me disait-il, cette orgueilleuse, et je l'aurai, ou pardieu, monsieur son frère ira au bagne.

« J'essayais de le calmer, mais je perdais mes peines. Et comme, deux ou trois jours plus tard, je le menaçais de l'abandonner et de prendre parti pour Mlle Simone.

« – Il est un peu tard pour reculer, mon cher, me dit-il en ricanant. Désormais je vous tiens tout autant que M. Philippe. Quant aux titres détournés, vous devez bien penser que je ne les ai pas laissés moisir dans mon tiroir. Il faut la croix et la bannière pour vous arracher dix mille francs, j'avais des créanciers... Vous êtes trop intelligent pour qu'il soit besoin de vous expliquer le reste.

M. Verdale disait-il vrai ?

Ce qui est sûr, c'est que le frémissement de sa voix semblait trahir les rancunes de l'homme pris pour dupe.

– Les sarcasmes, poursuivit-il, encore plus que les menaces de Combelaine, m'ouvrirent les yeux. Je compris que j'étais joué par un de ces traîtres qui déshonorent le crime même, et qui pour se faire une part plus large n'hésitent pas à livrer leurs complices. Je discernai que son dessein était de s'emparer de la fortune entière de Mlle Simone, que jamais il ne rendrait les titres qui lui avaient été confiés et que tôt ou tard le pauvre Philippe payerait de son honneur et de sa liberté sa coupable imprudence...

M. Lucien Verdale était atterré.

Considérant son père avec une douloureuse stupeur :

– Mais c'est monstrueux ! prononça-t-il.

– Oui, monstrueux, répéta l'ancien architecte, mais Combelaine me tenait. N'avait-il pas ma correspondance ? Et telle était alors la situation de la Caisse rurale qu'un éclat scandaleux me menait tout droit à la banqueroute...

– Quelle honte ! murmura Lucien.

– Oh ! je ne prétends pas me disculper, poursuivait M. Verdale. J'explique seulement comment je fus réduit à assister les bras croisés à l'horrible drame dont l'hôtel de Maillefert a été le théâtre. Si triste que soit le caractère de la duchesse et de son fils, ils ne purent voir, sans être troublés, la douleur de

Mlle Simone. Comprenant bien que ce mariage serait la mort de cette pauvre fille qu'ils avaient si indignement abusée, ils essayèrent d'en détourner M. de Combelaine, et voyant qu'ils perdaient leurs peines, ils finirent par lui déclarer qu'ils retiraient leur consentement.

« – Soit ! fit-il froidement. On verra alors un duc de Maillefert en cour d'assises. Cependant, comme je suis bon prince, je vous accorde quarante-huit heures de réflexion...

« J'étais là. Et, je vous le jure, si j'avais connu un moyen de secourir ces malheureux, je n'aurais pas hésité à l'employer. Mais je vous le répète, j'étais aussi menacé qu'eux et c'est avec la rage de l'impuissance que j'assistai à la scène qui suivit le départ de Combelaine.

« M. Philippe était comme fou de douleur et de colère. Il n'est pas corrompu tout à fait, ce pauvre garçon, il est plus écervelé encore que méchant et, la situation où il voyait sa sœur réveillant en lui tous les instincts de l'honneur, il délirait.

« Il jurait que ce mariage ignominieux ne se ferait pas, déclarant que, puisque c'était lui qui avait commis la faute, c'était à lui d'en subir le châtiment. Il savait bien, disait-il, que rien ne ferait revenir Combelaine sur sa résolution, mais il s'en moquait, décidé qu'il était à se brûler la cervelle.

« Je vivrais des siècles que jamais je n'oublierais l'accent de Mlle Simone répondant à son frère :

« – Si votre mort devait sauver notre honneur, c'est de ma main que je chargerais vos pistolets, Philippe. Mais vous n'emporteriez pas dans la tombe le secret de notre honte. On saurait quand même qu'un duc de Maillefert a été voleur et faussaire... et c'est ce qu'à tout prix, oui, à tout prix, il faut éviter. Vivez, je saurai faire mon devoir...

« Quant à la duchesse de Maillefert, ce qui surtout la transportait de rage, c'était la conviction de l'inutilité de sa honteuse supercherie. Sans voir aussi bien que moi dans le jeu de Combelaine, elle comprenait fort bien qu'une fois en possession de la fortune de Mlle Simone, devenue sa femme, il la garderait pour lui seul. Elle se trouvait donc prise à son propre piège. Pour avoir voulu s'emparer des millions de sa fille, de ces millions dont le revenu lui avait toujours été généreusement abandonné, elle s'était ruinée irrémédiablement.

« Peut-être est-ce là ce qui la décida à tout révéler, à Mlle Simone, à lui avouer que Philippe n'était coupable qu'en apparence, que le vol et les faux n'étaient, dans le principe, qu'une ruse indigne...

« La pauvre jeune fille fut révoltée de cette révélation, et je l'entendis s'écrier que d'avoir feint un tel crime, c'était pis, à ses yeux, que de l'avoir commis...

« Cependant, avant de prendre un parti, elle adopta une idée que je lui avais sournoisement suggérée, et qui était d'essayer d'intéresser à sa situation le duc et la duchesse de Maumussy. Je savais que Combelaine avait payé de magnifiques promesses l'indispensable complicité de Maumussy et de sa femme, et que depuis sa certitude du succès il ne cherchait plus que le moyen de ne pas les tenir. De là, des rancunes dont il y avait peut-être, pensais-je, à tirer parti.

« Je me trompais. Sentant mes répugnances à le servir, et que je pouvais lui manquer d'un moment à l'autre, Combelaine s'était secrètement rapproché de son ancien complice, et lui avait même attribué un assez bon nombre des titres volés à la *Caisse rurale*. D'un autre côté, le temps n'avait fait qu'envenimer la haine de la duchesse de Maumussy.

« La démarche de Mlle Simone ne servit qu'à lui démontrer l'inanité d'une plus longue résistance. Et le lendemain, Combelaine, triomphant, me montrait un billet qu'il venait de recevoir de Mlle de Maillefert.

« – Je vous attends, lui écrivait-elle. À une certaine condition que je vous dirai, je consens.

« Cette condition était qu'avant la célébration du mariage le déficit de la Caisse rurale serait comblé et qu'on aurait fait disparaître tout ce qui pouvait accuser M. Philippe. Sans discussion, Combelaine promit tout ce qu'on voulait, ayant l'intention, il ne me le cachait pas, et aussi le moyen, affirmait-il, d'éluder ses engagements.

« Je ne pouvais donc, à part moi, qu'approuver M. Philippe, lequel n'avait plus qu'une idée fixe, qui était de contraindre Combelaine à se battre avec lui.

« Malheureusement il n'avait, le pauvre garçon, ni l'adresse ni la patience nécessaires. Et un soir :

« – Je vous vois venir, mon cher, lui dit Combelaine, c'est pourquoi je vous préviens de ceci. Ne vous mettez jamais dans le cas d'avoir un duel avec moi, parce que, sur le terrain, c'est le procureur impérial que vous trouveriez. Je dois épouser votre sœur, donc nous devons être très bien ensemble. C'est entendu, n'est-ce pas ?... nous sommes amis !...

C'était comme un bandeau qui tombait des yeux de Raymond.

Il s'expliquait, à cette heure, les étrangetés de la conduite de Mlle Simone, ses larmes, ses indignations, l'obstination de son silence, ses palpitations d'espoir suivies de mortels découragements.

Ayant repris haleine, cependant, M. Verdale poursuivait :

Je vous rapporte les faits tels que je les ai constatés, brutalement, mais vous devez penser que Combelaine ne s'était avancé qu'avec beaucoup de ménagements et en enveloppant d'une savante hypocrisie ses projets définitifs.

« Par exemple, il subvenait aux dépenses de Mme de Maillefert et de son fils, dépenses qui continuaient à être excessives, en dépit d'une situation qui eût dû leur inspirer de désolantes réflexions.

« De là vient qu'entre ces gens qui se méprisaient et se haïssaient si cruellement, les relations étaient, en apparence, excellentes. À les voir, on les eût crus intimes, tant chacun voilait ses rancunes et ses espérances d'une politesse affectueuse. Et on les voyait souvent ensemble, au Bois, aux courses, aux premières représentations, partout où court ce monde qui s'ennuie si fort et qu'on appelle le monde qui s'amuse.

« Seule Mlle Simone maintenait rigoureusement les conditions du traité qu'elle avait consenti, lesquelles stipulaient que, jusqu'au jour du mariage, elle serait libre de ne pas recevoir M. de Combelaine. Elle restait renfermée chez elle, et c'est seulement par l'indiscrétion des femmes de chambre que nous savions que sa santé donnait des inquiétudes.

« Eh bien ! cette fermeté exaspérait Combelaine, à ce point que je me demandais si véritablement il n'aimait pas Mlle Simone d'une passion furieuse, lui qui n'a jamais aimé personne. En songeant qu'elle se mourait de la seule idée de devenir sa femme, il délirait de colère. Tantôt il se servait, en parlant d'elle, des expressions les plus odieuses ; tantôt il disait que, pour être à la place de Raymond Delorge, il donnerait des millions. Enfin, d'autre fois : – N'importe ! s'écriait-il, je l'aurai quand même, cette orgueilleuse ; elle vivra bien jusqu'au jour de notre mariage !...

« Mais ce jour restait à fixer, et je m'en étonnais, quand, observant Combelaine, il me parut que, pour un homme qui touchait au triomphe, il était bien sombre et bien préoccupé.

« J'étais malheureusement trop intéressé à son succès, pour ne m'émouvoir pas de ses inquiétudes. Mais lorsque je lui demandais ce qu'il avait, il me répondait invariablement : « Rien ! » Et quand je cherchais à savoir pourquoi il ne pressait pas son mariage, il haussait les épaules et disait : « Parce que... »

« Une lettre que je reçus de Flora Misri me donna le mot de l'énigme.

« Cette fille, qui pendant vingt ans a été l'âme damnée de Combelaine, et que Coutanceau et moi nous nous sommes amusés à enrichir, ne voulait pas que son amant épousât Mlle de Maillefert. Il lui avait juré qu'elle serait sa femme, et elle prétendait l'obliger à tenir sa promesse.

« Elle m'écrivait donc pour m'intéresser à sa cause, me disant que, dépositaire de tous les papiers de Combelaine, elle les livrerait à la publicité s'il la trahissait, ajoutant que, parmi ces papiers, se trouvaient plusieurs lettres de moi particulièrement compromettantes.

« Je ne le savais, pardieu ! que trop, puisque ces misérables lettres étaient la seule cause de mon obéissance.

« Épouvanté, je courus chez Combelaine, et j'y trouvai le duc de Maumussy et la princesse d'Eljonsen, compromis comme moi, et comme moi menacés par Flora Misri de voir leur correspondance publiée dans les journaux.

« Le calme et l'assurance de Combelaine finirent par nous calmer et nous rassurer.

« Il nous affirma que le danger était nul. Flora lui appartenait si complètement, qu'il était sûr, quoi qu'il advînt, que jamais elle n'exécuterait ses menaces. Pourtant, cette certitude ne l'avait pas empêché de prendre ses précautions. Nuit et jour, Flora était épiée par une demi-douzaine des plus habiles agents de la police secrète, lesquels avaient ordre, à la moindre apparence de péril, de s'emparer, fût-ce de force, des papiers.

« Enfin, il nous donna sa parole d'honneur de ne se pas marier avant d'avoir toutes nos lettres dans son tiroir.

« Je m'étais donc retiré à peu près tranquille, quand une circonstance inattendue vint réveiller mes alarmes. La duchesse de Maillefert, jusqu'alors souple comme un gant entre les mains de Combelaine, un beau matin se raidit et résista. C'était chez elle. Combelaine parlant d'arrêter définitivement l'époque de son mariage : « – Oh ! rien ne presse, répondit-elle, un autre jour, plus tard, nous avons le temps... »

« Elle disait cela d'un ton si singulier, que sitôt seul avec Combelaine je lui en parlai. Il me rit au nez d'abord. Puis, comme j'insistais, il finit par m'avouer, d'un air soucieux, que c'était à croire que le diable s'en mêlait, tant il lui surgissait de tous côtés d'obstacles imprévus. Il n'était pas fort éloigné de croire à des ennemis secrets, acharnés. Il en arrivait à soupçonner jusqu'à son valet de chambre, Léonard, en qui jadis il avait toute confiance.

« Et quel ennemi avait-il, assez hardi pour s'attaquer à lui, sinon Raymond Delorge, l'homme dont il avait tué le père, et auquel il enlevait une femme adorée ?

« – Mais qu'il ne me fasse pas repentir de l'avoir ménagé jusqu'ici, ajoutait-il, sinon je le brise comme un verre. Je le tiens, il fait partie d'une société secrète, il peut être ce soir en prison, et dans un mois à Cayenne.

« Malgré tout, il était mal à l'aise, car il me dit qu'il fallait en finir, qu'il allait revoir Flora, lui reprendre nos lettres et se marier.

« Le lendemain matin, je le vis arriver ici, pâle comme la mort, et d'une voix étranglée :

« – Nous sommes flambés ! me dit-il. On a volé les papiers !...

Après avoir commencé par perdre la tête et jeter feu et flammes, M. Verdale, petit à petit, semblait se résigner à sa situation et ne chercher plus qu'à en tirer le meilleur parti possible.

Maître de soi désormais, ayant recouvré cette éloquence fluide dont il submergeait les actionnaires de la Caisse rurale, il s'occupait bien moins d'observer son fils que de guetter du coin de l'œil le résultat de sa plaidoirie sur le visage de Me Roberjot, de Raymond et du docteur Legris.

« Est-il besoin, continua-t-il, de vous dire mon effroi, en apprenant que toute notre correspondance était aux mains d'un ennemi ? Il n'était plus, selon moi, qu'une planche de salut : la fuite.

« Pardieu ! dix ans plus tôt, en 1865 seulement, je n'aurais pas ainsi jeté le manche après la cognée. L'Empire avait alors la poigne assez solide pour protéger ses serviteurs, pour faire reconnaître leur innocence ou jeter sur leurs peccadilles le voile indulgent de l'oubli.

« Mais en 1870, sous le ministère Ollivier, alors que c'était à qui couvrirait de boue les ouvriers de la première heure, à un moment où chacun, d'un air béat, célébrait les charmes et les avantages de l'honnêteté, diable ! il n'y avait pas à s'y fier.

« Nos lettres en disaient long sur le chapitre des concessions mises à l'encan et des pots-de-vin distribués à gros intérêts, et il était clair que les nouveaux venus au pouvoir saisiraient avec empressement une occasion de battre la caisse de leur popularité, déjà fort compromise, sur le dos de leurs prédécesseurs.

« Mon avis était donc de mettre la clef sous la porte et de filer attendre les événements de l'autre côté de la frontière... Combelaine malheureusement est un de ces entêtés qui se butent à une idée et qui, à regarder leur but, s'aveuglent aussi sûrement qu'à fixer le soleil.

« Il me déclara que, la tête sur le billot, il ne céderait pas, que nous étions trop avancés pour reculer, et que l'audace seule pouvait nous tirer de ce mauvais pas.

« De l'audace !... Il lui en fallait terriblement, rien que pour parler ainsi. L'avant-veille, son valet de chambre, Léonard, l'avait quitté, pour entrer au service d'un Anglais, à ce qu'il avait prétendu, et tout prouvait que ce brusque départ cachait une trahison.

« N'importe !... Il soutenait que notre partie pouvait être gagnée encore, un hasard heureux lui ayant appris par qui et comment les papiers avaient été enlevés.

« L'auteur de ce hardi coup de main était, me dit-il, M. Raymond Delorge.

« – Et c'est heureux, ajouta-t-il, puisque je le tiens, et que ce soir même il sera hors d'état de nous nuire...

210

– Et en effet, interrompit rudement Me Roberjot, le soir même, des assassins se précipitaient sur Raymond, et le frappaient à coups de couteau...

M. Verdale ignorait-il cette circonstance ? On l'eût juré, à la façon dont il leva les bras au ciel.

Eh bien ! s'écria-t-il, Combelaine est encore plus fort que je ne le pensais, car il ne m'a rien laissé soupçonner de ce crime si lâche, oh ! rien absolument... Le surlendemain seulement, il m'entraîna chez Mme de Maillefert, à laquelle il signifia qu'il voulait être marié dans le plus bref délai.

« – On ne se marie pas en carême, d'ordinaire, lui répondit-elle ; cependant vous êtes le maître, qu'il soit fait selon votre volonté...

« Depuis, je n'ai guère revu Combelaine, tout occupé d'acheter la corbeille de noces, qu'il veut splendide ; mais, à chaque fois, il m'a répété que nos affaires allaient au mieux, que M. Delorge n'avait pas fait usage de nos lettres et qu'il était si exactement surveillé qu'on était sûr de les lui reprendre.

« J'ai donc été surpris comme par un coup de foudre lorsque, hier soir, j'ai su par mon fils que Philippe de Maillefert était arrêté.

Calme en apparence, M. Verdale devait, au fond, être fort troublé, car il était bien trop perspicace pour ne pas comprendre que le moment difficile de l'explication, loin d'être passé, n'était pas venu encore.

– Ainsi, commença Me Roberjot, vous n'êtes pour rien dans l'arrestation de M. de Maillefert ?

L'ancien architecte eut un beau geste de protestation indignée.

– En douteriez-vous donc ! s'écria-t-il.

– Eh ! eh ! fit le docteur Legris.

– C'est alors que je me suis mal expliqué, messieurs, oui, bien mal !... Quoi ! vous ne voyez pas qu'en toute cette déplorable aventure, après avoir été joué, je suis indignement sacrifié !...

– Cependant...

– Oui, sacrifié, car en perdant Philippe de Maillefert Combelaine risque de me perdre. Depuis que je sais cette arrestation, je suis comme fou. Elle peut avoir pour moi des suites désastreuses. Philippe est le sous-directeur de la Caisse rurale, mais j'en suis le directeur, et c'est sur moi que retombe la responsabilité de sa nomination. Je vais être appelé en garantie par les actionnaires, tracassé par le juge d'instruction ; la justice va vouloir fourrer le nez dans nos affaires...

Tout cela était fort plausible.

– Et cependant, reprit Me Roberjot, comment se fait-il que M. de Maillefert, lors de son arrestation, vous ait envoyé dire, aussi bien qu'à M. de Combelaine, qu'il consent à tout ?...

– C'est qu'il me suppose complice de Combelaine.

– À quoi consent-il comme cela ?

– Je l'ignore.

– Oh !

– Je vous en donne ma parole d'honneur.

Puis, après un moment de silence employé à peser dans son esprit les conséquences de ce qu'il allait répondre :

– Ce qui est sûr, ajouta M. Verdale, c'est qu'il y a quatre jours le mariage tenait plus que jamais. Il tenait si bien que j'ai compté à la duchesse trente mille francs pour le trousseau de Mlle Simone. D'un autre côté, par exemple, Combelaine était si mécontent des façons de M. Philippe à son égard, que dans la soirée du même jour il me dit : « Cet idiot le prend avec moi sur un ton qui ne me convient pas du tout ; je découvrirais qu'il médite quelque coup de Jarnac que je n'en serais pas étonné. » Et comme je lui représentais que, pour mâter M. Philippe, il n'y avait qu'à lui refuser de l'argent : « Eh ! me répondit-il, voilà le diable. Il en a, dans ce moment, et je veux être pendu si je soupçonne où il le prend !... »

Le docteur Legris, Raymond et Me Roberjot échangèrent un rapide coup d'œil.

À chacun d'eux, le même nom venait aux lèvres : Laurent Cornevin.

– J'admets toutes vos explications, cher monsieur Verdale, reprit, non sans une nuance d'ironie, Me Roberjot. Seulement, comment les Maillefert peuvent-ils être si cruellement gênés que vous dites, puisque Mlle Simone s'est résignée à vendre ses propriétés ?

Les yeux de l'ancien architecte vacillèrent.

– C'est que, répondit-il avec un visible embarras, c'est que...

– Mlle Simone garderait-elle l'argent ?

– Je ne dis pas cela...

– Alors que devient-il ? Car elle vend, nous sommes bien renseignés ; nous avons un ami en Anjou, le baron de Boursonne, et c'est par lui que nous savons que l'acquéreur des biens de Maillefert, c'est vous, cher monsieur Verdale...

M. Verdale tressauta.

– Ah !... permettez, interrompit-il, j'ai acheté des terres, c'est vrai, mais ce n'est pas en mon nom, c'est au nom de la Caisse rurale, que je veux faire bénéficier d'une bonne et sûre opération...

– C'est généreux de votre part... mais que les achats soient faits à votre nom ou à celui de la Caisse rurale, vous payez, j'imagine. Que deviennent les fonds ?...

Pour n'être pas fort apparent, le trouble de M. Verdale n'en était pas moins réel.

– Rien n'a été payé encore, balbutiait-il ; comme toujours j'ai eu la main forcée. Combelaine voulait garder sur M. Philippe un pouvoir qu'il eût perdu, si le déficit eût été comblé...

De la tête, et de l'air le plus débonnaire, Me Roberjot semblait approuver.

Mais en lui-même :

– Ceci, pensait-il, doit cacher quelque nouvelle infamie.

Telle fut peut-être la pensée de M. Lucien Verdale, car se dressant tout à coup :

– M. de Combelaine est un misérable, prononça-t-il, mais vous, mon père, il faut que demain vous ayez versé à la Caisse rurale ce qu'y a pris M. de Maillefert.

– Trois millions cinq cent mille francs !

– Eh !... qu'importe la somme !

De nouveau M. Verdale était devenu livide.

– Deviens-tu fou !... s'écria-t-il. Cela n'arrangerait rien. Ce sont les titres volés qu'il faudrait... D'ailleurs, où veux-tu que je prenne trois millions cinq cent mille francs ?...

– Vous êtes riche, mon père, et dût votre fortune y passer, il faut que le déficit soit comblé ; il le faut, entendez-vous. Sinon, moi, votre fils, je me lèverais pour témoigner contre vous, pour vous accuser. Je puis être le fils d'un malhonnête homme, je ne serai pas son complice...

– C'est qu'il le ferait comme il le dit, balbutia l'ancien architecte éperdu, oui, il le ferait, je le connais...

Puis soudain, prenant son parti :

213

– Ah !... tu es comme les autres, Lucien, s'écria-t-il, avec une violence inouïe, tu me crois riche à millions ! Pauvre fou ! Est-ce que jamais un millionnaire eût joué la partie désespérée que je joue, et qui se terminera peut-être en cour d'assises !... Millionnaire ! oui, je l'ai été un instant, aujourd'hui je n'ai plus rien. Ah ! tu me regardes, tu me demandes comment cela se fait ! Est-ce que je le sais moi-même ! Ce qui est venu par la flûte s'en est allé par le tambour. Mes liquidations, qui étaient superbes, sont devenues désastreuses, je me suis entêté, et tout a été dit. Et c'est notre histoire à tous, qu'on appelle les hommes de l'Empire. Vois ceux que nous connaissons, et dont la prospérité a été éblouissante. Combelaine vole à main armée, Maumussy a dix millions de dettes, la princesse d'Eljonsen demande à on ne sait quels ténébreux trafics de quoi garder les apparences de son luxe passé. Si je suis encore debout, c'est qu'on ignore ma situation. Ouvre la fenêtre et proclame-la, et demain je n'ai plus qu'à faire mes malles et à filer rejoindre en Belgique les millionnaires d'un jour que la spéculation a trahis. Nous croulons, et ce n'est pas l'Empire qui nous tirera de là !... L'Empire !... il a donné tout ce qu'il pouvait donner, et maintenant que les caisses sont vides, il ne sait plus où prendre l'argent pour remplir ces mains insatiables incessamment tendues vers lui... L'Empire !... il est comme nous, il périt par l'argent, il dégringole, et il n'y a plus à l'ignorer que les ministres, le préfet de police et l'empereur !...

Les traits contractés de M. Lucien Verdale trahissaient l'effort excessif de sa pensée... Malheureux ! Tant qu'il avait cru son père immensément riche, il avait espéré qu'un grand sacrifice d'argent changeait tout... Tandis que, maintenant :

– Il faut quand même que M. de Maillefert soit sauvé, mon père, prononça-t-il.

L'ancien architecte eut un geste furibond.

– À quoi donc a servi tout ce que je viens de dire, s'écria-t-il, que tu me répètes cela ? Est-ce de moi, compromis autant que lui, que dépend le sort de M. de Maillefert !...

– De qui donc dépend-il ?...

– Eh ! de celui qui a su s'emparer des papiers de Combelaine, parbleu ! de M. Raymond Delorge.

214

Cette exclamation donnait le secret de la faible résistance de M. Verdale. Très évidemment, il croyait Raymond possesseur de ces papiers si importants.

– Ainsi, selon vous, insista Me Roberjot, M. Delorge est désormais maître absolu de la situation ?

– Maître absolu.

– Comment cela ?

M. Verdale haussa les épaules.

– Ne le savez-vous pas aussi bien que moi ? fit-il...

Assurément oui, si Raymond eût eu les papiers, mais il ne les avait pas, malheureusement, et laisser soupçonner la main de Laurent Cornevin eût été une faute impardonnable. De là, pour Me Roberjot, une position assez délicate.

– N'importe, cher monsieur Verdale, dit-il, auriez-vous quelque répugnance à nous donner vos idées ?

– Moi !... Aucune ; je n'ai plus rien à craindre de Combelaine désormais, et il est de mon intérêt que ce soit vous qui l'emportiez...

– Eh bien, alors ?

– Alors, quoi !... Ces papiers ne mettent-ils pas à votre discrétion tous les gens qui ont été complices des intrigues et des tripotages de Combelaine : Maumussy, la princesse d'Eljonsen, le docteur Buiron et tant d'autres !... Menacez-les de publier leur correspondance, et ils remueront ciel et terre. La justice, je le sais, ne lâche pas aisément sa proie, et M. Barban d'Avranchel est le plus têtu des hommes... Mais il est avec le ciel des accommodements... Jamais le gouvernement ne laissera compromettre tant de gens qui ont été siens ; jamais, il ne le peut pas. Ce serait précipiter sa chute...

Me Roberjot semblait assez de cet avis.

– Certainement, dit-il, l'affaire serait aisée à étouffer si le déficit était comblé.

M. Verdale hésita un moment, puis tout à coup :

– Il peut l'être, fit-il.

– Comment cela ?

– Combelaine doit avoir une bonne partie encore des titres volés...

– Oh ! il ne faut pas compter là-dessus.

– Eh bien ! moi, directeur de la Caisse rurale, et à ce titre acquéreur d'une partie des propriétés de Mlle Simone, je puis faire avancer l'époque du paiement.

Me Roberjot regardait son ancien copain comme s'il eût espéré lire jusqu'au fond de son âme.

– Feriez-vous vraiment cela ? demanda-t-il.

Et vous, fit l'ancien architecte, me donneriez-vous votre parole de me rendre, sans vous en servir, les lettres de moi qui sont parmi les papiers de Combelaine ?...

Malheureusement, Me Roberjot ne pouvait prendre cet engagement, et il cherchait comment esquiver une réponse décisive, lorsque M. Lucien Verdale intervenant :

– Soyez tranquilles, messieurs, prononça-t-il d'un ton ferme, mon père fera sans conditions tout ce que l'honneur lui commandera de faire.

Raymond, le docteur Legris ni Me Roberjot n'avaient plus rien à faire chez l'ancien architecte. Ils se retirèrent, reconduits par M. Lucien Verdale, lequel, sur l'escalier encore, leur affirmait qu'il saurait faire vouloir son père.

Lui, cependant, d'un air indéfinissable, écoutait le bruit des pas qui se perdait dans les corridors de son vaste hôtel.

Lorsqu'il n'entendit plus rien, sonnant son valet de chambre, un homme qui le servait depuis quinze ans, et qui, pensait-il, lui était tout dévoué :

– As-tu, demanda-t-il, terminé tous les apprêts dont je t'avais chargé ?...

– Je n'ai rien oublié, répondit le valet de chambre, de ce que m'avait commandé monsieur le baron, j'ai rempli quinze grandes caisses que j'ai déposées dans un magasin loué sous un nom supposé...

M. Verdale sourit.

– Eh bien ! dit-il, demain tu mettras ces caisses au chemin de fer, et tu iras toi-même m'attendre à Bruxelles. Il n'est que temps de filer.

V

Minuit venait de sonner, lorsque Me Roberjot, le docteur Legris et Raymond quittèrent le somptueux hôtel de M. Verdale.

Prudemment, le docteur voulut sortir le premier pour explorer les alentours, et il poussa la circonspection jusqu'à traverser la rue pour reconnaître deux portes cochères dont l'ombre lui avait paru suspecte.

C'est que véritablement ce n'était pas le moment d'oublier que la vie et la liberté de Raymond étaient plus que jamais en péril.

N'avait-il pas à redouter également les poignards qui une fois déjà l'avaient manqué et le mandat d'amener décerné contre tous les membres de la Société des Amis de la justice ?

Persuadé que la rue était déserte, le docteur fit signe à ses compagnons de le rejoindre, et comme le temps était beau et le pavé sec, ils gagnèrent les Champs-Élysées et se mirent à descendre la grande allée, silencieuse et déserte à cette heure.

Cette entrevue qu'ils venaient d'avoir avait si singulièrement dérouté leurs prévisions et leur avait ouvert des perspectives si inattendues, qu'ils sentaient le besoin de se trouver ensemble, pour échanger leurs idées, étudier la situation, se concerter et décider la conduite à tenir.

Me Roberjot pensait que, pour Raymond, la suprême sagesse serait de disparaître absolument.

– Votre cause, mon cher, lui disait-il, est visiblement entre les mains d'un homme très fort, disposant de tels moyens d'action qu'il a pu acheter le valet de chambre de M. de Combelaine et les domestiques de Mme flora. Laissez-le donc faire, ne vous exposez pas à lui susciter des embarras inattendus au moment où il touche le but qu'il poursuit depuis tant d'années.

C'était absolument l'avis de M. Legris.

– Rassurez-vous, lui disait-il. M. Verdale vous a dit tout le parti qu'on peut tirer des papiers enlevés ; croyez que Laurent Cornevin saura s'en servir. M. Philippe a beau être au secret, il sera tiré d'affaire ; le mariage de Combelaine a beau être fixé, il ne se fera pas.

Et comme le silence de Raymond l'inquiétait :

– Enfin, s'écria-t-il, que voulez-vous, que pouvez-vous faire, exposé que vous êtes à être arrêté d'une minute à l'autre ?

— Je puis empêcher le mariage.
— En tuant Combelaine, n'est-ce pas ?
— S'il n'est que ce moyen...
— Eh bien ! il sera temps d'en venir là, lorsqu'il vous sera démontré qu'il n'est plus de ressource... et en attendant, tâchez de n'aller pas en prison...

Lorsqu'ils arrivèrent à la place de la Concorde, Raymond avait fini par se rendre aux représentations de ses amis, et il avait été convenu qu'il se cacherait chez le docteur Legris, en attendant qu'on lui trouvât une retraite sûre.

Ils échangèrent alors une dernière poignée de main.

Et, tandis que Me Roberjot passait le pont de la Concorde pour regagner la rue Jacob, Raymond et le docteur Legris reprirent le chemin de Montmartre.

Ils allaient d'un bon pas, le long des rues désertes, multipliant les détours en se retournant à tout moment pour s'assurer qu'ils n'étaient pas suivis, et s'étonnant un peu que M. de Combelaine ne fît pas surveiller plus exactement l'homme qu'il croyait en possession de sa correspondance.

— Est-ce un piège ? murmurait le docteur.

En tout cas, lorsqu'il déboucha sur la place du Théâtre, où il demeurait, M. Legris redoubla d'attention, et sa vigilance ne fut pas perdue, car tout à coup, serrant le bras de son compagnon :

— Là, fit-il, devant ma maison, regardez.

Raymond obéit. Devant la maison indiquée, un homme de haute taille faisait les cent pas, avec cette allure si reconnaissable des gens qui, ayant longtemps attendu, commencent à s'impatienter.

— C'est Krauss ! s'écria Raymond.
— À cette heure ? demanda le docteur ; en êtes-vous bien sûr ?
— Oh ! parfaitement, et la preuve, regardez.

Et aussitôt :
— Krauss ! appela-t-il.

C'était bien le vieux soldat. Il s'arrêta court, regardant de tous côtés, et lorsqu'il aperçut et reconnut les deux jeunes gens, accourant vers eux :

— Vous voilà donc ! s'écria-t-il, je commençais à désespérer...
— Il y a du nouveau ? interrogea Raymond inquiet.

– Certes, monsieur. D'abord, M. Jean Cornevin est à Londres, il a envoyé une dépêche, il sera ici à la fin de la semaine...
– Ah !
– Ensuite, un de vos amis, le baron de Boursonne, est venu vous demander. Il prétend qu'il peut vous rendre un service. Je lui ai répondu que je lui dirais demain comment vous voir...
– Celui-là est un ami, tu lui donneras l'adresse du docteur...

Mais le docteur, précisément, ne voyait rien là qui justifiât la présence de Krauss.

– Je vous avais recommandé, mon brave, lui dit-il, de ne venir chez moi qu'à la dernière extrémité...
– Oh ! il y a encore autre chose, interrompit le vieux soldat ; seulement c'est une affaire particulière de sorte que...
– Quoi que ce soit, dit vivement Raymond, tu peux parler devant M. Legris.

Le fidèle serviteur hésita une seconde ; puis plus bas :

– Monsieur, fit-il, c'est une jeune dame qui voudrait vous voir...
– Une jeune dame !
– Très jolie, quoiqu'elle ait l'air bien chétive, et à qui vous devez avoir parlé de moi, puisqu'elle me connaît. Figurez-vous que, ce soir, j'allais monter me coucher, quand le portier vient me dire qu'on me demande en bas. Je descends, et dans la rue je trouve deux dames dont l'une, la plus jeune, me dit qu'il faut qu'elle vous parle à l'instant, à tout prix, qu'il y va de votre vie et de la sienne. Dame ! j'étais bien embarrassé. Mais elle m'a tant prié de la conduire vers vous, d'une voix si douce et si résolue en même temps, que ma foi !...
– Tu l'as amenée...
– Oui, monsieur, elle est là, tenez, au coin de la rue, dans cette voiture.
– Elle !... s'écria Raymond.

Et prenant son élan, en trois bonds il fut près de cette voiture que lui montrait Krauss, et qui était arrêtée dans l'ombre que projetait le théâtre de Montmartre, au coin de la rue des Acacias.

Il ne s'était pas trompé.

C'était bien Simone de Maillefert qui, en compagnie de sa gouvernante, l'honnête, l'excellente miss Lydia Dodge, l'attendait. Il la reconnut à la lueur vacillante des lanternes...

Elle l'avait entendu venir, elle l'avait deviné plutôt, et elle se penchait à la portière.

– Vous ! dit-il, à cette heure, ici !

– En suis-je donc à calculer et à compter mes imprudences ! répondit-elle de cette voix sèche et brève que donne la conscience d'un péril immense, immédiat, presque inévitable. Qu'ai-je à perdre ou à craindre, désormais ! J'ai bien fait de venir, puisque vous voici. Vous avez reçu ma lettre, n'est-ce pas ?

– Je l'ai reçue, et je me demande comment j'ai mérité que vous m'écriviez de telles choses !...

– Ah ! j'avais la tête perdue. Mais pourquoi ne m'avoir pas répondu ?

– Le pouvais-je ! Si vous connaissiez ma situation !...

– Je la connais. Vous avez conspiré, vous êtes poursuivi, vous vous cachez...

Ils parlaient sans précautions ni ménagements, de sorte que le cocher, tout intrigué des mots qui arrivaient à ses oreilles, était descendu de son siège et se rapprochait sournoisement.

Krauss, par bonheur, et le docteur Legris veillaient.

Ils appelèrent le cocher, sous prétexte de lui demander du feu pour leurs cigares, et le retinrent trop loin de la voiture pour qu'il entendît rien.

– Je me suis expliqué votre lettre, poursuivait Raymond, lorsque j'ai appris l'horrible malheur...

– C'est là ce que je voulais éviter au prix même de la vie. Un duc de Maillefert accusé de vol, accusé de faux ! C'est à douter de soi.

Elle était sublime en ce moment : jamais Raymond ne l'avait si éperdument aimée, jamais il n'avait senti avec cette intensité que sans elle la vie ne lui était plus possible.

– Mais M. Philippe n'est pas coupable, s'écria-t-il.

Mlle Simone eut un mouvement de stupeur.

– Quoi !... vous savez...

– Je sais que les détournements et les faux dont on accuse votre frère n'étaient, dans son intention, qu'une pure fiction. C'est vous seule qu'il voulait surprendre et dépouiller.

Le visage caché entre les mains, Mlle Simone sanglotait.

– Hélas ! gémit-elle, l'odieuse comédie à laquelle il est descendu est plus infâme encore que le crime même. Aussi quel châtiment !... Il est au secret. Ma mère est allée à la prison, les geôliers lui ont refusé l'entrée. Et cependant la honte d'un jugement peut encore être évitée. C'est pour cela que je suis ici. Ai-je eu tort de compter sur vous ?

– Ah ! corps et âme, je vous appartiens, ne le savez-vous pas ?...

– Je le crois, et c'est cette croyance qui me donne le courage de vous dire : Raymond, mon ami unique et bien-aimé, au nom de votre amour, sacrifiez-moi le souvenir sacré de votre père assassiné, les haines saintes de votre vie entière, et jusqu'à l'espoir de votre légitime vengeance.

Il tremblait de comprendre.

– Que voulez-vous dire ? balbutia-t-il.

Elle parut rassembler tout son courage, puis se penchant vers Raymond :

– Ces papiers, dit-elle, que vous avez enlevés à M. de Combelaine, je vous en supplie, rendez-les-moi !...

– Grand Dieu !...

Elle se méprit au sens de l'exclamation, car, plus vivement, et avec des intonations à briser la volonté la plus solidement trempée :

– Je ne m'abuse pas, Raymond, insista-t-elle, sur l'étendue du sacrifice que je vous demande. Avec ces papiers, lui-même me l'a dit, vous pouvez perdre M. de Combelaine et ses complices. Mais aussi savez-vous ce qu'il promet en échange ? Pour mon frère, l'honneur ; pour moi, la liberté...

– Ah !... ces papiers maudits !...

Elle crut qu'il hésitait.

– Vous entendez, reprit-elle ; la liberté de disposer de ma main. Sinon, comme il faut quand même que l'honneur de Maillefert soit sauvé, mardi prochain, j'épouserai le comte de Combelaine...

– Mardi !...

– Oui, c'est décidé. Et M. de Combelaine a si habilement et si secrètement pris ses dispositions, que la nouvelle ne s'en est pas ébruitée...

Déchiré du plus horrible désespoir, Raymond se tordait les mains.

– Mais je ne les ai pas, s'écria-t-il, ces papiers qui nous sauveraient ; je ne les ai pas !

Il n'y avait pas à se tromper à son accent ; Mlle Simone fut atterrée.

– Tout est donc fini !... murmura-t-elle. Et cependant ils ont été enlevés !... Qui donc les a ?...

Le nom de Laurent Cornevin montait aux lèvres de Raymond, il eut le courage, et c'en était un grand en ce moment, de ne le pas prononcer.

– Je l'ignore, répondit-il.

Ce qu'il en coûtait à Mlle Simone de renoncer à un espoir qui jusqu'alors l'avait soutenue, il était aisé de le voir.

– Cependant, reprit-elle, ces pièces si compromettantes, Combelaine les croit bien entre vos mains, puisque c'est lui qui m'a conseillé de venir à vous...

– Lui !...

– Il m'a dit que, grâce à lui, vous n'étiez pas arrêté encore...

– Mais alors... Pardon ! Est-ce en présence de votre mère qu'il vous a donné ce conseil ?

– Non ! Il m'a même priée de lui cacher ma démarche.

Il semblait à Raymond entrevoir comme une lueur.

– Combelaine se défie donc de votre mère, fit-il ; pourquoi ? que vous dit-elle de ce mariage ?...

– Rien. Après quelques jours de tristesse morne, tout à coup, un matin, elle a repris son insouciance. L'arrestation même de mon frère ne l'a pas abattue. Il y a des moments où je me demande si elle a bien la plénitude de sa raison. Elle dit de Philippe : « Baste ! il s'en tirera », de même qu'elle me dit : « Tu n'es pas encore mariée ; à le porte de la mairie, il y a encore de l'espoir. »

Raymond réfléchissait.

– Cette insouciance, pensait-il, ne prouverait-elle pas l'entente de la duchesse de Maillefert et de Cornevin ?... Tiendraient-ils en réserve pour le dernier moment quelque expédient décisif ?

Puis tout haut :

– Je serai plus explicite que votre mère, mademoiselle, dit-il, et je vous jure, moi, que vous ne serez jamais la femme de Combelaine.

– Qu'espérez-vous donc ?...

Il hocha la tête, et doucement :

– Permettez-moi, répondit-il, de garder mon secret.

Rappelé par Raymond, le cocher de Mlle de Maillefert était accouru, et il remontait sur son siège en faisant claquer son fouet pour réveiller son cheval, qui, la tête basse, dormait entre les brancards.

– Allons, reprit Mlle Simone d'une voix mourante, il faut nous séparer... Ma dernière espérance, celle qui me soutenait pendant que je vous attendais, s'est évanouie... Il ne me reste plus qu'à aller apprendre à M. de Combelaine le résultat de ma démarche...

– À cette heure ?

– Oui, il doit attendre mon retour devant notre hôtel dans son coupé... Dieu ait pitié de nous !...

Puis, tendant à Raymond sa main qu'il pressa contre ses lèvres :

– Adieu ! dit-elle encore ! adieu !

– À mardi, murmura Raymond.

Mais sa réponse se perdit dans le bruit des roues de la voiture qui s'éloignait, et presque aussitôt la voix loyale du docteur Legris retentit à son oreille, disant :

– Eh bien !... vous êtes content, j'espère... La démarche de Mlle Simone me paraît assez significative...

– Sa démarche !... Vous avez donc entendu ?

M. Legris riait de ce bon rire que donne la confiance.

– Pas un mot, répondit-il, je vous le jure, et au besoin j'en appelle au témoignage de Krauss.

– Je l'atteste, répondit le vieux soldat.

– Du reste, continua le docteur, pas n'est besoin d'une perspicacité supérieure pour deviner le motif qui a pu amener Mlle Simone de Maillefert, en pleine nuit, place du Théâtre, à Montmartre. Combelaine voudrait ravoir les papiers enlevés à Mme Flora, et comme il est persuadé que vous les avez...

– Oui, c'est bien cela...

– Il vous les envoie redemander ?

– Oui, et si je les avais !...

– Vous les rendriez peut-être ?

– À l'instant.

Le docteur, retirant son chapeau, salua.

– Mes compliments ! fit-il. Heureusement ces papiers bénis sont entre des mains plus solides que les vôtres, et qui ne les lâcheront qu'à bon escient...

– Trop tard, peut-être !... Savez-vous que le mariage est fixé à mardi, que toutes les dispositions sont prises !...
– Qu'est-ce que cela prouve ? Que Laurent Cornevin, l'homme de la situation, sera prêt mardi.
– Et s'il ne l'était pas ?
– Eh bien ! je serais le premier à vous dire : « Soit ! n'importe comment, faites-vous justice vous-même... » Mais je ne crains rien, Cornevin veille.

Depuis le matin, M. Legris courait pour Raymond, et ce n'est pas impunément qu'un médecin, occupé comme il l'était, s'absente toute une journée.

Vingt clients au moins étaient venus, quelques-uns jusqu'à trois fois, dont en rentrant chez lui avec Raymond il put lire les noms, écrits par la servante sur l'ardoise de l'antichambre.

Ce n'est pourtant pas là ce qui le préoccupa.

Ce qui lui avait sauté aux yeux, c'était un papier plié en quatre, posé bien en évidence, et qui sentait la procédure d'une lieue.

Ce n'était, en effet, rien moins qu'une citation qui enjoignait au docteur Legris d'avoir à se présenter le lendemain, à une heure de relevée, devant M. le juge d'instruction Barban d'Avranchel, en son cabinet, au Palais de Justice.

Et pas d'autre indication.

– Barban d'Avranchel, répétait le docteur, Barban d'Avranchel ! C'est bien le juge qui instruit l'affaire de ce pauvre Philippe ?

– Oui, répondit Raymond, et c'est aussi celui qui, lors de la mort de mon père, fut chargé de l'enquête et rendit l'ordonnance de non-lieu qui déclarait Combelaine innocent...

– N'importe. Cette citation intriguait si fort M. Legris que c'est à peine s'il put fermer l'œil, et que dès le jour il allait rejoindre Raymond, et lui disait en manière de salut :

– Je donnerais dix louis pour qu'il fût l'heure de me rendre chez M. Barban d'Avranchel.

En attendant, il donna une demi-douzaine de consultations, et à neuf heures il avait déjeuné et il était prêt à courir à ses visites les plus urgentes.

– Chemin faisant, dit-il à Raymond, je vais tâcher de vous trouver un asile, car il ne faut pas nous abuser : certain que vous n'avez pas les papiers, Combelaine va vous faire arrêter...

224

Et comme Raymond ne savait comment le remercier :

– Vous me remercierez plus tard, lui dit-il. Aujourd'hui je n'ai pas une seconde, obligé que je suis de courir aux Batignolles préparer le logement de Mme Flora. Surtout, tenez-vous coi. Ma servante, qui a le mot d'ordre, ne laissera arriver jusqu'à vous que M. de Boursonne.

Raymond ne devait pas avoir le temps de s'ennuyer.

Il n'y avait pas une demi-heure que le docteur était parti, lorsque la servante entrebâilla la porte, et d'un air mystérieux :

– Monsieur, dit-elle, il y a là ce monsieur que vous savez...

C'était, en effet, le vieil ingénieur, lequel, toujours brusque, la poussa pour entrer plus vite.

Apercevant alors Raymond :

– Enfin ! vous voilà !... s'écria-t-il. Savez-vous que c'est pour vous que j'ai fait le voyage !... J'apporte de drôles de nouvelles, allez...

Bien surprenants, en effet, étaient les renseignements recueillis en Anjou par M. de Boursonne.

Moins de quinze jours après le départ de Raymond, d'immenses affiches jaunes, répandues à profusion, avaient annoncé à toute la contrée la vente aux enchères publiques des propriétés de Mlle Simone de Maillefert.

Seulement, les conditions de vente étaient si malencontreuses, si bizarres les lotissements, que tout le monde s'était étonné de la maladresse des hommes d'affaires chargés de cette importante opération.

Un des premiers, M. de Boursonne s'était demandé si cette maladresse n'était pas calculée, et ce doute émis par lui n'avait pas tardé à devenir une certitude pour tous les gens un peu clairvoyants.

Oui, il était évident qu'on s'était appliqué à écarter les enchérisseurs, et que, par suite, les biens n'atteindraient pas les deux tiers de leur valeur.

Et qui devait profiter de cette manœuvre ?

Un Parisien, un certain baron Verdale, lequel faisait annoncer partout qu'il était décidé à acheter tout ce qui avait appartenu à Mlle Simone, au nom de la Caisse rurale, puissante société financière dont il était le directeur.

Les plus modérés calculaient que cette honnête spéculation mettrait dans la poche dudit Verdale un million ou quinze cent mille francs, et on admirait son adresse, lorsque le bruit se répandit d'une aventure passablement mystérieuse.

Après la vente de chacun des lots dont M. Verdale se portait acquéreur, un étranger, un Anglais, se présentait dans l'étude du notaire et, moyennant la surenchère légale, devenait l'adjudicataire définitif ou provoquait une nouvelle adjudication.

– Vous écrire tout cela eût été trop long, mon cher Delorge, disait en achevant le vieil ingénieur ; j'ai préféré venir vous le raconter, vous serrer la main par la même occasion, et jouir de votre étonnement...

Mais Raymond n'était que fort médiocrement surpris.

Les réticences de M. Verdale, la veille, l'avaient préparé à la découverte de ces manœuvres si habilement préparées pour s'attribuer une part des dépouilles de mlle de Maillefert, et si inopinément déjouées.

Et, quant à cet Anglais qui arrivait si à propos, des millions à la main, pour ruiner les projets du directeur de la Caisse rurale, qui pouvait-il être, sinon Laurent Cornevin ?...

Ce fut l'opinion de M. de Boursonne, lorsque Raymond l'eut mis au courant de la situation.

Et ils en étaient à calculer les conséquences de ces événements, lorsque, la porte s'ouvrant brusquement, le docteur Legris reparut, tout essoufflé d'avoir monté les escaliers quatre à quatre, et rayonnant de joie.

– Victoire ! s'écria-t-il dès le seuil ; le Combelaine, cette fois, ne s'en tirera pas...

Mais il s'arrêta court... Il venait de voir le vieil ingénieur qu'il n'avait pas aperçu tout d'abord.

– Vous pouvez continuer, cher docteur, dit vivement Raymond, monsieur est le baron de Boursonne, pour qui je n'ai pas de secrets.

M. Legris le savait. Aussi sans se faire prier :

– Je sors de chez M. Barban d'Avranchel, reprit-il, et c'est par lui que j'ai su... Mais permettez-moi de commencer par le commencement...

Il se laissa tomber dans un fauteuil, et, tout en s'essuyant le front :

– Je suis exact, poursuivit-il. Cité pour une heure précise, à une heure moins cinq, je me présentais au Palais de Justice, ma citation à la main.

« J'y étais depuis dix minutes et je commençais déjà à trouver le temps furieusement long, lorsque je vis arriver, devinez qui ? Je vous le donne en mille...
– Combelaine ! s'écria Raymond.
– Non. Un confrère à moi, le docteur Buiron. Me reconnaissant, il ne parut pas ravi de la rencontre, oh ! mais pas du tout.
« Que diable faites-vous là ? me demanda-t-il. – Vous le voyez, répondis-je, j'attends mon tour de comparaître. Et vous ? – Moi, j'ai reçu une citation de M. Barban d'Avranchel, et je consens à être pendu si je sais ce qu'il me veut !... »

« Par ma foi ! je fus étourdi de l'aventure ; cependant gardant mon sang-froid : « Vous aurez commis quelque crime, mon savant confrère, dis-je en riant. » Sur ma parole, il pâlit. – « Oh ! fit-il, oh !... – Après cela ajoutai-je, vous n'êtes peut-être que complice !... »

« J'allais certainement le pousser, m'amuser à l'embarrasser, lorsque la porte du cabinet de M. d'Avranchel s'ouvrit... Un homme en sortait, en qui je reconnus tout d'abord Grollet, cet ancien palefrenier de l'Élysée, qui est devenu un des riches loueurs de voitures de Paris, et que j'avais vu la veille chez la maîtresse de M. Philippe de Maillefert...

« Mais ce n'est pas en qualité de témoin qu'il venait d'être interrogé...

« À peine fut-il dans la galerie, que deux gardes s'avancèrent, qui le firent placer entre eux et l'emmenèrent...
– Grollet arrêté !... murmura Raymond, au comble de la stupeur, Grollet, le faux témoin...
– Oui !... Et, pour parler franc, je fus tellement ébahi, et mon visage trahit si bien mon ébahissement, que Buiron me demanda ce qui me prenait. Je n'eus pas le temps de lui répondre un mensonge quelconque, un huissier criait mon nom de toute la force de ses poumons...

« Mon tour était venu... Saluant mon docte confrère, j'entrai chez M. Barban d'Avranchel.

« Je trouvai un homme d'une politesse parfaite, bien que d'un froid de glace et infatué outre mesure de la majesté de ses fonctions.

« Savez-vous ce qu'il me voulait, mon cher Delorge ?...

« Des détails sur la tentative d'assassinat dont vous avez failli être victime sur le boulevard extérieur, en face du *Café de Périclès*...
– Quoi !... la justice connaît cette affaire ?...
– Très bien. M. Barban d'Avranchel la suit avec passion, et il est sur la trace des coupables...
– Il vous a parlé de Combelaine !...
Le docteur Legris secoua la tête.
– M. d'Avranchel, répondit-il, ne passe pas pour un aigle, mais il sait trop bien son métier pour se livrer ainsi. Non, il ne m'a pas parlé de Combelaine, et ce que je sais, je l'ai surpris. Me suis-je trompé ? À vous d'en juger ; voici les faits :

« Ayant répondu à toutes les questions de M. d'Avranchel, je voulais savoir s'il soupçonnait la vérité. Prenant donc mon air le plus indifférent : « Il me paraît difficile, monsieur, dis-je, que la justice atteigne les coupables. – La justice, me répondit-il, atteint toujours les coupables ; elle est lente à frapper parfois, elle n'en frappe que plus terriblement... – Oui, interrompis-je, excepté lorsque les coupables sont couverts par la prescription... »

« M. d'Avranchel se redressa :

« – En un point, vous avez raison, prononça-t-il... Seulement, l'homme qui a commis un crime resté impuni, fatalement, nécessairement, en commet un second... Et c'est alors que la justice arrive...

VI

La doctrine du juge d'instruction était discutable, mais non la portée de ses allusions.

Donc, la victoire était plus que probable. Mais c'était pour Raymond une raison de plus de se cacher, s'il tenait à échapper aux efforts désespérés de Combelaine.

M. Legris, dans ses courses, avait découvert chez un de ses amis une retraite absolument sûre. Il la refusa. Il voulait, prétendait-il, conserver la liberté de ses mouvements, et quoi qu'on pût lui dire, il déclara qu'il allait se réfugier dans l'appartement qu'il avait loué rue de Grenelle.

– Précisément parce qu'il est insensé d'y aller, disait-il, on ne m'y cherchera pas...

C'était une raison ; mais le docteur n'en fut pas dupe.

– Avouez plutôt, fit-il, que vous voulez surveiller l'hôtel de Maillefert pour être bien sûr que le mariage ne se fera pas sans que vous soyez averti.

– Eh bien ! oui, c'est vrai ! répondit Raymond, de l'accent d'un homme dont la détermination est irrévocable...

Il prit cependant quelques précautions avant de gagner cet appartement, et il avait fait assez de tours et de détours pour déjouer toutes les surveillances, lorsqu'il y arriva, sur les sept heures du soir.

– À tout le moins, ne sortez pas, lui recommanda le docteur ; je viendrai tous les jours vous apporter des nouvelles... Et excusez-moi, mes moments sont comptés.

Le docteur, en effet, avait à aller attendre, rue de Suresnes, Mme Flora Misri.

Il l'attendit longtemps...

L'heure du rendez-vous était bien passée, lorsqu'enfin elle arriva toute palpitante.

– Ah ! j'ai bien failli ne pas venir ! dit-elle tout d'abord à M. Legris... Il s'est passé bien des choses depuis hier...

– Quoi donc ?...

– Combelaine m'est revenu !... Il me savait chez Lucy, il m'a envoyé un de ses amis avec une lettre... Savez-vous ce – qu'il me propose ?...

– Dites.

– Eh bien ! il m'écrit qu'il est un fou, qu'il n'a jamais aimé, qu'il ne peut aimer que moi, qu'il est au désespoir et prêt, si je le veux, à rompre ce mariage... Bref, il me propose de quitter la France et d'aller nous marier en Amérique...

Le docteur frémit.

– Accepteriez-vous donc !... s'écria-t-il.

Mme Flora eut un geste découragé.

– J'ai hésité, répondit-elle, parce que cet homme-là, voyez-vous, c'est mon passé, c'est toute ma vie, je lui appartiens... Et s'il fût venu lui-même, s'il m'eût commandé de le suivre, je me connais... je l'aurais suivi comme un chien que son maître siffle... Mais il n'est pas venu, et j'avais Lucy près de moi... Lucy m'a remontré que partir avec Victor, c'était me livrer à lui, et que, certainement, un jour ou l'autre, pour avoir mon argent, il m'empoisonnerait...

– Et alors ?...

– Alors, je viens vous demander de me protéger, de me cacher...

Une heure plus tard, Mme Misri était à l'abri des recherches dans la petite maison de la veuve du garde du génie, et le docteur Legris remontait chez lui, réfléchissant aux péripéties étranges de cette lutte...

Très certainement Flora Misri millionnaire était la carte suprême que s'était réservée Combelaine, et s'il y avait recours, c'est qu'il reconnaissait que la partie était irrésistiblement perdue...

Voilà ce que, le lendemain, rue de Grenelle, le docteur Legris disait à Raymond.

Il pensait le tranquilliser. Point.

– Tout cela, objecta-t-il, empêche-t-il le mariage ? Bien au contraire. Combelaine furieux ira jusqu'au bout. Depuis ce matin, je suis en observation derrière ma persienne, et j'ai constaté à l'hôtel de Maillefert un mouvement inaccoutumé. À chaque moment des gens y entrent, portant d'énormes paquets. C'est la noce qui se prépare.

Et comme le docteur se récriait :

– Oh ! j'attendrai jusqu'à la dernière minute, ajouta Raymond, je vous l'ai promis... Mais une fois là, je reprends ma liberté... Et je vous jure que jamais Simone ne portera le nom de l'assassin du général Delorge...

Et en disant cela il montrait sur la cheminée une paire de revolvers...

On était alors au samedi, et la journée s'écoula sans amener de nouveaux incidents.

Le lendemain, sur les huit heures, Raymond put voir Mlle Simone sortir à pied, en compagnie de miss Lydia Dodge, se rendant sans doute à la messe. Vers quatre heures, M. de Combelaine se présenta à l'hôtel et fut reçu...

Mais le lundi, dans l'après-midi, le docteur arriva tout essoufflé.

Il apportait une grosse nouvelle, une nouvelle qui, depuis le matin, circulait sur les boulevards et qui s'était confirmée à l'heure de la Bourse. Le directeur de la Caisse rurale, le baron Verdale, avait levé le pied, emportant à ses actionnaires une somme énorme.

Selon les uns, il avait réussi à gagner l'Angleterre ; selon les autres, il avait été arrêté à la frontière belge, porteur d'un sac de voyage bourré de valeurs...

– Oui, c'est une grave nouvelle, approuva Raymond, mais qui n'empêchera pas le mariage de M. de Combelaine... C'est demain mardi, et rien n'annonce cet événement décisif sur lequel vous comptiez...

Le docteur garda le silence... Il commençait à se sentir décontenancé... Que faisait donc Cornevin ?... Des doutes lui venaient, et il n'osait dire :

– Agissez.

La nuit fut pour Raymond une longue agonie, et le jour était à peine levé, qu'il s'établissait derrière sa persienne, guettant les mouvements de l'hôtel de Maillefert...

Déjà tous les domestiques étaient debout... On retirait les voitures des remises, les palefreniers préparaient les harnais... Le suisse avait la tenue des grands jours.

À neuf heures, des équipages commencèrent à se succéder, d'où descendaient en grande toilette la princesse d'Eljonsen, le docteur Buiron, le duc et la duchesse de Maumussy, puis enfin, sévèrement vêtu de noir, ganté et cravaté de blanc... le comte de Combelaine.

Plus de doute !... le mariage allait avoir lieu.

– Allons, murmura Raymond, que ma destinée s'accomplisse !...

Et, glissant dans ses poches ses deux revolvers, il se dirigea en toute hâte vers la mairie du Palais-Bourbon, située tout près, rue de Grenelle...

Là aussi, tout était en mouvement... Les garçons couraient le long des escaliers et des corridors, portant des tapis, des fauteuils, des tentures...

Raymond arrêta l'un d'eux.

– Pourquoi ces préparatifs ? lui demanda-t-il.

– Pour une noce... une noce dans le grand genre. C'est un comte qui épouse la fille d'une duchesse...

Et cet honnête garçon disait quel escalier prendrait la noce, quelles pièces elle traverserait, et dans quel salon le mariage serait célébré...

– Je vous remercie, mon ami, dit Raymond.

Et, calme comme un homme qui n'a plus de sacrifice à faire, il se mit à choisir la place la plus favorable à son dessein.

Il ne réfléchissait plus, toutes ses idées étaient comme figées dans son cerveau, et même il souffrait moins, car toutes ses angoisses avaient cessé et il se disait que dans quelques instants tout serait fini.

Il s'agit de ne pas le manquer, pensait-il, et de ne tirer qu'à bout portant...

Et il tendait le bras, constatant avec une sorte d'orgueil farouche que son bras ne tremblait pas...

Cependant un frisson terrible le secoua de la nuque aux talons, lorsqu'il entendit dans la cour un roulement de voitures. Il courut à la fenêtre...

– C'est bien eux !... dit-il.

Mais lorsqu'il revint prendre son poste, il se trouva en face d'un homme aux épaules carrées, au visage rayonnant d'intelligence et d'énergie, vêtu comme l'étaient en 1851 les palefreniers du palais de la Présidence.

Cet homme lui prit le bras et, le serrant à lui arracher un cri :

– Malheureux ! dit-il, que voulez-vous faire ?...

Une stupeur immense serrait la gorge de Raymond jusqu'à l'empêcher d'articuler une syllabe.

Cet inconnu, il le reconnaissait...

Il retrouvait dans ses yeux le regard de l'Anglais qui l'avait protégé le jour de l'enterrement de Victor Noir, et dans sa voix

l'accent du manœuvre qui lui avait sauvé la vie le soir de l'arrestation de Rochefort.
— Vous !... balbutia-t-il enfin.
— Oui ! moi !... répondit l'homme.
Et tout de suite, d'un ton bref :
— Pourquoi ces armes que je devine sous vos vêtements ?
Raymond n'essaya pas de nier.
— Je ne voyais plus, prononça-t-il, aucun moyen au monde d'empêcher l'assassin de mon père d'épouser la femme que j'aime...
D'un geste impérieux l'homme l'interrompit :
— Ne saviez-vous donc pas que je veillais ? fit-il...
— Pardonnez-moi, seulement...
— Pensiez-vous que je souffrirais ce crime ajouté à tant d'autres crimes ?...
Raymond, tristement, secouait la tête.
— Vous poursuiviez une œuvre formidable, monsieur, dit-il... Vous ignoriez que mon amour, c'est mon existence même... J'avais tenté de vous rejoindre...
Une fois encore l'homme l'arrêta.
— Les événements, reprit-il, dominaient ma volonté. Découvert, j'étais écrasé, et pour vous surtout je voulais vaincre...
Au bas du grand escalier de la mairie retentissait comme un brouhaha de foule.
— Entendez-vous !... murmura Raymond.
— Oui, mais nous avons une minute encore. Écoutez-moi donc. Un jour, il y a de cela dix-huit ans, je fus enlevé, déporté, et comme supprimé du monde. Je laissais à Paris une femme que j'adorais et cinq enfants sans fortune, sans amis, sans pain... Tous devaient périr, les enfants à l'hôpital, la femme Dieu sait où. Grâce à votre mère, tous ont été sauvés, monsieur Delorge... Et, si je suis ici, c'est qu'à la noble femme qui m'a rendu mes enfants je veux rendre son fils...
Le bruit croissait dans l'escalier.
— Monsieur, fit Raymond, monsieur...
— Silence ! prononça l'homme. Et quoi que vous puissiez voir ou entendre, si loin que vous semblent aller les choses, pas un mot, pas un geste. Je suis là !...
Et il attira Raymond dans l'embrasure sombre d'une porte, où ils devaient rester inaperçus...

233

Il était temps.
La noce, ainsi que s'exprimeraient les garçons de la mairie, atteignait le palier.
La première, s'avançait Mlle Simone de Maillefert, plus blanche que ses vêtements blancs, plus blanche que la couronne virginale qui ceignait son front... Elle s'appuyait au bras du duc de Maumussy, tout chamarré de décorations et plus que jamais justifiant, par son attitude, son surnom de « dernier des gentilshommes... »

À voir ainsi Mlle Simone, Raymond sentait tout son sang affluer à son cerveau, et il chancelait à ce point d'en être réduit à s'appuyer au mur...

Et cependant, circonstance étrange, dans les yeux et sur les lèvres de cette tant aimée de son âme, il lui semblait surprendre comme un rayon, comme un sourire d'espoir...

Mais elle passait, et après elle venaient Combelaine, effrayant de calme, et la princesse d'Eljonsen et la duchesse de Maillefert, puis Mme de Maumussy et le docteur Buiron, puis deux ou trois autres personnes seulement ; car il était impossible de donner quelque solennité à ce mariage, alors que l'héritier du nom, le dernier des ducs de Maillefert, était en prison, accusé de détournements et de faux...

– Venez, maintenant, dit l'homme en entraînant Raymond dans la salle des mariages, où ils se dissimulèrent derrière un groupe de garçons...

Le maire venait d'arriver.

C'était un grand vieillard, très sec et encore plus chauve, grave comme la loi dont il était le représentant...

Il se tenait debout, ceint de son écharpe, derrière une table couverte d'un tapis vert, la main sur un gros volume, le Code, jauni et déchiqueté par l'usage...

– Monsieur, murmurait Raymond, monsieur, qu'attendez-vous donc ?...

– Chut ! fit l'homme...

Le maire, d'une voix paternelle, venait d'entamer un petit discours où il retraçait les joies paisibles d'une union bien assortie et les devoirs réciproques des époux...

Il promenait sur l'assistance des regards satisfaits, semblant quêter des approbations aux passages à effet.

Pourtant, il s'embrouilla vers la fin et, ne retrouvant pas le fil, bien vite il passa aux formules ordinaires.

Déjà il posait la question fatidique : « Consentez-vous ?... »

Lorsque tout à coup :

— Ce mariage est impossible !... s'écria le compagnon de Raymond.

Violemment, M. de Combelaine se retourna, et apercevant cet homme vêtu de l'uniforme des anciens palefreniers de l'Élysée :

— Laurent Cornevin !... s'écria-t-il.

Mais c'était un redoutable adversaire que le comte de Combelaine... Il trouva en lui assez d'énergie pour dominer son trouble, et reprenant son impudence superbe :

— De quel droit, fit-il, cet homme interrompt-il cette solennité ?...

— Du droit, répondit Cornevin, qu'a tout honnête homme d'empêcher un misérable, qui est marié, de contracter un second mariage.

L'embarras du maire se lisait sur son maigre visage.

— M. le comte de Combelaine a été marié, c'est vrai, dit-il, mais nous avons en bonne et due forme l'acte de décès de sa première femme, Marie-Sidonie...

Cornevin s'était avancé, écrasant de toute la hauteur de son honnêteté les gens qui l'entouraient.

— Il se peut que vous ayez un acte de décès, monsieur le maire, prononça-t-il d'une voix forte ; il n'en est pas moins vrai que le cercueil de Marie-Sidonie, au cimetière Montmartre, est vide... Il est des témoins. En attendant une enquête, j'en appelle à Mme la duchesse de Maillefert et à Raymond Delorge, ici présents...

N'importe, Combelaine protestait encore.

— Ma femme, disait-il, est morte en Italie.

— Assez !... interrompit Cornevin d'un accent d'autorité irrésistible, assez, et puisque vous le voulez, monsieur de Combelaine, je vais dire l'histoire de votre mariage... Vous trouvant à une de ces heures de détresse honteuse si fréquentes dans votre vie, vous avez épousé, pour vous emparer de cent mille francs qu'elle possédait une malheureuse orpheline... Songiez-vous déjà à vous en défaire ! Le fait est que vos plus intimes amis ont toujours ignoré ce mariage, et que personne n'a jamais connu la comtesse de Combelaine... Au bout de six mois, les cent mille francs étaient dévorés et vous étiez liés pour la vie... Mais vous êtes un homme d'expédients et le Code a de prodigieuses lacunes et d'étranges indulgences... En moins d'un an, vous parveniez à corrompre votre femme et à la jeter aux bras d'un amant... Puis, un soir, vous apparaissiez, armé de cet article terrible qui donne au mari outragé le droit de vie et de mort... Vous parliez haut, la loi était pour vous... Pour racheter sa vie, Marie-Sidonie consentit à passer pour morte et à quitter la France, et quelques mois plus tard vous receviez d'Italie un cercueil, qui ne contenait que du sable et un acte de décès, qui est un faux...

Tout s'écroulait autour de Combelaine...

Et cependant, au milieu des décombres de ses espérances, il se débattait toujours.

— Cet homme est un imposteur ! s'écria-t-il.

Cornevin riait d'un rire terrible.

— Est-ce des preuves que vous demandez ? fit-il. Soyez tranquille, j'en ai, car je connais toute votre vie, depuis le jour où Mme d'Eljonsen vous a lancé dans le monde. Je sais comment un vol au jeu vous a fait chasser de l'armée ; j'étais là quand vous avez assassiné le général Delorge ; je prouverai que c'est vous qui êtes coupable du détournement et des faux qu'on attribue à M. Philippe de Maillefert... S'il faut enfin le témoignage de Marie-Sidonie, soyez tranquille, je sais où la trouver...

La bête fauve qui, se voyant forcée, cherche une issue pour fuir, n'a pas de regards plus atroces que ceux du comte de Combelaine pendant que parlait Laurent Cornevin.

Tout à coup :

— Monsieur, dit-il au maire, confondu de stupeur, il faut que je vous parle, seul, à l'instant...

— Suivez-moi donc dans mon cabinet, répondit le magistrat municipal...

Tous deux disparurent par une petite porte ; mais presque aussitôt le maire reparut seul et, d'un air inconcevablement troublé :

— Parti !... bégaya-t-il. Mon cabinet a une seconde porte qui donne sur le vestibule, de sorte que...

Le misérable a filé, n'est-ce pas ? acheva Cornevin. Qu'importe ! M. Barban d'Avranchel a décerné contre lui un mandat d'amener ; on le retrouvera...

Il riait... Il voyait, un à un, gagner doucement la porte et s'esquiver les invités de ce mariage, le duc de Maumussy et le docteur Buiron, qui devaient être les témoins de Combelaine ; puis la princesse d'Eljonsen, Mme de Maumussy et les autres... Si bien que, dans cette vaste salle de la mairie, il ne restait plus avec Laurent Cornevin que la duchesse de Maillefert, Mlle Simone et Raymond...

Pour la première fois de sa vie, peut-être, Mme de Maillefert était sincèrement émue.

Saisissant les mains de Cornevin :

— Que ne vous dois-je pas, monsieur ! commença-t-elle. Béni soit Dieu, qui m'a inspiré de me confier à vous !... Tout ce que vous m'aviez promis, vous l'avez tenu... Il n'y a plus maintenant que mon malheureux fils...

— M. Philippe, madame, vous sera rendu aujourd'hui même... La justice a reconnu qu'en toute cette affaire il n'a été que très... imprudent. Le déficit de la Caisse rurale est comblé...

— Et comblé par vous, n'est-ce pas, monsieur ! C'est l'honneur que vous nous rendez, la vie, la fortune ! Comment nous acquitter à jamais ?...

Du coin de l'œil, Cornevin observait Raymond et Mlle Simone, qui, réfugiés dans l'embrasure d'une fenêtre, pleuraient, — mais des larmes de joie, cette fois.

Les montrant à la duchesse de Maillefert :

— Vous savez ce que vous m'avez promis, madame, dit-il...

— Avant un mois, monsieur, ma fille sera Mme Delorge, répondit la duchesse.

Cornevin triomphait, mais il était de ces forts que n'étourdit pas le succès. S'approchant de Raymond :

— Tout n'est pas fini, mon cher ami, lui dit-il ; tant que Combelaine ne sera pas sous clef, je tremblerai... Il faut que je vous quitte... Vous êtes poursuivi pour votre affiliation à la Société des Amis de la justice ; mais voici un sauf-conduit du juge chargé de l'instruction... Rentrez donc chez vous, où votre mère doit se mourir d'inquiétude ; avant deux heures, je vous y aurai rejoint...

Ayant pressé contre ses lèvres la main de Mlle Simone et salué la duchesse de Maillefert, Raymond se précipita dehors.

Aussi bien se sentait-il devenir fou. Tant de bonheur succédant à de si effroyables angoisses ! Il se demandait s'il ne rêvait pas...

C'est donc en fondant en larmes que, en arrivant rue Blanche, il se jeta dans les bras de sa mère et de sa sœur.

— Tout est donc sauvé ? lui dit à l'oreille Mlle Pauline.

Il la regarda, et la voyant rougir :

— Tu savais donc ?... fit-il.

— Beaucoup de choses... Jean m'écrivait pour moi seule, de sorte que... Oh ! mais je viens de tout avouer à maman.

— Il y aura donc deux mariages, dit Raymond...

Mais sa joie ne lui faisait pas oublier le docteur Legris. Il se hâta de lui écrire, le priant de venir bien vite, et il expédia Krauss à Montmartre...

Après quoi il se réfugia dans son cabinet de travail, sentant le besoin d'être seul pour se remettre un peu, pour ressaisir ses idées, pour s'accoutumer à la certitude de son bonheur...

Et il y était depuis une demi-heure environ, lorsqu'il entendit dans le corridor une voix d'homme très forte, très impérieuse, qui parlementait avec la vieille bonne et qui répétait son nom avec une insistance singulière...

Il se levait pour aller voir, lorsque la porte de son cabinet s'ouvrit brusquement...

M. de Combelaine entra...

Il portait encore ses habits de noce, mais en quel désordre !... Sa cravate était arrachée, et ses gants blancs pendaient en lambeaux à ses mains...

Il referma sur lui la porte à double tour et, se campant devant Raymond, les bras croisés, livide, les yeux injectés de sang :

— C'est moi, fit-il d'une voix étranglée, moi !... Vous l'emportez. Non content de me perdre, vous m'avez enlevé mes dernières ressources. Flora Misri a disparu ; Verdale est en prison. Pendant que j'étais à la mairie, la justice a pénétré chez moi et y a saisi tout ce que je possédais d'argent et de valeurs. Ainsi, la fuite même m'est interdite. C'est trop. Il est des gens qu'il est dangereux de ne pas laisser fuir...

– Que voulez-vous ? demanda Raymond, dont l'œil ne quittait pas un revolver placé sur le bureau, à sa portée.

M. de Combelaine se rapprocha.

– Dix fois, répondit-il, vous m'avez fait offrir un combat... Je viens vous dire que je suis à vos ordres...

C'était à ne pas croire à l'impudence de ce misérable, qui, démasqué enfin, poursuivi, venait proposer un duel, le suprême expédient des gens d'honneur.

– Vous oubliez, prononça froidement Raymond, que je n'ai qu'à appeler pour que montent les agents chargés de vous arrêter.

Une convulsion de rage contracta le visage de Combelaine.

– Nous sommes seuls, dit-il, et avant qu'on ne vienne !...

Puis, avec une violence effroyable :

– Il y a des armes, ici !... Avez-vous peur ?... Que vous dire pour vous fouetter le sang !... Faut-il vous rappeler le jardin de l'Élysée ?... Faut-il vous rappeler qu'il n'y a pas une heure, la femme que vous aimez s'appuyait à mon bras, qu'elle allait être à moi et que je l'adore !...

Avec un homme de sang-froid il eût perdu son temps...

Mais Raymond frémissait de toutes les colères qu'il avait dévorées depuis tant d'années ; il tressaillait d'une volupté farouche à l'idée de sentir les chairs du misérable tressaillir sous son fer...

Saisissant donc une épée de combat à une panoplie, il la jeta aux pieds de Combelaine...

Et, s'emparant de l'épée placée en travers du portrait du général Delorge, il la tira de son fourreau, scellé de cire rouge, et tomba en garde en criant :

– Soit !... Un combat, et que Dieu décide !... Défends-toi.

Déjà M. de Combelaine attaquait avec une fureur aveugle, précipitant ses coups, et c'était effroyable, cette lutte mortelle en un si étroit espace. La maison entière retentissait des froissements de l'acier, du choc des meubles renversés, du fracas des mille objets qui, en tombant, se brisaient, et aussi des rauques clameurs de Combelaine, qui avait gardé, du temps où il était prévôt on ne sait où, l'habitude de crier sous les armes...

Pour la seconde fois, Raymond venait d'être touché au cou, et sa blessure, bien qu'insignifiante, saignait abondamment, lorsque la porte du cabinet vola en éclats sous le choc d'une épaule d'hercule.

Dans le corridor se pressaient effarés Laurent Cornevin, Krauss, le docteur Legris, M. de Boursonne, Mme Delorge et le bonhomme Ducoudray...

– Que personne n'entre ! cria Raymond d'une voix terrible, cet homme est à moi ! Cornevin, que personne n'entre !

Ces vingt mots faillirent lui coûter la vie... Combelaine lui portait, à fond, un coup droit terrible.

Il le para cependant et, sautant de côté, il se trouva placé sous le portrait de son père... juste dessous...

Et lorsque Combelaine, résolu à se faire tuer pourvu qu'il tuât, se jetait en avant, c'est le visage du général Delorge qu'il aperçut, c'est les yeux de l'homme qu'il avait assassiné que ses yeux rencontrèrent...

– Lui !... fit-il, terrifié comme à la vue d'un spectre, lui, le général !...

Il n'acheva pas.

L'épée de Raymond venait de lui entrer dans la poitrine et ressortant de trois pouces un peu au-dessous de l'épaule.

Le misérable, lâchant son épée, battit l'air de ses mains, une écume sanglante frangea ses lèvres, un dernier blasphème s'éteignit dans sa gorge...

Il tomba, la face contre terre...

Il était mort !...

VII

Enfin apparaissait, véritablement admirable, l'œuvre de Laurent Cornevin.

Que d'énergie et de patience ne lui avait-il pas fallu pour reconstituer pièce à pièce la vie entière de Combelaine et de ses complices, pour ruiner silencieusement et sûrement l'édifice compliqué de leurs intrigues !

Et nul ne l'avait aidé, en cette tâche périlleuse, que sa courageuse femme.

Car, à ce dernier voyage, il n'avait pu résister à l'ardent désir de la revoir, et c'est chez elle, rue de la Chaussée-d'Antin, qu'il s'était tenu caché pendant les derniers mois de la lutte...

Mais il était vengé... Et c'est de sa bouche que Mme Delorge et Raymond apprirent enfin ce qui s'était passé dans le jardin de l'Élysée.

Voici ce qu'il raconta :

J'étais de service, dans la nuit du dimanche au lundi, lorsque tout à coup, sur les onze heures, j'entends appeler :

« – Garde d'écurie !...

« J'accours, et je me trouve en présence de M. de Maumussy.

« – Prends, me commande-t-il, une lanterne, et suis-moi !

« J'obéis, et nous arrivons à la grande allée, derrière la charmille.

« Là, deux hommes, le général Delorge et M. de Combelaine, discutaient : le général très calme, Combelaine furibond.

« Combelaine avait tiré son épée ; il disait :

« – Vous allez, sur l'honneur de vos épaulettes, me jurer de ne pas dire un mot du secret que vous m'avez arraché.

« – C'est bien malgré moi que je suis devenu votre confident, répondait le général ; ainsi je dirai ce que bon me semblera, ce que l'honneur me commande de dire.

« M. de Maumussy intervint.

« – Nous ne pouvons, général, vous laisser partir ainsi.

« – Que prétendez-vous donc ?

« – J'ai mon épée, s'écria Combelaine ; vous avez la vôtre...

« – Je ne me battrai pas avec vous, prononça froidement le général ; laissez-moi donc passer...

« Mais Combelaine s'était jeté en travers de l'allée et, fou de rage :

« – Tu ne passeras pas, répétait-il, tu vas te battre...

« – Et moi, reprit le général, je vous répète que je ne me battrai pas avec un homme qui a été chassé de l'armée pour avoir été surpris trichant au jeu...

« Combelaine avait bondi en arrière ; il porta au général un terrible coup d'épée en criant :

« – Voilà qui t'empêchera de nous trahir !...

« Immédiatement le général s'affaissa, et Combelaine et Maumussy s'enfuirent.

« Moi, je m'agenouillai près du général.

« Déjà il râlait.

« – Je suis mort, me dit-il ; adosse-moi à un arbre.

« Je fis ce qu'il me demandait, et alors :

« – J'ai dans ma poche, reprit-il, un calepin ; donne-le moi...

« Je le lui donnai, et tout de suite, faisant un grand effort, il arracha un feuillet et, à la lueur de ma lanterne, il écrivit au crayon :

« – Je meurs, lâchement assassiné par Combelaine, assisté de Maumussy, parce que j'ai découvert que demain...

« Les forces lui manquant pour achever la phrase, il signa, puis :

« – Jure-moi, me dit-il, d'une voix à peine distincte, que tu remettras ce billet à ma femme.

« Je jurai, mais je doute qu'il entendît mon serment. Le hoquet venait de le prendre, il agonisait...

« Il avait rendu le dernier soupir, lorsque Combelaine et Maumussy reparurent l'instant d'après.

« Ils tinrent conseil un moment à voix basse, puis ils tirèrent du fourreau l'épée du général et la jetèrent à terre. Je les aidai ensuite à transporter le corps dans une ancienne sellerie qui, pour le moment, ne servait plus...

« Je pensais qu'on m'oubliait. Je me trompais.

« Le lendemain, je me rendis à Passy pour remplir les dernières volontés du général. Malheureusement, Mme Delorge ne put me recevoir. Comme je quittais sa maison, deux inconnus s'approchèrent de moi, qui me demandèrent ce que je voulais à la veuve du général. Je répondis que cela ne les regardait pas.

« – En ce cas, me dirent-il, nous vous arrêtons.

« Le calepin du général, resté à terre, avait mis Combelaine sur la trace du billet que je possédais, et il le voulait, à tout prix... Mais je m'étais juré qu'il ne l'aurait pas...

Et en prononçant ces derniers mots, Cornevin remettait à Mme Delorge ces quelques lignes écrites par son mari expirant...

Certes, la mort de Combelaine était trop douce pour un tel misérable, mais elle avait cet immense avantage de rendre impossible un procès scandaleux d'où l'honneur des Maillefert ne fût pas sorti parfaitement intact.

Dès le lendemain, le déficit de la Caisse rurale étant comblé, M. Philippe de Maillefert était remis en liberté et partait pour l'Italie, bien corrigé, jurait-il, mais emmenant toutefois Mme Lucy Bergam.

Moins heureux, M. Verdale passait en cour d'assises. Il était acquitté, c'est vrai, mais il n'en restait pas moins déshonoré et ruiné...

Grollet, lui, convaincu par M. Barban d'Avranchel d'avoir été le complice de Combelaine, lors de l'attentat dont Raymond Delorge avait failli être la victime, Grollet, le faux témoin de 1851, en fut quitte pour dix ans de réclusion...

M. de Maumussy ne connut pas cette condamnation. Le lendemain de la mort de Combelaine, il s'était mis au lit, et après quinze jours d'une maladie mal définie, il expirait. Une fois encore le mot poison fut prononcé. Les bruits qui circulèrent étaient-ils fondés ? La duchesse de Maumussy seule eût pu le dire. Mais déjà elle s'occupait de tout autre chose, ayant signé un engagement avec le directeur d'un théâtre américain...

Déjà, à cette époque, la duchesse de Maillefert avait tenu sa parole, et la malheureuse Simone de Maillefert était devenue l'heureuse Mme Raymond Delorge.

Le même jour avait été célébré le mariage de Mlle Pauline Delorge et de Jean Cornevin.

Même, en cette occasion, Mme Flora Misri avait eu un terrible crève-cœur. Elle avait voulu doter son neveu, elle avait espéré...

Le docteur Legris et M. Ducoudray avaient été obligés de lui expliquer que son argent était celui que d'honnêtes gens ne sauraient toucher, et qu'elle ne devait plus avoir qu'un but : se faire oublier !...

— Mon Dieu ! que vais-je donc faire de mes millions ! s'était-elle écriée, regrettant peut-être Victor...

Hélas ! les jours néfastes étaient proches.

L'Empire, avec une vitesse vertigineuse, roulait sur les pentes de l'abîme...

Aux complots et aux émeutes succédait le plébiscite, puis venait la guerre, déclarée d'un cœur léger, puis les défaites, puis Sedan.

C'en était fait. Toutes les prospérités mensongères de dix-huit années aboutissaient à des désastres sans exemple, à l'invasion.

Engagés le même jour dans un régiment de ligne, Raymond Delorge, Jean et Léon Cornevin, se trouvèrent enfermés à Belfort, et n'eurent pas à subir l'humiliation d'une capitulation...

M. Philippe, lui, sut retrouver dans ses veines le sang de ses ancêtres...

Nommé chef d'un bataillon de mobiles, il reçut l'ordre, un jour, d'enlever une barricade prussienne...

Ses hommes hésitaient.

— Cent louis, cria-t-il, que je me fais tuer !...

Ayant dit, il poussa son cheval en avant, et tomba criblé de balles. Mais la barricade fut prise...

Et si vous passez par les Rosiers, vous trouverez presque sûrement, à l'auberge du *Soleil levant,* M. Bizet de Chenehutte, lequel, après vous avoir conté cette histoire, vous proposera de vous faire visiter le château de Maillefert, magnifiquement restauré, car il en a les clefs. C'est la gloire de sa vie d'être l'ami de Raymond et de sa femme, et de la famille Cornevin, et de M. de Boursonne, et du docteur Legris...

FIN

À propos de cette édition électronique

Texte libre de droits.
Corrections, édition, conversion informatique et publication par le groupe :
Ebooks libres et gratuits
http://fr.groups.yahoo.com/group/ebooksgratuits

Adresse du site web du groupe :
http://www.ebooksgratuits.com/
—
Septembre 2006
—

– Élaboration de ce livre électronique :
Les membres de *Ebooks libres et gratuits* qui ont participé à l'élaboration de ce livre, sont :
– Source :
Indiquer ici la source de l'ouvrage
– Dispositions :
Les livres que nous mettons à votre disposition, sont des textes libres de droits, que vous pouvez utiliser librement, <u>à une fin non commerciale et non professionnelle</u>. **Tout lien vers notre site est bienvenu…**
– Qualité :
Les textes sont livrés tels quels sans garantie de leur intégrité parfaite par rapport à l'original. Nous rappelons que c'est un travail d'amateurs non rétribués et que nous essayons de promouvoir la culture littéraire avec de maigres moyens.
Votre aide est la bienvenue !
VOUS POUVEZ NOUS AIDER À FAIRE CONNAÎTRE CES CLASSIQUES LITTÉRAIRES.

Printed in Germany
by Amazon Distribution
GmbH, Leipzig